行政诉讼实务教程

主　编　郝　静
副主编　李增亮

图书在版编目(CIP)数据

行政诉讼实务教程/郝静主编;李增亮副主编. -- 武汉:武汉大学出版社,2024.12. -- ISBN 978-7-307-24499-3

Ⅰ.D925.3

中国国家版本馆 CIP 数据核字第 20245EV920 号

责任编辑:田红恩　　　责任校对:汪欣怡　　　版式设计:马　佳

出版发行:**武汉大学出版社**　　(430072　武昌　珞珈山)

(电子邮箱:cbs22@whu.edu.cn 网址:www.wdp.com.cn)

印刷:湖北诚齐印刷股份有限公司

开本:787×1092　1/16　印张:12.5　字数:292 千字　插页:2

版次:2024 年 12 月第 1 版　　2024 年 12 月第 1 次印刷

ISBN 978-7-307-24499-3　　定价:58.00 元

版权所有,不得翻印;凡购买我社的图书,如有质量问题,请与当地图书销售部门联系调换。

作者简介

郝静，河北政法职业学院副教授，兼职律师、河北省法学会行政法学研究会理事、石家庄市律师协会行政法专委会委员。主要从事行政法学、行政诉讼法学、行政执法等领域的研究；长期从事行政法与行政诉讼法、行政诉讼实训、行政法案例研习、国家赔偿法等课程的教学工作。

李增亮，河北冀港律师事务所专职律师，高级合伙人，副主任，所中青年专家律师。现任民盟河北省委法制委员会秘书长、石家庄市律师协会第七届理事会理事、石家庄市律师协会行政法专业委员会主任、河北政法职业学院兼职副教授、石家庄市八五普法讲师团讲师、石家庄市裕华区人民政府行政复议咨询委员会委员等职务。长期致力于自然资源、行政执法、城中村改造、城市更新、乡村振兴等领域的法律实务研究，尤其擅长土地征收、房屋拆迁、安置补偿、行政处罚、国家赔偿等疑难案件的行政复议和行政诉讼事务。

前　言

《行政诉讼实务教程》是一本供法律专业学生、社会法律爱好者、律师助理学习行政诉讼实务的教材。本教材开发以高职法律事务专业人才培养目标为指针，坚持以行业专家和专职教师共同开发的原则，将职业标准引入教学标准，将职业岗位规范融入实训内容，突出职业技能训练。教材内容上，完全以行政诉讼实务为基准，紧扣律师办理行政诉讼案件的实务操作规范和客观流程；教材体例上，既注重学生操作需要相关辅助内容，又强化行政诉讼各阶段任务完成的考核评价。

本书内容根据行政诉讼案件办理流程设置六大项目，具体包括以下内容：项目一接受当事人委托、项目二启动诉讼程序、项目三准备庭审、项目四参与庭审、项目五上诉与申诉、项目六结案。

本书的编写是各位编者在工作、教学之余的精心之作，每个项目都是编者实务经验和理论知识的全面总结，虽有精心组织筹划、认真编写校对，但书中不足甚至错误在所难免，恳请诸位读者批评指正。

本书由郝静担任主编，李增亮（律师）担任副主编，各部分编写分工如下：项目一，冯洋洋（律师）、宋霄（律师）负责；项目二，王玉龙（律师）、郝静负责；项目三：宋霄（律师）、韩凤然负责；项目四，孔晓坤（律师）、苏丽负责；项目五，李增亮（律师）、要亚玲负责；项目六，聂毅涛（律师）、郝培轩、张运鸿负责；附录一、二，由郝静负责。

编　者

2023 年 10 月

目 录

项目一 接受当事人委托 ………………………………………………………… 1
◎项目描述表 …………………………………………………………………… 1

任务一 接待当事人 …………………………………………………………… 2
一、任务清单 ……………………………………………………………… 2
二、评价标准 ……………………………………………………………… 2
三、知识技能链接 ………………………………………………………… 3
四、知识技能检测 ………………………………………………………… 10

任务二 签订委托协议 ………………………………………………………… 11
一、任务清单 ……………………………………………………………… 11
二、评价标准 ……………………………………………………………… 11
三、知识技能链接 ………………………………………………………… 11
四、知识技能检测 ………………………………………………………… 16

项目二 启动诉讼程序 ………………………………………………………… 17
◎项目描述表 …………………………………………………………………… 17

任务一 撰写起诉状 …………………………………………………………… 18
一、任务清单 ……………………………………………………………… 18
二、评价标准 ……………………………………………………………… 18
三、知识技能链接 ………………………………………………………… 19
四、知识技能检测 ………………………………………………………… 30

任务二 编制证据目录 ………………………………………………………… 31
一、任务清单 ……………………………………………………………… 31
二、评价标准 ……………………………………………………………… 31
三、知识技能链接 ………………………………………………………… 31
四、知识技能检测 ………………………………………………………… 37

任务三 立案 …………………………………………………………………… 38
一、任务清单 ……………………………………………………………… 38
二、评价标准 ……………………………………………………………… 39
三、知识技能链接 ………………………………………………………… 39
四、知识技能检测 ………………………………………………………… 56

项目三 准备庭审 ·· 57
◎项目描述表 ·· 57

任务一 撰写答辩状 ·· 58
 一、任务清单 ·· 58
 二、评价标准 ·· 58
 三、知识技能链接 ·· 58
 四、知识技能检测 ·· 71

任务二 交换证据 ·· 71
 一、任务清单 ·· 71
 二、评价标准 ·· 72
 三、知识技能链接 ·· 72
 四、知识技能检测 ·· 79

任务三 庭前与当事人沟通 ·· 80
 一、任务清单 ·· 80
 二、评价标准 ·· 80
 三、知识技能链接 ·· 80
 四、知识技能检测 ·· 82

项目四 参与庭审 ·· 83
◎项目描述表 ·· 83

任务一 参加法庭调查 ·· 84
 一、任务清单 ·· 84
 二、评价标准 ·· 84
 三、知识技能链接 ·· 85
 四、知识技能检测 ·· 95

任务二 参与法庭辩论 ·· 96
 一、任务清单 ·· 96
 二、评价标准 ·· 96
 三、知识技能链接 ·· 96
 四、知识技能检测 ·· 100

任务三 休庭后的工作 ·· 101
 一、任务清单 ·· 101
 二、评价标准 ·· 101
 三、知识技能链接 ·· 101
 四、知识技能检测 ·· 105

项目五 上诉与申诉 ·· 106
◎项目描述表 ·· 106

任务一　上诉 ··· 107
　一、任务清单 ··· 107
　二、评价标准 ··· 107
　三、知识技能链接 ··· 107
　四、知识技能检测 ··· 134

任务二　申诉 ··· 134
　一、任务清单 ··· 134
　二、评价标准 ··· 135
　三、知识技能链接 ··· 135
　四、知识技能检测 ··· 147

项目六　结案 ··· 148
◎项目描述表 ··· 148

任务一　立案归档 ··· 149
　一、任务清单 ··· 149
　二、评价标准 ··· 149
　三、知识技能链接 ··· 149
　四、知识技能检测 ··· 152

任务二　装订卷宗 ··· 153
　一、任务清单 ··· 153
　二、评价标准 ··· 153
　三、知识技能链接 ··· 153
　四、知识技能检测 ··· 156

附录一　中华人民共和国行政诉讼法 ··· 157

附录二　最高人民法院关于适用《中华人民共和国行政诉讼法》的解释 ··············· 169

项目一 接受当事人委托

☞ **项目描述表**

项目名称	接受当事人委托	学时建议	2
项目描述	接受当事人委托是与当事人建立委托关系和代理案件的开端,全面了解当事人的案情,正确解答当事人的困惑,获得当事人认可,并结合当事人的诉求,依法建立委托关系。			
课程思政	1. 培养为当事人保密的职业道德; 2. 树立实事求是、尊重客观事实的行为准则; 3. 培养法治思维。			
任务描述	任务一:接待当事人 任务二:签订委托协议			
学习内容	1. 接待电话咨询; 2. 接待当面咨询; 3. 签订委托协议; 4. 书写接待笔录;			
学习目标	知识目标	1. 当事人接待前相关法律知识的初步准备; 2. 接待方案的制订; 3. 为客户解释说明各种方案的利弊。		
	能力目标	1. 顺畅完成接待环节; 2. 与当事人沟通交流的方法和技巧; 3. 接待笔录的制作。		
	素养目标	1. 培养为当事人保密的职业道德; 2. 树立实事求是、尊重客观事实的行为准则; 3. 培养法治思维。		
资源配备	教学场地	行政诉讼模拟实训室、模拟网络咨询软件。		
	学习资料	《行政诉讼法》(以下简称《行政诉讼法》)等法律规范、任务单、律师电话接待记录、律师面谈记录表等模板、专家已办结案件卷宗材料。		
教学组织流程	1. 下发任务单; 2. 明确学习目标和评价标准; 3. 按任务单要求独立或合作完成; 4. 教师、专家提供辅助指导。			
学习评价建议	测评点: 1. 接待咨询是否规范; 2. 签订委托协议是否规范。			

任务一　接待当事人

一、任务清单

序号	任务内容	组织形式	工作成果	评价方式
1	模拟接待当事人电话咨询	以小组为单位，每组选派一名学生扮演律师、一名学生扮演当事人。	电话咨询接待笔录	指导教师+小组互评
2	模拟接待当事人当面咨询	以小组为单位，每组选派一名学生扮演律师、一名学生扮演当事人。	面谈接待笔录	指导教师+小组互评

二、评价标准

项目排序	考核项目	分值
1	律师接待用语亲切，语句简洁明确	10
2	完整记录当事人基本信息	10
3	完整记录案情	10
4	清楚记录当事人询问	10
5	法律问题解答正确	20
6	提示法律风险	10
7	律师衣着大方得体（面谈）或律师给当事人留下联系方式（电话）	10
8	告知当事人明确的律所位置	10
9	解答问题是否简单明确	10
10	告知当事人再约或是见面咨询注意事项	10
	总计	100

※ **特别提示：**

如出现以下任意一项情况，考核为0分

1. 承诺包打赢官司；
2. 与当事人争执发生冲突；
3. 承诺低价收费；
4. 告知当事人自己在法院有关系，可以帮助当事人争取更多利益；
5. 告知当事人自己收的律师费很少一部分自己留下，大部分律师费用来给当事人疏通法院的关系；

6. 本来不用通过诉讼解决的事项，律师为了收费告知当事人必须通过诉讼方式解决；
7. 明示或者暗示当事人伪造证据。

三、知识技能链接

行政诉讼与非诉业务的开始都是当事人开始法律咨询。法律咨询是双方建立信任的第一步，也是案件当事人决定是否委托的关键一步，一次专业且人性化的法律咨询，能够快速取得当事人信任，并大大增加当事人委托律师作为其代理人的概率。法律咨询一般分为两类，一类是非面谈式咨询，另一类是面谈式咨询。

(一)非面谈式咨询

非面谈式咨询是指当事人通过打电话、微信聊天、微信语音的方式，将案件概况告知律师，律师根据委托人口述的案件信息，初步给当事人作出解答。通过非面谈式咨询，当事人才会决定是否进一步面谈最终办理委托手续。因此，非面谈式咨询的技巧非常重要，甚至比面谈咨询更为重要，每个律师在接受非面谈咨询时一定要注意以下事项：

1. 开场白需要展示律师的专业素养与执业温度。

律师与当事人的前几句对话应当简练，但律师在注重简练的同时也要注意自己的态度，不要让当事人感觉律师就像机器一样没有感情，不能理解自己，更不能接听来电时候语气很生硬"喂，你找谁"，"你是谁""你有什么事"或者表现得很不耐烦；律师在接电话之前，一定要调整好自己的状态，不能接听来电时语气慵懒，打哈欠，好像刚睡醒。律师遇见陌生来电，不确定对方当事人职务时，可以统一说："您好，我是××律师"。

2. 快速提炼案件信息、找到争议焦点。

当事人在给律师讲述案件时，往往会带有自己的主观认识，且逻辑性不强，也对法律关系不清楚，他们在叙述的过程中可能会东一句，西一句，也可能没有按事情发展顺序，也可能把律师当个好心的倾听者，从几十年前讲到现在。律师在听当事人描述一段时间后，要快速总结出几个焦点问题，并让当事人准备与以上问题有关的证据，然后对案子做一个初步的框架分析，并告知当事人准备与以上问题有关的证据，来律所或其他地方详谈。

例如：父母去世后，父母房屋被拆迁，当事人一直在说其他兄弟姐妹特别不孝，一直在说不孝行为，但这些与政府支付拆迁款多少、是否应当支付拆迁款没有关系，此时律师应当引导当事人回归到案件争议焦点中，并让他们准备相关证据，准备完后见面进行详谈。

3. 律师解答咨询应当注意技巧和执业风险。

律师在电话或微信语音中解答咨询问题时，需运用专用知识、经验和沟通技巧来确保信息的有效传递和提升当事人的满意度。语言既要专业、简洁，又不能蜻蜓点水。蜻蜓点水式的解答会给客户一种敷衍的感觉或留下不专业的印象，那么客户一般就不会委托。一件案子在律师眼里可能就是一件案子，但对于当事人来说，可能就是他的人生、他的家庭，所以律师解答当事人咨询时，要让当事人感觉律师很重视自己的事情。律师解答法律咨询要以事实为依据，以法律为准绳，不得为了保留委托，只说有利于当事人的一方面，而不告知当事人不利的有关情况，如果未客观陈述案件的利弊和案件后期处理结果，没有达到当事人的预期，会大大增加客户去律协或者司法局投诉的风险。

4. 客户与律师通过非面谈式进行简约咨询后，可能会让律师报价，律师尽量不要在电话里报价，可以给当事人简单介绍一下付费方式，但不要说具体数额。律师可以说律所一般按照阶段收费，也可以所有阶段合在一起收费，部分案子还可以选择半风险或全风险收费方式等，然后告知当事人见面详谈后，给出一个具体的报价方案。如果当事人约律师在律所进行面谈时，律师一定要详细地告知律所的位置，进入律所的方式，来律所需携带的资料，这样既能显示律师的专业性，又能体现律师的人性化服务。

☞ **文书样例**

律师电话接待记录表

当事人基本情况	××，男，××年×月×日，职业，住址，电话，身份证号码
案件基本情况	
接待律师	
律师解答	
律师风险提示	律师：你应保证向我们所陈述的情况完全真实，否则，你将可能承担由此造成的不利后果。你听清楚了吗？ 当事人：_____ 律师：那么，你的具体要求是什么？ 当事人：_____ 律师：根据你所陈述的情况，我们可以为你提供法律服务。在接受委托之前，我们要向你告知如下法律服务风险和法律服务要求： 1. 律师不承担办案风险，律师不能承诺办案结果，也无法承诺办结案件的具体期限； 2. 在胜诉的情况下，如对方当事人缺乏履行能力，你的合法利益可能难以实现； 3. 律师只能依法维护你的合法权益，不能为你弄虚作假和提供伪证； 4. 律师只能依法提供法律服务，不负责向办案人员请客送礼和行贿； 5. 你本人应当积极举证，需要律师为你调查取证的，你应全力配合律师调查取证； 6. 如果你隐瞒重要事实或委托的事项违法或者利用律师提供的服务从事违法活动，律师有权拒绝代理。 以上告知事项，你都听清楚了吗？ 当事人：_____ 律师：那你需要委托我们处理吗？ 当事人：_____
咨询时间	
备注	（是否进一步面谈或另约时间来电等）

"律师风险提示"部分，可根据电话咨询的特点，有选择性、针对性地提示，一般简单明了即可。

☞ **案例链接**

牛某元在工作时受伤，受伤后包工头张某华一直拒绝支付医疗费，于是牛某元便准备咨询律师，牛某元通过朋友介绍拿到张律师的电话。

牛某元拿到电话后给张律师打电话，电话接通时张律师刚睡醒，张律师一看是陌生号码，猜到可能是客户打来的，于是调整状态，以最佳状态接听电话，听到牛某元打电话的意图及简单的案情介绍后，张律师约牛某元第二天上午九点来律所详谈，张律师告诉牛某元来律所时需要携带病历材料及个人身份证，并告知其律所位于××区××街道××号××大厦10层102室，告知牛某元到律所楼下时给其打电话，因为只有帮牛某元刷卡，电梯才能到达10楼。

☞ **案例文书**

律师电话接待记录表

当事人基本情况	牛某元，男，汉族，1975年6月12日出生，住A市B区华西路256号某小区8号楼三单元202室，公民身份证号码：65025819750612××××。
案件基本情况	某建筑工程有限公司承包了某家园(3号地块)天然气建设施工项目，并将项目违法分包给自然人张某华，张某华招聘牛某元入职从事天然气安装工程施工。2020年4月3日下午3点左右，牛某元在项目上安装天然气管线时，出现梯子意外侧倒，致使牛某元摔伤。
接待律师	张某某律师
律师解答	1. 某建筑工程有限公司存在转包行为，系向自然人转包； 2. 张某华招用牛某元入职从事天然气安装工程施工，系自然人招用自然人。 3. 牛某元在安装天然气管线时受伤，属于在工作时间、工作地点，因工作受伤； 4. 牛某元依据法律规定应享受工伤待遇。
律师风险提示	律师：你应保证向我们所陈述的情况完全真实，否则，你将可能承担由此造成的不利后果。你听清楚了吗？ 当事人：听清楚了。 律师：那么，你的具体要求是什么？ 当事人：要求按照工伤处理，享有工伤待遇赔偿。 律师：根据你所陈述的情况，我们可以为你提供法律服务。在接受委托之前，我们要向你告知如下法律服务风险和法律服务要求： 1. 律师不承担办案风险，律师不能承诺办案结果，也无法承诺办结案件的具体期限； 2. 在胜诉的情况下，如对方当事人缺乏履行能力，你的合法利益可能难以实现；

	续表
律师风险提示	3. 律师只能依法维护你的合法权益，不能为你弄虚作假和提供伪证； 4. 律师只能依法提供法律服务，不负责向办案人员请客送礼和行贿； 5. 你本人应当积极举证，需要律师为你调查取证的，你应全力配合律师调查取证； 6. 如果你隐瞒重要事实或委托的事项违法或者利用律师提供的服务从事违法活动，律师有权拒绝代理。 以上告知事项，你都听清楚了吗？ 当事人：听清楚了。 律师：那你需要委托我们处理吗？ 当事人：我想委托你们作为我的诉讼代理人。
咨询时间	2020年9月10日
备注	约定9月11日上午9点律所面谈。

(二) 面谈式咨询

一般来律所咨询的当事人分为两种。一种是客户有咨询律师的需要，但事情不紧急，在其正好经过律所时，想起自己有法律问题需要咨询律师，于是进入律所咨询。还有一种客户就是他认为自己的案子比较复杂或急需要处理，这种客户一般是约律师当面咨询。

1. 咨询前的准备工作

(1) 如果当事人提前预约来律所咨询案件，律师一定要提前告知当事人律所的详细地址、乘车路线或开车路线，停车是否方便等这样的基本信息，以便当事人顺利到达。律师在和当事人预约好以后，忘记告诉当事人地址。后来给当事人回电话，又没有讲特别明确，可能给当事人增加麻烦，让当事人感觉跟律师沟通不顺，不利于开展咨询工作。本市有两条一样的街道，可是一个位于A区，一个位于B区。客户开着车花了2个小时来到A区，来之后律师才告知是在B区的街道，此时当事人的心情可想而知。

(2) 创造良好的咨询接待环境，首先要提前告知律所负责接待的前台，当事人大概到达的时间，如果当事人到时，律师的上一波客人还没有咨询完毕，可让前台将当事人带到其他接待室，并为当事人提供茶水和律师代理的案例集，不让当事人觉得等待时间过得很慢。如果是冬夏两季要提前开好空调，调好温度，确保为客户提供一个舒适的咨询环境。桌椅及办公用品摆放整齐，总之给当事人提供大方、安静、整洁、舒适的接待环境。

(3) 律师着装基本原则。衣着得体，有利于增强人的自信，衣着得体符合律师的职业形象和工作性质，更有利于律师展示才华。保持干净整洁，不留污渍，去除褶皱和线头，维持专业人士的职业感，有利于提升当事人的信任。律师的美不在于追随潮流与个性，而是将个人魅力发挥到极致。女律师一定要避免太暴露和性感的着装，男律师要避免太过花哨的衣服。

(4) 准备质量较好的笔记本电脑，做好案件提纲，笔记本电脑屏幕应该简洁，不要给客户留下散漫的印象，笔记本电脑应当为现代化的办公用具，避免拿出一个一看就很有年代感的办公用品，从而让当事人感觉律师的经济实力不强。

2. 具体面谈的注意事项

(1) 律师要学会有温度地引导当事人

律师可以当一个倾听者，照顾一下当事人的情绪问题，但律师不能把自己当作一个心理咨询师，律师要给当事人提供的是法律服务，为当事人目前的困境提供专业的法律意见。律师要正确引导当事人按照自己的案件提纲，用最短的时间讲述案件全部事实，然后根据已知事实结合相关法律给当事人专业的处理意见。

(2) 律师要让当事人看到自己的价值。面对复杂的案件情况，律师通过查阅当事人提供的证据，可能一句话就能给出答案解决当事人的困境，此时当事人很难认可这一句话的解决方案的价值，当事人往往认为就是一句话的解决方案，却不知这一句话的解决方案是律师多年的执业经验的积累，长期的学习以及查看证据认真分析后给出的解答意见。为了让当事人了解律师给出解决方案的价值，律师可以首先给当事人讲一下，这个问题涉及的法律规定，然后告诉当事人司法实践中，按照法律规定怎样处理这个问题，然后告诉当事人司法实践中按照法律规定怎样处理这个问题，然后告知当事人诉讼可能存在的几种裁判结果，最好的结果与最坏的结果分别是什么，现在不诉讼的结果会是什么，然后让当事人自己决定是否委托我们律师。

(3) 对于自己不懂的案件，律师可以邀请其他律师一起接待当事人。每个律师不可能什么案件都会，如果律师遇到自己不熟悉的领域，可以邀请其他的律师一起来解答当事人的咨询。律师遇到自己不熟悉的领域，可以礼貌地跟客户说，这个案子所涉及的法律领域，自己不擅长，给当事人找一下我们律所专做这类案子的律师给你更详尽的解答(如果有擅长此领域的律师在律所)或者说这个案子比较复杂，我需要再跟我们主任律师讨论一下再给您回复。此时，客户更好的感受是这个律师很负责，重视委托人的事宜，很值得托付，长久下去客户群才会稳定，而不是因为这个律师说要找别的律师给其解答咨询，而感觉律师不专业。

(4) 认真做好咨询笔录。律师应当准备不同类型案件的接待笔录，当客户来面谈咨询时，要给当事人做笔录，做笔录时要仔细，逻辑清晰，不利于当事人的解答意见一定要记录清楚，防止以后开始代理案件，当事人忘记或不认可律师已将不利因素告诉他了，尤其是在案件的处理结果对当事人不利时，当事人很可能会以律师没有告知其不利因素和后果要求退费并去主管部门投诉，给律师增添很多麻烦。

(5) 年轻的律师应当表现得落落大方、自信、干练，年长的律师应表现沉稳、睿智。一个律师如果在当事人面前都表现得胆小、不自信、慌张，这样的律师是很难取得客户信任，当事人不信任律师，就不会把案件委托给律师处理。

(三) 面谈结束后的工作

如果委托成功后，开始进入案件办理阶段，办案中的接待也尤为关键，需要律师及律师助理积极地与当事人进行沟通，让当事人了解案件进展的情况，诉讼过程存在的利害关系、证据材料等，充分了解当事人的意向，让律师与当事人立场保持一致；深入沟通案件的细节，最大化地为当事人争取合法的利益。

律师办案过程中，会有当事人或咨询者抱怨聘请的律师，签了委托协议后律师就不怎么跟他们交流了，也不知道律师在干什么。造成这种状况的很大原因是委托律师认为法律服务是专业的，当事人也不懂，没必要让他们过多参与案件。在这种认识误区指导下，可能就减少与当事人的沟通，自己闷头办案。我们认为，这样的工作思维是错误的，律师虽然对法律部分比较专业，但是对案件事实部分绝对没有当事人清楚，几次接待或者咨询绝不可能将案件情节、细节完全掌握清楚，与当事人及时进行案件进度沟通，可以帮助律师深挖案件细节，寻求大部分忽略的重要事实和证据，更加准确地把握案件。如果没有后续委托，律师应将笔录归档，并做到礼貌回访，保持联系，争取让这次咨询能促成。

☞ **文书样例**

律师面谈接待记录表

当事人基本情况	××，男，　　　年　月　日，职业，住址，电话，身份证号
案件基本情况	
接待律师	
律师解答	
律师风险提示	律师：你应保证向我们所陈述的情况完全真实，否则，你将可能承担由此造成的不利后果。你听清楚了吗？ 当事人：_____ 律师：那么，你的具体要求是什么？ 当事人：_____ 律师：根据你所陈述的情况，我们可以为你提供法律服务。在接受委托之前，我们要向你告知如下法律服务风险和法律服务要求： 1. 律师不承担办案风险，律师不能承诺办案结果，也无法承诺办结案件的具体期限； 2. 在胜诉的情况下，如对方当事人缺乏履行能力，你的合法利益可能难以实现； 3. 律师只能依法维护你的合法权益，不能为你弄虚作假和提供伪证； 4. 律师只能依法提供法律服务，不负责向办案人员请客送礼和行贿； 5. 你本人应当积极举证，需要律师为你调查取证的，你应全力配合律师调查取证； 6. 如果你隐瞒重要事实或委托的事项违法或者利用律师提供的服务从事违法活动，律师有权拒绝代理。 以上告知事项，你都听清楚了吗？ 当事人：_____ 律师：那你需要委托我们处理吗？ 当事人：_____
咨询人签字	
咨询地点、时间	

（四）接待咨询的禁忌

1. 承诺包打赢官司。
2. 与当事人争执发生冲突。
3. 承诺低价收费。
4. 告知当事人自己与法院有关系，可以帮助当事人争取更多利益。
5. 告知当事人自己收的律师费很少一部分自己留下，大部分律师费用来给当事人疏通法院的关系。
6. 本来不用通过诉讼解决的事项，律师为了收费告知当事人必须通过诉讼方式解决。
7. 明示或者暗示当事人伪造证据。

综上所述，律师应当具有逻辑思维，学习接待礼仪、接待技巧，用心对待每一次的咨询，并尽量做好每一次的接待工作。每一次接待工作结束后，年轻律师都要进行总结、思考不足，不断提升自己的接待能力和水平。

☞ 案例链接

第二天张律师八点半来到办公室，然后开始打扫办公室卫生，卫生打扫完毕后开始整理衣服及妆容，八点五十张律师查看牛某是否打电话。八点五十五分牛某打电话给张律师说他已经到楼下了，张律师电话告知其进入大厦后按右边的电梯，右边的电梯才能到双数楼层，在张律师的引导下，九点牛某到达张律师办公室。到达办公室后，张律师给牛某倒了一杯茶，然后拿出接待表开始与牛某聊具体案情。

☞ 案例文书

律师与当事人面谈接待笔录

当事人基本情况	牛某元，男，汉族，1975年6月12日出生，住A市B区华西路256号某小区8号楼三单元202室，公民身份证号码：65025819750612××××。
案件基本情况	某建筑工程有限公司承包了某家园（3号地块）天然气建设施工项目，并将项目违法分包给自然人张某华，张某华招聘牛某元入职从事天然气安装工程施工。2020年4月3日下午3点左右，牛某元在项目上安装天然气管线时，出现梯子意外侧倒，致使牛某元摔伤。
接待律师	张某某律师
律师解答	牛某元：我听说包工头挺有关系，害怕这个案件诉讼过程中对方找关系，作出不利于我的判决，张律师你在法院有没有关系，能不能包打赢我的官司。 张律师：律师代理案件靠的是证据，以事实为依据，以法律为准绳，不得承诺包打赢官司。律师代理案件过程中，不能与法官存在不正当接触，更不能向法官行贿。现在是法治社会，法官对案件都是终身负责制，法官关注的是案件本身，法官是不会枉法裁判的。我认为，本案事实比较清楚，证据比较充分，实体部分风险不大，但这个案子程序比较多，可能持续时间比较久。

续表

律师解答	牛某元：这个案子是调解好，还是一直诉讼好？ 张律师：劳动纠纷案件可能经过仲裁、一审、二审程序，你这个案子涉及劳动关系认定、工伤认定、劳动能力鉴定、工伤赔偿，每个程序可能会有仲裁、一审、二审程序，所以这个案子程序会非常多，但如果双方各让一步，达成调解，可能就不需要走这么多程序了，但是调解也意味着你可能少要一部分赔偿。现在不知道对方的态度，如果对方赔偿数额没有差太多，建议在诉讼中调解结案，否则如果对方拖时间，这个案子最终结案的时间可能需要两三年。 牛某元：代理这个案子怎么收费。 张律师：诉讼案件是根据案件标的额及难易程度决定收费，并且是按照阶段收费的。
律师风险提示	律师：你应保证向我们所陈述的情况完全真实，否则，你将可能承担由此造成的不利后果。你听清楚了吗？ 当事人：听清楚了。 律师：那么，你的具体要求是什么？ 当事人：我要求劳动保障部门受理我的工伤认定申请。 律师：根据你所陈述的情况，我们可以为你提供法律服务。在接受委托之前，我们要向你告知如下法律服务风险和法律服务要求： 1. 律师不承担办案风险，律师不能承诺办案结果，也无法承诺办结案件的具体期限； 2. 在胜诉的情况下，如对方当事人缺乏履行能力，你的合法利益可能难以实现； 3. 律师只能依法维护你的合法权益，不能为你弄虚作假和提供伪证； 4. 律师只能依法提供法律服务，不负责向办案人员请客送礼和行贿； 5. 你本人应当积极举证，需要律师为你调查取证的，你应全力配合律师调查取证； 6. 如果你隐瞒重要事实或委托的事项违法或者利用律师提供的服务从事违法活动，律师有权拒绝代理。 以上告知事项，你都听清楚了吗？ 当事人：听清楚了。 律师：那你需要委托我们处理吗？ 当事人：委托你们作为我的诉讼代理人。
咨询人签字	牛某元
咨询地点、时间	C律师事务所、2020年9月11日

四、知识技能检测

一律师在接待当事人过程中作出如下承诺，请判断哪些是错误的（　　）。

A. 承诺该案胜诉

B. 承诺低价接受委托

C. 承诺代为收集证据

D. 承诺与法官沟通

参考答案：AB

任务二　签订委托协议

一、任务清单

序号	任务内容	组织形式	工作成果	评价方式
1	接受当事人的委托并签订委托协议	以小组为单位	签订委托协议	指导教师+小组互评

二、评价标准

序号	考核项目	分值
1	利益冲突审查	25
2	立案审批	15
3	接受当事人的委托	30
4	收费	30
总计		100

三、知识技能链接

律师完成与当事人的接待工作后，若当事人有意委托律师办理案件，则律师应当首先进行利益冲突审查工作，当不存在利益冲突时，再与当事人就委托事项范围、内容、权限、费用、期限等进行协商，经协商达成一致后，由律师事务所与委托人签署委托协议。

（一）利益冲突审查

律师事务所应当建立利益冲突审查制度。律师在接受委托前，应当进行利益冲突审查，律师与委托人之间存在利害关系或利益冲突的，不得承办该业务并应当主动提出回避；不存在利害关系或利益冲突的，则正常办理委托手续。

《律师执业行为规范（试行）》第五十一条规定："有下列情形之一的，律师及律师事务所不得与当事人建立或维持委托关系：（一）律师在同一案件中为双方当事人担任代理人，或代理与本人或者其近亲属有利益冲突的法律事务的；（二）律师办理诉讼或者非诉讼业务，其近亲属是对方当事人的法定代表人或者代理人的；（三）曾经亲自处理或者审理过某一事项或者案件的行政机关工作人员、审判人员、检察人员、仲裁员，成为律师后又办理该事项或者案件的；（四）同一律师事务所的不同律师同时担任同一刑事案件的被害人的代理人和犯罪嫌疑人、被告人的辩护人，但在该县区域内只有一家律师事务所且事先征得当事人同意的除外；（五）在民事诉讼、行政诉讼、仲裁案件中，同一律师事务所的不同律师同时担任争议双方当事人的代理人，或者本所或其工作人员为一方当事人，本所其他律师担任对方当事人的代理人的；（六）在非诉讼业务中，除各方当事人共同委托外，同一律师事务所的律师同时担任彼此有利害关系的各方当事人的代理人的；（七）在委托关系终止后，同一律师事务所或同一律师在同一案件后续审理或者处理中又接受对方当事人委托的；（八）其他与本条第（一）至第（七）项情形相似，且依据律师执业经验和行业常识能够判断为应当主动回避且不得办理的利益冲突情形。"

《律师执业行为规范(试行)》第五十二条规定："有下列情形之一的，律师应当告知委托人并主动提出回避，但委托人同意其代理或者继续承办的除外：（一）接受民事诉讼、仲裁案件一方当事人的委托，而同所的其他律师是该案件中对方当事人的近亲属的；（二）担任刑事案件犯罪嫌疑人、被告人的辩护人，而同所的其他律师是该案件被害人的近亲属的；（三）同一律师事务所接受正在代理的诉讼案件或者非诉讼业务当事人的对方当事人所委托的其他法律业务的；（四）律师事务所与委托人存在法律服务关系，在某一诉讼或仲裁案件中该委托人未要求该律师事务所律师担任其代理人，而该律师事务所律师担任该委托人对方当事人的代理人的；（五）在委托关系终止后一年内，律师又就同一法律事务接受与原委托人有利害关系的对方当事人的委托的；（六）其他与本条第（一）至第（五）项情况相似，且依据律师执业经验和行业常识能够判断的情形。律师和律师事务所发现存在上述情形的，应当告知委托人利益冲突的事实和可能产生的后果，由委托人决定是否建立或维持委托关系。委托人决定建立或维持委托关系的，应当签署知情同意书，表明当事人已经知悉存在利益冲突的基本事实和可能产生的法律后果，以及当事人明确同意与律师事务所及律师建立或维持委托关系。

（二）立案审批

1. 受理案件签订委托合同前，承办律师需要按照律所要求进行立案申报及审批。律师应当逐项仔细、如实填写立案审批表，填写完成后交由律所内勤或者相关负责人进行审批。

2. 立案审批表的具体内容包括：原告名称、被告名称、第三人名称、委托人姓名、地址、电话、联系人、承办律师、案号、收费金额、案情简介、承办律师意见、批准人意见等。

☞ **文书样例**

立案审批表

受案时间	年　月　日	案件类型		案件编号	
委托人信息					
利益相对人、利害关系人信息					
受理机关					

续表

受理范围	听证(　) 　行政复议(　) 　劳动仲裁(　) 　一审(　) 　二审(　) 再审(　) 　法律监督(　) 　强制执行(　)		
律师费及收费方式			
案情摘要			
承办律师意见		签名：	年　月　日
主管意见		签名：	年　月　日
财务说明		签名：	年　月　日
主任批示		签名：	年　月　日

(三)接受当事人的委托

1. 立案审批通过后，承办律师到内勤办理收案登记手续，并由内勤按收案顺序给案件编号。

2. 接受委托时，应当向委托人明示本所收费方式及标准，执行本所收费制度。

3. 与委托人签订书面委托代理协议，委托代理协议需要由委托人亲自签字、捺手印或者盖章后，律师事务所加盖公章。委托代理协议按需要签订三份，委托人、承办律师、律师事务所内勤各持有一份。委托代理协议的内容应当包括：(1)合同编号；(2)委托人及受委托人的姓名或单位；(3)委托事由；(4)委托权限；(5)委托方的权利和义务；(6)受托方的权利和义务；(7)代理费用的金额及支付日期、支付方式；(8)委托合同的有效期限；(9)特别约定条款等。

4. 对当事人进行风险告知。

5. 制作授权委托书，授权委托书要明确写明委托权限是一般代理还是特别授权，承办律师要向当事人说明这两种代理形式的含义，供当事人选择。授权委托书需要由委托人亲自签字、捺手印或者盖章。

6. 律师事务所向受理该案件的相关诉讼机关或承办部门出具《律师事务所函》。律师事务所函是律师事务所接受委托后指派律师办理案件的唯一文书证明，没有此函视为律师私自收案。

7. 复印律师执业证。

8. 需向办案机关提交的委托手续包括：

委托人是自然人：授权委托书、律师事务所函、委托人的身份证复印件、律师执业证复印件。

委托人是法人：授权委托书、律师事务所函、法定代表人的身份证明及身份证复印件、营业执照复印件(组织机构代码证复印件)、律师执业证复印件。

委托人是非法人组织：授权委托书、律师事务所函、负责人的身份证明及身份证复印件、营业执照复印件、律师执业证复印件。

☞ **文书样例**

风险告知书

尊敬的委托人：

感谢您委托律师事务所律师承办您的法律事务，我们将竭诚为您提供服务。为了更好地维护您的合法权益，也为了使您更加了解律师工作，特提请您注意如下事项：

一、任何诉讼(包括仲裁、非诉案件等,下同)均具有法律风险，包括败诉、无法执行、审期过长等。在聘请律师前，您应确认具有承受此等法律风险之合理预见及负担能力。

二、委托人有责任对委托事项作出独立的判断和决策。根据律师提供的法律意见、建议、方案所作出的决定而导致的损失，非因律师错误运用法律等失职行为造成的，由委托人自行承担。

三、您在委托本所律师办理案件时，请注意应与本律所而非律师个人签订委托合同，律所应当盖章；交纳律师代理费时，律所应当向您出具正式发票。承办律师无权私自收案、收费和向委托人作出单方承诺。

四、委托人所提供的案件情况应当真实，要求律师办理的事项应当合法；承办律师在法律允许的范围内必须尽职尽责地完成委托事项。委托人不能要求承办律师作出关于案件处理结果的承诺，即使承诺也属无效；律师对案件的分析只能作为参考。

五、委托人不得以如下非正当理由要求律师事务所退费：①委托人同时委托其他律师事务所的律师代理的；②律师完成委托代理事项后，委托人以结果不理想或律师所收费过高为由要求退费的；③律师已经做好准备工作，委托人撤诉或对方撤诉的；④其他非因本所或者本所律师的原因，委托人无故终止合同的。

六、代理费以外的其他办案费用(如交通费、通信费、复印费、打字费等)有两种交纳方式，一是采用包干方式以代理费名义交至律师所，由律师所出具正式发票；二是以实报实销方式与承办律师自行协商处理。

七、律师接受您的证据原件，您应当索要收据。

八、如果在委托合同履行过程中承办律师有任何违规行为，或者您有任何疑问或意见，请与本律师事务所联系。

请您确认上述事项后再签署委托合同。

委托人确认：我已了解须知中所提示和说明的内容。

委托人签名或签章：
年　　月　　日

(四)收费

1. 律师事务所收费的项目、标准和方式应当依照《关于进一步规范律师服务收费的意见》《律师服务收费管理办法》和本省价格主管部门、司法行政机关制定的律师服务收费的有关规定执行。

2. 律师事务所收取律师服务费,应当遵循合法、协商一致的原则。

3. 律师事务所接受委托后,应当与委托人签订收费合同或者在委托合同中载明收费条款,明确收费的标的额、计费方式、交费方式、交费时间等内容。律师事务所应当按照收费合同或者委托合同中的收费条款约定的收费方式和收费数额收取律师服务费。进行风险代理的,应注明:(1)风险代理事项;(2)风险代理事项成就的条件以及视为成就的情形;(3)委托人的授权范围;(4)风险责任及律师代理费的支付;(5)案件所需的司法、行政、仲裁、鉴定、公证等部门收取的费用以及合理的通信费、复印费、翻译费、交通费、食宿费的负担;(6)合同的有效期限和变更程序;(7)合同争议的解决方式及合同生效的条件。

4. 律师事务所向委托人收取律师服务费,应当及时向委托人开具合法票据。律师事务所代委托人支付鉴定费、评估费、翻译费、人民法院依法收取的费用等办案费用的,应当凭有效凭证与委托人结算。

5. 律师事务所预收律师异地办案所需的差旅费用时,应当向委托人提供费用概算,经协商一致,由双方签字确认。办案过程中,因情况变化确需提高费用概算时,律师事务所应当与委托人再行协商,并由双方签字确认后执行。

6. 律师事务所在办结委托事项后,应当及时与委托人结算预收的律师异地办案差旅费用。结算时,应当向委托人提交费用使用清单和开支的有效凭证,由委托人审核确认。

7. 律师事务所对确有经济困难的委托人,可以减收或者缓收律师服务费。

8. 律师事务所不能及时开具合法票据的,应当及时补开。禁止收取活动费及律师个人收费,更不允许律师个人打白条。

☞ **实例点拨**

经过电话咨询及当面咨询,牛某元对自己的案件有了足够的认识,对律师事务所有了一定了解,与律师建立了信任,希望委托律所代理其案件。律师依次做了如下工作:

1. 经过利益冲突审查,发现牛某元与A市人力资源和社会保障局与律所均不存在利益冲突,符合收案条件。

2. 律师向律所提交立案申请,并按要求填写了立案审批表。

3. 立案审批通过后,律师指导牛某元签订书面委托代理协议,按照要求完整、准确地填写委托协议的内容,向牛某元进行风险告知。将牛某元签名捺印、律所签章的三份委托协议书分别交由牛某元、承办律师、律师事务所内勤。制作、准备授权委托书等委托代理手续。

4. 按照法律规定、行业规范、律所要求进行收费,收费后向牛某元开具相应发票,并注意严禁律师私自收费。

四、知识技能检测

1. 关于律师代理案件利益冲突的问题，下列说法正确的是哪些选项？（　　）

A. 利益冲突是指同一律师事务所代理的委托事项与该所其他委托事项的委托人之间有利益上的冲突，继续代理会直接影响到相关委托人的利益的情形

B. 在接受委托之前，律师及其所属律师事务所应当进行利益冲突查证

C. 拟接受委托人委托的律师已经明知诉讼相对方或利益冲突方已委聘的律师是自己的近亲属或其他利害关系人的，应当予以回避

D. 律师在接受委托后知道诉讼相对方或利益冲突方委聘的律师是自己的近亲属或其他利害关系人，应及时将这种关系明确告诉委托人

2. 关于律师与当事人签订委托代理协议的问题，下列说法正确的是哪些选项？（　　）

A. 签订委托代理协议前律师应当进行利益冲突审查

B. 在案件存在利益冲突时，只要当事人签订知情告知书即可继续办理委托手续

C. 委托代理协议未约定办理案件有差旅费的，律师仍可以向当事人收取差旅费，且不需要提供相应发票或凭证

D. 委托代理协议约定的代理阶段为一审，一审结束后当事人欲委托律师继续代理二审阶段，律师须与当事人重新订立二审阶段的委托代理协议

3. 律师收费的形式包括（　　）

A. 计件收费

B. 按标的额比例收费

C. 计时收费

D. 风险代理收费

参考答案：1. ABCD；2. AD；3. ABCD

项目二　启动诉讼程序

☞ 项目描述表

项目名称		启动诉讼程序	学时建议	3
项目描述		启动诉讼程序是与当事人建立委托关系后，按照既定的代理方案，再次梳理证据，撰写起诉状，通过网络或线下向人民法院提交立案材料，启动行政诉讼程序的法律工作。		
课程思政		帮助当事人树立法治信仰，依法维护当事人合法权益，努力让人民群众在每一个司法案件中感受到公平正义。		
任务描述		任务一：撰写起诉状； 任务二：编制证据目录； 任务三：立案。		
学习内容		1. 起诉状的撰写； 2. 证据目录的编制； 3. 立案材料清单的制作； 4. 网上立案软件的使用； 5. 线下立案流程； 6. 立案实务问题处理。		
学习目标	知识目标	1. 熟练掌握起诉状的格式和制作要求； 2. 熟练掌握证据目录的格式和制作要求； 3. 熟悉线上立案和线下立案流程。		
	能力目标	1. 能够按照法定要求和案情撰写起诉状； 2. 能够制作格式正确、内容完整、条理清晰的证据目录； 3. 能够完成给定案件的线上立案和线下立案。		
	素养目标	1. 培养严谨审慎的职业素养； 2. 培养法律逻辑思维。		
资源配备	教学场地	行政诉讼模拟实训室、模拟网络立案软件、人民法院在线服务微信小程序、法院立案服务大厅。		
	学习资料	《行政诉讼法》等法律规范、任务单、起诉状模板、立案材料清单、专家已办结案件卷宗材料。		

续表

教学组织流程	1. 下发任务单； 2. 明确学习目标和评价标准； 3. 按任务单要求独立或合作完成； 4. 教师、专家提供辅助指导。
学习评价建议	测评点： 1. 起诉状是否规范，相关信息是否准确，论证是否充分合理； 2. 立案材料清单是否完整、准确； 3. 线下立案实务问题处理是否合法适当； 4. 线上立案操作准确、熟练； 5. 线上立案实务问题处理是否合法适当。

任务一　撰写起诉状

一、任务清单

序号	任务内容	组织形式	工作成果	评价方式
1	按照行政起诉状的体例和格式等要求，结合相关案情，撰写行政起诉状。	以小组为单位	行政起诉状	指导教师+小组互评

二、评价标准

序号	考核项目	分值
1	原告主体适格	10
2	被告主体适格	20
3	属于行政诉讼的受案范围	20
4	诉讼请求具体明确，无遗漏、无重复	20
5	事实与理由理据充足，简明扼要，与诉讼请求相匹配	10
6	受诉法院具有管辖权	10
7	行政起诉状格式规范、结构清晰完整	10
总计		100

三、知识技能链接

行政起诉状，是指公民、法人或者其他组织认为行政机关或行政机关工作人员的行政行为侵犯其合法权益，向人民法院递交的，请求人民法院保护其合法权益的诉讼文书。行政起诉状是原告向人民法院提交最重要的诉讼文书之一，体现了原告被告主体情况、诉讼请求、被诉行政行为、事实与理由以及管辖法院等信息，是原告启动行政诉讼的首要环节，行政起诉状直接关系着诉讼能否受理、诉讼请求能否支持以及案件胜诉率等重要问题。

（一）行政起诉状的体例结构

行政起诉状的内容和结构由首部、正文和尾部组成，包括标题、原告和被告基本情况、第三人基本情况（如有）、诉讼请求、事实与理由、管辖法院、具状人等。

1. 首部

（1）标题文书上部正中写"行政起诉状"。

（2）当事人基本情况。

原告是公民的，写明姓名、性别、出生年月日、居民身份证号码、民族、住址和联系方式，住址应写住所地，住所地和经常居住地不一致的，写经常居住地。原告是法人的，写明法人的名称和住所地，另起一行写明法定代表人及其姓名和职务，另起一行写明统一社会信用代码和联系方式。原告是不具备法人资格的其他组织的，写明其名称或字号和住所地，另起一行写明负责人及其姓名和职务，另起一行写明统一社会信用代码和联系方式等。公民的联系方式一般写原告手机号码，法人或者其他组织的联系方式写可以正常联系的固定电话或经办工作人员的手机号码，必要时可同时写原告及代理人手机号码。

人数众多的共同诉讼中，推选或指定诉讼代表人的，在原告身份事项之后写明"原告暨诉讼代表人……"并写明诉讼代表人的基本情况，格式与原告基本情况相同。如涉及原告人数众多的，可在首部仅列明诉讼代表人基本情况，原告名单及其基本身份情况可列入判决书附录部分。

被告应写明被诉的行政主体名称、所在地址；另起一行列项写明法定代表人姓名和职务，并另起一行写明统一社会信用代码和联系方式。

2. 正文

（1）诉讼请求，诉讼请求应当明确、具体。

（2）事实与理由，提出诉讼请求的事实根据和法律依据。事实是人民法院审理案件的依据，起诉状须写明被告侵犯当事人合法权益的事实经过、原因及造成的结果，指出行政争议的焦点。如是经过行政复议后不服提起诉讼的，还应写清楚复议行政机关作出复议决定过程和结果。理由是在叙述事实的基础上，依据法律法规进行分析，论证诉讼请求合法合理。

3. 尾部

（1）受诉管辖法院，在正文后另起一行写明受诉管辖法院。

（2）原告在受诉法院另起一行右下方，写明具状人和具状时间年月日。原告是公民的，起诉状"具状人"处须由原告亲自签字署名，原告是法人或其他组织的，起诉状"具状人"处须加盖公章。

(二)原告主体资格

原告主体资格的确定直接关系着起诉主体是否具有诉讼权利，能否以自己名义独立提出诉讼主张，是原告代理人在发起诉讼前需要首先考虑的问题。关于原告主体资格，根据法律、司法解释等规定，结合实践做法，总结梳理如下：

1. 原告资格确定的一般规定

根据《行政诉讼法》第二十五条规定，行政行为的相对人以及其他与行政行为有利害关系的公民、法人或者其他组织，有权提起诉讼。有权提起诉讼的公民死亡，其近亲属可以提起诉讼。有权提起诉讼的法人或者其他组织终止，承受其权利的法人或者其他组织可以提起诉讼。

(1)行政行为相对人，一般就是指行政机关作出的行政行为直接针对的对象，常见的行政相对人例如行政处罚决定中的被处罚人、行政强制措施中的被强制人、行政决定中的当事人以及行政登记的产权登记人等。本案中，牛某元是行政决定的申请人，属于行政行为相对人，具备行政诉讼原告资格。同时，某建筑工程有限公司也是行政决定的相对人，也有权提起行政诉讼。

(2)其他与行政行为有利害关系的主体，行政诉讼法并无明确之规定，《适用解释》第十二条对"与行政行为有利害关系"的情形进行了细化规定，具体包括：被诉的行政行为涉及其相邻权或者公平竞争权的；在行政复议等行政程序中被追加为第三人的；要求行政机关依法追究加害人法律责任的；撤销或者变更行政行为涉及其合法权益的；为维护自身合法权益向行政机关投诉，具有处理投诉职责的行政机关作出或者未作出处理的；其他与行政行为有利害关系的情形。

第一，被诉的行政行为涉及其相邻权或者公平竞争权的常见情形有：项目周边居民认为规划部门对房地产项目规划许可影响采光，可以就该规划许可行为提起行政诉讼；商户认为市场监督管理部门指定个别商户为"专供"单位的行为侵犯其公平竞争权，可以就该指定行为提起行政诉讼。

第二，在行政复议等行政程序中被追加为第三人，是在经过行政复议的案件，行政复议案件的第三人可作为原告提起行政诉讼。行政复议案件第三人可以是行政复议机构依职权通知其作为第三人参加行政复议的，也可以是其向行政复议机构申请同意后作为第三人参加行政复议的。

第三，要求行政机关依法追究加害人法律责任的常见情形有：人身伤害治安案件中，受害人认为公安机关不予处罚或者行政处罚较轻的，可以就不予处罚或者行政处罚决定行为提起行政诉讼。

第四，撤销或者变更行政行为涉及其合法权益的常见情形有：抵押权人认为不动产登记机构撤销不动产登记影响其抵押权，可以就该撤销行为提起行政诉讼。

第五，为维护自身合法权益向行政机关投诉的常见情形有：农户认为乡镇政府不履行违法占地行为侵害其土地承包经营权，可以就该不履行职责或者认为不属违法占地不立案的行为提起行政诉讼。为防止投诉人滥用诉权，本条款设定了投诉主体起诉的前提条件，必须是维护自身合法权益的主体具有起诉权利，不是维护自身合法权益的投诉主体不具有起诉权利,例如:普通公民举报违章建筑后,若其认为行政机关未履行法定职责,不能提起行政诉讼;普通公民举报某超市销售不合格商品后,若其认为行政机关未履行法定职责,不能提起行政诉讼。

需要注意的是,公民因被限制人身自由而不能提起诉讼的,其近亲属可以依其口头或者书面委托以该公民的名义提起诉讼。近亲属起诉时无法与被限制人身自由的公民取得联系,近亲属可以先行起诉,并在诉讼中补充提交委托证明。

2. 特定债权人的原告资格确定

债权人以行政机关对债务人所作的行政行为损害债权实现为由提起行政诉讼的,人民法院应当告知其就民事争议提起民事诉讼,但行政机关作出行政行为时依法应予保护或者应予考虑的除外。

3. 合伙、个体工商户的原告资格确定

向人民法院提起诉讼的,应当以核准登记的字号为原告。未依法登记领取营业执照的个人合伙的全体合伙人为共同原告;全体合伙人可以推选代表人,被推选的代表人,应当由全体合伙人出具推选书。个体工商户向人民法院提起诉讼的,以营业执照上登记的经营者为原告。有字号的,以营业执照上登记的字号为原告,并应当注明该字号经营者的基本信息。

4. 企业被侵权情形下的原告资格确定

股份制企业的股东大会、股东会、董事会等认为行政机关作出的行政行为侵犯企业经营自主权的,可以企业名义提起诉讼。联营企业、中外合资或者合作企业的联营、合资、合作各方,认为联营、合资、合作企业权益或者自己一方合法权益受行政行为侵害的,可以自己的名义提起诉讼。非国有企业被行政机关注销、撤销、合并、强令兼并、出售、分立或者改变企业隶属关系的,该企业或者其法定代表人可以提起诉讼。

5. 非营利法人的出资人、设立人的原告资格确定

事业单位、社会团体、基金会、社会服务机构等非营利法人的出资人、设立人认为行政行为损害法人合法权益的,可以自己的名义提起诉讼。

6. 建筑物区分所有权业主的原告资格确定

业主委员会对于行政机关作出的涉及业主共有利益的行政行为,可以自己的名义提起诉讼。业主委员会不起诉的,专有部分占建筑物总面积过半数或者占总户数过半数的业主可以提起诉讼。

☞ **实例点拨**

本案中,牛某元向 A 市人力资源和社会保障局申请工伤认定,该行政机关审理后作出了《工伤认定申请不予受理决定书》。牛某元是被诉行政行为《工伤认定申请不予受理决定书》的行政相对人,具有原告资格。

(三)被告主体资格

被告主体资格是行政诉讼区别于民事诉讼最重要特点之一,在确定原告主体以后,就需要考虑以哪个机关作为被告,作为原告代理人正确确定被告是提起诉讼能否受理和能否胜诉的关键。关于被告主体资格,根据法律、司法解释的规定,结合实践做法,总结梳理

如下：

1. 被告资格的一般规定

根据《行政诉讼法》第二十六条第一款规定，公民、法人或者其他组织直接向人民法院提起诉讼的，作出行政行为的行政机关是被告。一般情况下，行政诉讼执行"谁行为、谁被告"的规定，例如乡镇政府作出的行政处罚决定，被处罚单位不服提起行政诉讼，应以乡镇政府为被告；县规划部门作出的规划许可证，相关利害关系人不服提起行政诉讼，应以县规划部门为被告。本案中，A市人力资源和社会保障局作出的《工伤认定申请不予受理决定书》，如牛某元不服《工伤认定申请不予受理决定书》，应将A市人力资源和社会保障局列为被告。

2. 经复议案件的被告确定

《行政诉讼法》第二十六条第二款规定，经复议的案件，复议机关决定维持原行政行为的，作出原行政行为的行政机关和复议机关是共同被告；复议机关改变原行政行为的，复议机关是被告。复议机关在法定期限内未作出复议决定，公民、法人或者其他组织起诉原行政行为的，作出原行政行为的行政机关是被告；起诉复议机关不作为的，复议机关是被告。

如何理解"维持原行政行为""改变原行政行为"是确定复议后被告的关键。"维持原行政行为"主要看复议机关是否维持了原行政行为处理结果，有两种情形，一种行政机关维持了原行政行为的主要事实、证据、法律依据及处理结果；另一种复议机关改变原行政行为所认定的主要事实和证据、改变原行政行为所适用的规范依据，但未改变原行政行为处理结果，视为维持原行政行为。"改变原行政行为"是指复议机关改变原行政行为的处理结果，其中复议机关确认原行政行为无效，也属于改变原行政行为；复议机关确认原行政行为违法，也属于改变原行政行为，但复议机关以违反法定程序为由确认原行政行为违法的除外。

3. 经批准行政行为的被告确定

《适用解释》第十九条规定，"当事人不服经上级行政机关批准的行政行为，向人民法院提起诉讼的，以在对外发生法律效力的文书上署名的机关为被告"，当某一行政行为的批准机关和作出决定机关不一致时，行政诉讼确定被告适用的"对外"原则，即以在对外发生法律效力的文书上署名的机关为被告，实践中，常见情况包括：国有土地使用权收回决定书，县自然资源部门报请县政府批准后作出的，原土地使用权人不服行政决定直接起诉的，应以县自然资源部门为被告。这里需要注意区别批准行为与受托组织及内设机构行政行为，其中最大区别是批准作出机关是否具有法定职权。

4. 共同作出行政行为的被告确定

《行政诉讼法》第二十六条第四款规定："两个以上行政机关作出同一行政行为的，共同作出行政行为的行政机关是共同被告。"实践中，常见情形包括：联合执法过程中，县综合执法局、县住建局、县自然资源局、镇政府共同作出强制拆除决定书，被拆除人不服决定书提起行政诉讼，应以县综合执法局、县住建局、县自然资源局和镇政府作为共同被告。

5. 受托单位作出行政行为的被告确定

《行政诉讼法》第二十六条第五款规定："行政机关委托的组织所作的行政行为，委托的行政机关是被告。"同时，没有法律、法规或者规章规定，行政机关授权其内设机构、派出机构或者其他组织行使行政职权的，也属于委托行为。当事人不服提起诉讼的，应当以该行政机关为被告。例如：市、县环境保护局授权分局对辖区内环境保护违法行为进行行政执法，当事人不服其行政处罚或者行政强制措施等行为的，应以市、县环境保护局为被告。

6. 内设机构、派出机构作出行政行为的被告确定

《适用解释》第二十条规定，"行政机关组建并赋予行政管理职能但不具有独立承担法律责任能力的机构，以自己的名义作出行政行为，当事人不服提起诉讼的，应当以组建该机构的行政机关为被告。法律、法规或者规章授权行使行政职权的行政机关内设机构、派出机构或者其他组织，超出法定授权范围实施行政行为，当事人不服提起诉讼的，应当以实施该行为的机构或者组织为被告"，简言之，有法律、法规或者规章授权的内设机构、派出机构或者其他组织，其所实施的行政行为，以实施该行为的机构或者组织为被告，例如公安局派出所；没有授权的，行政机关安排其内设机构、派出机构或者其他组织实施行政行为的，视为委托行为，应以行政机关作为被告。

7. 行政机关被撤销或者职权变更的被告确定

《行政诉讼法》第二十六条第六款规定，"行政机关被撤销或者职权变更的，继续行使其职权的行政机关是被告"，例如：土地登记由县级以上人民政府登记发证，房屋登记由县级以上房屋主管部门，实行不动产登记后，土地登记、房屋登记统一由不动产登记机构行使，若当事人不服原土地使用权证或者房屋所有权证，应向不动产登记机构，实践中不动产登记机构为市、县自然资源管理部门，而非不动产登记中心。

行政机关被撤销或者职权变更，没有继续行使其职权的行政机关的，以其所属的人民政府为被告；实行垂直领导的，以垂直领导的上一级行政机关为被告。

8. 其他情形下的被告确定

根据《适用解释》《最高人民法院关于正确确定县级以上地方人民政府行政诉讼被告资格若干问题的规定》的规定，实践中常见的其他特殊情况下被告的确定，总结归纳如下：

(1) 开发区管委会的被告资格。当事人对由国务院、省级人民政府批准设立的开发区管理机构作出的行政行为不服提起诉讼的，以该开发区管理机构为被告；对由国务院、省级人民政府批准设立的开发区管理机构所属职能部门作出的行政行为不服提起诉讼的，以其职能部门为被告；对其他开发区管理机构所属职能部门作出的行政行为不服提起诉讼的，以开发区管理机构为被告；开发区管理机构没有行政主体资格的，以设立该机构的地方人民政府为被告。

(2) 村民委员会、居民委员会的被告资格。当事人对村民委员会或者居民委员会依据法律、法规、规章的授权履行行政管理职责的行为不服提起诉讼的，以村民委员会或者居民委员会为被告。当事人对村民委员会、居民委员会受行政机关委托作出的行为不服提起诉讼的，以委托的行政机关为被告。

(3) 高等学校以及行业协会的被告资格。当事人对高等学校等事业单位以及律师协会、注册会计师协会等行业协会依据法律、法规、规章的授权实施的行政行为不服提起诉讼的，以该事业单位、行业协会为被告。当事人对高等学校等事业单位以及律师协会、注

册会计师协会等行业协会受行政机关委托作出的行为不服提起诉讼的,以委托的行政机关为被告。

(4)房屋征收部门的被告资格。县级人民政府确定的房屋征收部门组织实施房屋征收与补偿工作过程中作出行政行为,被征收人不服提起诉讼的,以房屋征收部门为被告。征收实施单位受房屋征收部门委托,在委托范围内从事的行为,被征收人不服提起诉讼的,应当以房屋征收部门为被告。

(5)违法建筑强制拆除的被告确定。县级以上地方人民政府根据城乡规划法的规定,责成有关职能部门对违法建筑实施强制拆除,公民、法人或者其他组织不服强制拆除行为提起诉讼,人民法院应当根据行政诉讼法第二十六条第一款的规定,以作出强制拆除决定的行政机关为被告;没有强制拆除决定书的,以具体实施强制拆除行为的职能部门为被告。

(6)集体土地征收中强制拆除房屋的被告确定。公民、法人或者其他组织对集体土地征收中强制拆除房屋等行为不服提起诉讼的,除有证据证明系县级以上地方人民政府具体实施外,人民法院应当根据行政诉讼法第二十六条第一款的规定,以作出强制拆除决定的行政机关为被告;没有强制拆除决定书的,以具体实施强制拆除等行为的行政机关为被告。

(7)国有土地上房屋征收强制拆除房屋的被告确定。县级以上地方人民政府已经作出国有土地上房屋征收与补偿决定,公民、法人或者其他组织不服具体实施房屋征收与补偿工作中的强制拆除房屋等行为提起诉讼的,人民法院应当根据行政诉讼法第二十六条第一款的规定,以作出强制拆除决定的行政机关为被告;没有强制拆除决定书的,以县级以上地方人民政府确定的房屋征收部门为被告。

(8)政府信息公开事项的被告确定。公民、法人或者其他组织向县级以上地方人民政府申请履行法定职责或者给付义务,法律、法规、规章规定该职责或者义务属于下级人民政府或者相应职能部门的行政职权,县级以上地方人民政府已经转送下级人民政府或者相应职能部门处理并告知申请人,申请人起诉要求履行法定职责或者给付义务的,以下级人民政府或者相应职能部门为被告。

☞ **实例点拨**

本案中,被诉行政行为《工伤认定申请不予受理决定书》的作出行政机关是 A 市人力资源和社会保障局。《工伤保险条例》第五条规定:"国务院社会保险行政部门负责全国的工伤保险工作。县级以上地方各级人民政府社会保险行政部门负责本行政区域内的工伤保险工作。社会保险行政部门按照国务院有关规定设立的社会保险经办机构(以下称经办机构)具体承办工伤保险事务。"第十七条规定:"职工发生事故伤害或者按照职业病防治法规定被诊断、鉴定为职业病,所在单位应当自事故伤害发生之日或者被诊断、鉴定为职业病之日起 30 日内,向统筹地区社会保险行政部门提出工伤认定申请。遇有特殊情况,经报社会保险行政部门同意,申请时限可以适当延长。"因此,A 市人力资源和社会保障局具有工伤认定的行政职权,具有被告资格。

(四)人民法院受案范围

1. 属于人民法院受案范围的行政行为

为明确司法权的边界,结合我国实际情况,行政诉讼法对人民法院受案范围进行了列举规定。根据《行政诉讼法》第四十九条第(四)项规定,提起诉讼应属于人民法院受案范围和受诉法院管辖。根据《行政诉讼法》第十二条的规定,人民法院受理公民、法人或者其他组织提起的下列诉讼:(1)对行政拘留、暂扣或者吊销许可证和执照、责令停产停业、没收违法所得、没收非法财物、罚款、警告等行政处罚不服的;(2)对限制人身自由或者对财产的查封、扣押、冻结等行政强制措施和行政强制执行不服的;(3)申请行政许可,行政机关拒绝或者在法定期限内不予答复,或者对行政机关作出的有关行政许可的其他决定不服的;(4)对行政机关作出的关于确认土地、矿藏、水流、森林、山岭、草原、荒地、滩涂、海域等自然资源的所有权或者使用权的决定不服的;(5)对征收、征用决定及其补偿决定不服的;(6)申请行政机关履行保护人身权、财产权等合法权益的法定职责,行政机关拒绝履行或者不予答复的;(7)认为行政机关侵犯其经营自主权或者农村土地承包经营权、农村土地经营权的;(8)认为行政机关滥用行政权力排除或者限制竞争的;(9)认为行政机关违法集资、摊派费用或者违法要求履行其他义务的;(10)认为行政机关没有依法支付抚恤金、最低生活保障待遇或者社会保险待遇的;(11)认为行政机关不依法履行、未按照约定履行或者违法变更、解除政府特许经营协议、土地房屋征收补偿协议等协议的;(12)认为行政机关侵犯其他人身权、财产权等合法权益的。除前款规定外,人民法院受理法律、法规规定可以提起诉讼的其他行政案件。《工伤保险条例》第五十五条规定,申请工伤认定的职工或者其近亲属、该职工所在单位对工伤认定申请不予受理的决定不服的,可以依法申请行政复议,也可以依法向人民法院提起行政诉讼。故A市人力资源和社会保障局作出的《工伤认定申请不予受理决定书》,属于人民法院受案范围的行政行为。

2. 不属于人民法院受案范围的行为

为进一步明确人民法院受案范围,一方面防止法院滥用裁量权,不正当缩小受理范围;另一方面防止当事人滥用起诉权,无限制地扩大受理范围,浪费司法资源,《行政诉讼法》及相关司法解释对不属于人民法院受案范围的行为进行了列举。《行政诉讼法》第十三条规定:"人民法院不受理公民、法人或者其他组织对下列事项提起的诉讼:(一)国防、外交等国家行为;(二)行政法规、规章或者行政机关制定、发布的具有普遍约束力的决定、命令;(三)行政机关对行政机关工作人员的奖惩、任免等决定;(四)法律规定由行政机关最终裁决的行政行为。"《适用解释》第一条规定:"下列行为不属于人民法院行政诉讼的受案范围:(一)公安、国家安全等机关依照刑事诉讼法的明确授权实施的行为;(二)调解行为以及法律规定的仲裁行为;(三)行政指导行为;(四)驳回当事人对行政行为提起申诉的重复处理行为;(五)行政机关作出的不产生外部法律效力的行为;(六)行政机关为作出行政行为而实施的准备、论证、研究、层报、咨询等过程性行为;(七)行政机关根据人民法院的生效裁判、协助执行通知书作出的执行行为,但行政机关扩大执行范围或者采取违法方式实施的除外;(八)上级行政机关基于内部层级监督关系对下级行政机关作出的听取报告、执法检查、督促履责等行为;(九)行政机关针对信访事项作出的登记、受理、交办、转送、复查、复核意见等行为；(十)对公民、法人或者其他组织权利义务不产生实际影响的行为。"

☞ **实例点拨**

本案中，被诉行政行为《工伤认定申请不予受理决定书》属于《行政诉讼法》第十二条第一款第十二项规定的侵犯其他人身权、财产权等合法权益的行政行为，属于人民法院的受案范围。

(五)诉讼请求

行政诉讼中的诉讼请求，直接关系着能否实现原告合法权益，也决定着法院审理范围和审理方向，确定诉讼请求是原告代理人的重要任务之一，不仅需要考虑如何最大程度维护当事人合法权益，而且还要保证诉讼请求符合行政诉讼法的规定。

根据《行政诉讼法》第四十九条第(三)项规定，行政诉讼的诉讼请求必须具体，如果不具体的行政请求，人民法院可能不受理或者驳回起诉。实践中，一个行政诉讼针对一个行政行为，一般不要涉及多个行政行为，否则可能不受理或者驳回起诉，例如在集体土地征收行政诉讼时，在叙述诉讼请求时，既不能概括性叙述为"确认集体土地征收行为违法"，也不能将多个不同行政行为同时列入诉讼请求中。根据《适用解释》第六十八条规定，"有具体的诉讼请求"是指：请求判决撤销或者变更行政行为；请求判决行政机关履行特定法定职责或者给付义务；请求判决确认行政行为违法；请求判决确认行政行为无效；请求判决行政机关予以赔偿或者补偿；请求解决行政协议争议；请求一并审查规章以下规范性文件；请求一并解决相关民事争议；其他诉讼请求。我们作为原告代理人，结合案情和当事人诉讼目的，从上述诉讼请求中选择适用最适合的诉讼请求。本案中，原告牛某元诉讼请求是请求依法撤销A市人力资源和社会保障局作出的《工伤认定申请不予受理决定书》。

当事人单独或者一并提起行政赔偿、补偿诉讼的，应当有具体的赔偿、补偿事项以及数额；请求一并审查规章以下规范性文件的，应当提供明确的文件名称或者审查对象；请求一并解决相关民事争议的，应当有具体的民事诉讼请求。

☞ **实例点拨**

原告的诉讼请求是请求撤销被告A市人力资源和社会保障局作出的《工伤认定申请不予受理决定书》，并责令被告重新作出工伤认定决定书。

(六)事实与理由

实践中，行政诉讼的事实与理由基本要求如下：第一，因提起诉讼应指向具体明确的行政行为，故需描述清楚行政行为的基本要素，写明案涉行政行为的主体、时间、事由、经过等基本要素。第二，写明不服行政行为的主要理由和法律依据。第三，"事实与理由"部分内容应当与"诉讼请求"相匹配，如主张撤销行政行为，需要说明撤销行为的事实与理由。第四，应做到有的放矢，明确指出被告行政行为违法或违规等问题，避免长篇大论地表述自己的推测或者臆想的不公正情形，以便主审法官能够迅速而有效找到案件的核心诉求的事实与理由。同时还需要注意，提起行政诉讼的主要目的是为了解决问题，而绝非激化矛盾。行政机关作为为社会公众服务并行使行政职能的机构，其宗旨与做法原则上都是以维护公众权益为出发点的，但世事繁杂，行政职能的行使难免会出现这样或那样的偏差，出现执法问题在所难免。因此，作为行政诉讼的原告应当本着解决问题的态度，积极寻求法律依据，通过合法合规的方式维护自身合法权益，这一点也应当有效体现在事实及理由的措辞中，文明有节，不卑不亢，有理有据。

☞ **实例点拨**

本案中，在行政起诉状的"事实与理由"部分，须写明 A 市人力资源和社会保障局作出的《工伤认定申请不予受理决定书》的具体内容、撤销决定书的主要理由和依据等有关内容。

（七）管辖法院

与民事诉讼的管辖规则相比较，行政诉讼的管辖较为简单，易于掌握。管辖法院从级别管辖和地域管辖两个角度分析，其中级别管辖是指哪级人民法院管辖案件，主要掌握中级人民法院直接受理的几类特别案件；地域管辖是指哪个地区人民法院管辖案件，主要掌握不在行政机关所在地人民法院管辖的几类特别案件。另外，最高人民法院近年来开展行政案件相对集中管辖试点工作，某地区市指定由某几个法院集中管辖特定区域的行政诉讼案件，打破原来的地域管辖的规定，最大程度降低地方党政机关对行政案件干扰。当前河北省邢台市实行相对集中管辖的试点，取得了不错的效果，未来各地方行政诉讼是否均实行相对集中管辖，拭目以待。

1. 级别管辖

（1）基层人民法院管辖的第一审行政案件。《行政诉讼法》第十四条规定："基层人民法院管辖第一审行政案件。"因此，除法律规定由上级法院管辖的特殊情形之外，第一审行政案件都应当由基层法院管辖。

（2）中级人民法院管辖的第一审行政案件

《行政诉讼法》第十五条规定："下列一审行政诉讼案件，应当向中级人民法院提起诉讼：（一）对国务院部门或者县级以上地方人民政府所作的行政行为提起诉讼的案件；（二）海关处理的案件；（三）本辖区内重大、复杂的案件；（四）其他法律规定由中级人民法院管辖的案件。"其中，第（一）项规定，是被告行政级别较高，规定这类案件由中级人民法院管辖，有助于人民法院排除干扰、公正审判。例如，以国务院部门或者县级以上人民政府作为被告时，应向中级人民法院起诉。第（二）项规定，海关处理的案件主要包括海关处理的纳税案件或海关行政处罚、行政强制等案件。规定这类案件由中级人民法院管辖，主要理由是：首先，海关的设置与分布，大多在全国各大中城市，其职权范围大多与中级人民法院的辖区相吻合；其次，海关的业务具有较强的专业性，由中级人民法院管辖更有利于保障办案的质量。第（三）项规定的"本辖区内重大、复杂的案件"，根据《适用解释》第五条的规定是指下列几种情形：社会影响重大的共同诉讼案件；涉外或者涉及香港特别行政区、澳门特别行政区、台湾地区的案件；其他重大、复杂的案件。

另外，当事人在特定情形下可以"越级"起诉：一是人民法院既不立案，又不作出不予立案裁定的，当事人可以向上一级人民法院起诉；二是当事人以案件重大复杂为由，认为有管辖权的基层人民法院不宜行使管辖权,可以向中级人民法院起诉。

中级人民法院对当事人的"越级"起诉,应当根据不同情况在七日内分别作出以下处理:①决定自行审理;②指定本辖区其他基层人民法院管辖;③书面告知当事人向有管辖权的基层人民法院起诉。

(3)高级人民法院管辖的第一审行政案件

根据《行政诉讼法》第十六条规定:"高级人民法院管辖本辖区内重大、复杂的第一审行政案件。"所谓"本辖区内重大、复杂"的案件,是指在省、自治区、直辖市范围内,案情重大、涉及面广等具有重大影响的案件。例如,第一审反倾销和反补贴案件中,原告应当向高级人民法院起诉,高级人民法院受理后既可以决定自行管辖,也可以指定辖区内的中级人民法院管辖。

(4)最高人民法院管辖的第一审行政案件

《行政诉讼法》第十七条规定:"最高人民法院管辖全国范围内重大、复杂的第一审行政案件。"最高人民法院是国家的最高审判机关,它负责监督地方各级人民法院和专门人民法院的审判工作,对审判中如何运用法律进行解释。最高人民法院一般不受理第一审行政案件,只有在全国范围内具有重大影响的案件才由最高人民法院管辖。

2. 地域管辖

地域管辖是指同级人民法院之间受理第一审行政案件的权限和分工。主要包括以下内容:

(1)一般地域管辖规则

第一,行政案件由最初作出行政行为的行政机关所在地人民法院管辖。例如:当事人不服桥西区教育局作出的行政处罚决定,可以向桥西区教育局所在地的桥西区人民法院起诉。

第二,经复议的案件,也可以由复议机关所在地人民法院管辖。例如:桥西区综合执法局作出的行政处罚决定,经复议程序,原告既可以向桥西区综合执法局所在地桥西区人民法院起诉,也可以向行政复议机关所在地长安区人民法院起诉。

(2)特殊地域管辖规则

第一,对限制人身自由的行政强制措施不服提起的诉讼,由被告所在地或者原告所在地人民法院管辖。原告所在地包括原告的户籍所在地、经常居住地和被限制人身自由地。

第二,因不动产提起的行政诉讼,由不动产所在地人民法院管辖。"因不动产提起的行政诉讼"是指因行政行为导致不动产物权变动而提起的诉讼。不动产已登记的,以不动产登记簿记载的所在地为不动产所在地;不动产未登记的,以不动产实际所在地为不动产所在地。例如当事人不服注销登记、转移登记等行政行为的。

两个以上人民法院都有管辖权的案件,原告可以选择其中一个人民法院提起诉讼。原告向两个以上有管辖权的人民法院提起诉讼的,由最先立案的人民法院管辖。例如:两个以上行政机关共同作出的行政行为,在两个行政机关不在同一区域的,原告有权选择其中一个人民法院提起诉讼;限制人身自由的行政强制措施提起的诉讼,原告有权选择原告户籍地、被告所在地、被限制人身自由地起诉,任何单位和个人不得干涉,人民法院也不得以其他法院有管辖权为由不受理。

☞ **实例点拨**

《行政诉讼法》第十四条规定:"基层人民法院管辖第一审行政案件。"第十八条第一款规定:"行政案件由最初作出行政行为的行政机关所在地人民法院管辖。经复议的案件,也可以由复议机关所在地人民法院管辖。"本案中,不存在提级由中级人民法院审理的情形,也未经过复议,因此应由被告市社保局所在地的 A 市 B 区人民法院管辖。

☞ **文书样例**

行政起诉状

原告:×××,……(写明姓名、性别、工作单位、住址、有效身份证件号码、联系方式等基本信息。法人或其他组织写明名称、地址、联系电话、法定代表人或负责人等基本信息)。

被告:×××,住所地、统一社会信用代码、电话。

法定代表人:×××,职务。

诉讼请求

1. ……(应写明具体、明确的诉讼请求,逐条列明)

事实与理由

……(写明起诉的理由及相关事实依据,尽量逐条列明)

此致
×××人民法院

具状人:
年　月　日

☞ **案例文书**

行政起诉状

原告:牛某元,男,汉族,1975 年 6 月 12 日出生,住 A 市 B 区华西路 256 号某小区 8 号楼三单元 202 室,公民身份号码:65025819750612****,联系方式 151****3458。

被告:A 市人力资源和社会保障局

住所 A 市 B 区华南路 36 号,联系电话:03**—**576713

法定代表人:张**,该局局长。

诉讼请求

1. 请求依法撤销 A 市人力资源和社会保障局作出的《工伤认定申请不予受理决定书》，并责令重新作出工伤认定决定书；
2. 请求被告承担诉讼费用。

事实与理由

某建筑工程有限公司承包了某家园（3 号地块）天然气建设施工项目，并将项目违法分包给自然人张某华，张某华招聘原告入职从事天然气安装工程施工。2020 年 4 月 3 日下午 3 点左右，原告在项目上安装天然气管线时，出现梯子意外侧倒，致使原告摔伤。原告在工作时间和工作场所，因工作原因意外受伤，属于《工伤保险条例》第十四条规定的应当认定工伤的情形，原告向被告申请认定工伤。**年**月**日，被告认为原告无法提供劳动关系证明材料为由，认定原告不符合《工伤保险条例》认定工伤的规定，作出了《工伤认定申请不予受理决定书》。

根据《人力资源社会保障部关于执行〈工伤保险条例〉若干问题的意见》第七条、《最高人民法院关于审理工伤保险行政案件若干问题的规定》第三条的规定，某建筑公司将承包业务违法转包给没有资质的张某华，建筑公司是应承担原告工伤保险责任的单位，故原告摔伤属于工伤。

综上，原告摔伤属于工伤，原告提交的证据材料能够充分证实劳某建筑公司应承担工伤保险责任，被告作出的《工伤认定申请不予受理决定书》，认定事实错误，适用法律错误，请求贵院依法撤销被告作出的《工伤认定申请不予受理决定书》。

此致
A 市 B 区人民法院

具状人：牛某元
2020 年 9 月 15 日

四、知识技能检测

1. 下列哪些主体无权提起行政诉讼（　　　）

   A. 行政行为的相对人

   B. 要求行政机关依法追究加害人法律责任的

   C. 被诉行政行为涉及其公平竞争权的

   D. 行政行为有利害关系人的一般债权人

2. 行政相对人提起行政诉讼必须"有具体的诉讼请求与事实理由"中的事实理由，是指（　　　）

   A. 行政相对人必须提供证明具体行政行为违法的事实证据

   B. 行政相对人只要能够证明具体行政行为存在即可

C. 行政相对人必须提供行政处理决定书等能够证明具体行政行为的法律文书

D. 行政相对人必须提供能够证明具体行政行为违法的事实根据与法律根据

3. 下列哪些情形不属于人民法院受理行政诉讼范围(　　)

A. 行政指导行为

B. 房屋买卖合同纠纷

C. 重复处理行为

D. 行政事实行为

参考答案：1. D　2. B　3. ABC

任务二　编制证据目录

一、任务清单

序号	任务内容	组织形式	工作成果	评价方式
1	将行政诉讼案件证据，按照起诉状逻辑和证明内容进行梳理，编制原告的证据目录	以小组为单位	证据目录	指导教师+小组互评

二、评价标准

序号	考核项目	分值
1	证据目录格式正确	10
2	所列证据完整，无遗漏	20
3	证明内容符合逻辑，与起诉状一致	20
4	证据形式完备，符合法定要求	10
5	证据之间无冲突	10
6	证据内容清楚，无歧义	10
7	证据证明符合起诉条件	20
总计		100

三、知识技能链接

证据目录，也称"证据清单"，是行政诉讼中一方当事人提供证据及证明内容的清单。证据目录一般作为证据的组成部分，附在行政起诉状之前，其主要功能为：一是方便审判人员清晰了解当事人提供证据情况和具体主张；二是为代理人参加庭审进行举证梳理思路。

行政诉讼法与民事诉讼法在证据方面最大的区别，体现在举证责任分配上。民事诉讼实行"谁主张，谁举证"的举证原则，而行政诉讼却实行"谁行为，谁举证"的举证原则，被告承担主要的举证责任，被告需要举证证明行政行为的合法性，不举证或者不能举证的，需要承担不利法律后果。故行政诉讼中，原告的举证责任主要体现在举证证明原告起诉符合起诉条件以及法律明确规定需要举证的情形。

（一）证明起诉符合法定条件的证据

《行政诉讼法》第四十九条："提起诉讼应当符合下列条件（一）原告是符合本法第二十五条规定的公民、法人或者其他组织；（二）有明确的被告；（三）有具体的诉讼请求和事实根据；（四）属于人民法院受案范围和受诉人民法院管辖"的规定，原告提起诉讼应当符合《行政诉讼法》第四十九条规定。原告在起诉时必须提供相应证据，证明符合法定的起诉条件，人民法院才可能受理其起诉。作为原告的诉讼代理人应该审查相关证据是否齐备。

1. 证明被诉行政行为存在的证据

一是未经过复议的案件。根据《行政诉讼法》的规定，人民法院可以受理的案件范围包括行政处罚、行政强制、行政许可、行政征收、行政补偿、行政决定以及行政给付等案件。一般而言，对于作为类行政行为都有相应的书面形式，例如行政处罚决定书、查封通知书、行政补偿决定、不予许可决定书等；对于没有书面形式的作为类行政行为，原告需要提供行政行为存在的证据，例如罚款缴纳凭证、视听资料等。

☞ **实例点拨**

本案中，证明被诉行政行为存在的证据，是牛某元提供的《工伤认定申请不予受理决定书》。

二是经过复议的案件，还需要提供申请复议和复议决定书等相关材料。行政复议与行政诉讼都是法律赋予当事人的救济途径。根据法律的规定，不同情形下当事人对行政复议和行政诉讼的选择权是不同的：①当事人可以自由选择救济途径，既可以选择行政复议，也可以直接提起行政诉讼，例如《治安管理处罚法》第一百零二条规定"被处罚人对治安管理处罚决定不服的，可以依法申请行政复议或者提起行政诉讼"；本案中，牛某元不服《工伤认定申请不予受理决定书》，可以选择行政复议，也可以直接提起行政诉讼。②当事人只能首先选择向行政复议机关申请行政复议，对行政复议决定不服的，才可以提起行政诉讼，例如根据《中华人民共和国行政复议法》（以下简称《行政复议法》）第二十三条规定，对当场作出的行政处罚决定不服；对行政机关作出的侵犯其已经依法取得的自然资源的所有权或者使用权的决定不服；认为行政机关存在行政复议法第十一条规定的未履行法定职责情形；申请政府信息公开，行政机关不予公开。

2. 证明原告与被诉行政行为有利害关系的证据

《行政诉讼法》第二十五条规定："行政行为的相对人以及其他与行政行为有利害关系的公民、法人或者其他组织，有权提起诉讼。"可见，行政诉讼的原告包括行政行为的相对人和其他利害关系人。作为行政相对人，一般需要提供本人真实有效的身份证件即可证明是被诉行政行为法律文书所载明的相对人；作为其他利害关系人，需要具体案件具体分析，找到能证明与被诉行政行为有利害关系的证据。《适用解释》第十二条的规定了"与行政行为有利害关系"的具体情形包括：被诉的行政行为涉及其相邻权或者公平竞争权的；在行政复议等行政程序中被追加为第三人的；要求行政机关依法追究加害人法律责任的；撤销或者变更行政行为涉及其合法权益的；为维护自身合法权益向行政机关投诉，具有处理投诉职责的行政机关作出或者未作出处理的；其他与行政行为有利害关系的情形。例如，规划行政部门做出的规划许可证中所列的商品房开发商是行政相对人，购买商品房的业主认为规划许可行为侵犯其相邻权，应当向法院提供房屋产权登记证或者房屋购买合同等证据，方能证明其与被诉规划许可行为有相邻权的利害关系，具有原告资格。本案中，牛某元提交《工伤认定申请不予受理决定书》、身份证件即可证明其为行政行为相对人，与被诉行政行为有利害关系。

（二）诉被告不作为案件中曾经提出申请的证据

起诉被告不履行法定职责的案件中，即行政不作为案件中，原告应当提供其向被告提出过申请的证据。在此类案件中，原告代理律师应收集原告曾经提出过申请的证据包括申请书、受理通知、受理回执或者邮寄凭证等。原告需要证明曾经提交过申请，也有两种例外情形：一是被告应当依职权主动履行法定职责的。依职权行政行为是指行政机关依照法定职权应当主动实施的行政行为。对于依职权行政行为，行政机关应该主动实施，否则可能构成失职，因此不需要行政相对人的申请。二是原告因正当理由不能提供证据的。若非被告应当依职权主动履行法定职责的案件，本应由原告提供曾经提出过申请的证据，但是经原告向人民法院说明，人民法院认为理由正当的，原告也无需举证。例如，因为被告登记制度不健全，原告曾经提出过申请，被告未进行任何登记，导致原告无法举证的情形。

上述行政不作为案件，根据《行政诉讼法》的规定主要包括以下几种情形：申请行政许可，行政机关拒绝或者在法定期限内不予答复，或者对行政机关作出的有关行政许可的其他决定不服的；申请行政机关履行保护人身权、财产权等合法权益的法定职责，行政机关拒绝履行或者不予答复的；认为行政机关没有依法支付抚恤金、最低生活保障待遇或者社会保险待遇的等。

（三）行政赔偿、补偿案件中证明损害事实的证据

在行政赔偿、补偿的案件中，原告应当对行政行为造成的损害提供证据。

1. 行政赔偿案件。行政赔偿，是指行政机关及其工作人员违法实施行政行为侵犯行政相对人合法权益造成损害，由国家承担的赔偿责任制度。行政赔偿诉讼，是指人民法院根据赔偿请求人的诉讼请求，依照行政诉讼程序和国家赔偿的基本制度和原则裁判争议的活动。根据《中华人民共和国国家赔偿法》（以下简称《国家赔偿法》）的规定，行政机关及其工作人员在行使行政职权时，有侵犯人身权、财产权的违法行为造成当事人身体伤害或死亡、财产损害的，国家应承担赔偿责任，受害人可以单独向行政机关申请赔偿，也可以在行政复议或行政诉讼中一并申请赔偿。原告单独请求赔偿或一并请求赔偿时，对行政行为造成损害的证据包括医疗机构出具的医疗费发票、医疗费清单、病历资料、伤残鉴定意见书、误工实际收入减少证明、交通费发票、住宿费发票、财产损失照片、财产维修费用发票、物品购买发票等。

另外，根据《国家赔偿法》的规定人民法院审理行政赔偿案件实行"谁主张，谁举证"

的原则,作为赔偿请求人的原告和作为赔偿义务机关的被告均应对自己提出的主张提供证据。但是,赔偿义务机关采取行政拘留或者限制人身自由的强制措施期间,被限制人身自由的人死亡或者丧失行为能力的,赔偿义务机关的行为与被限制人身自由的人的死亡或者丧失行为能力是否存在因果关系,实行举证责任倒置——赔偿义务机关提供证据。《最高人民法院关于审理行政赔偿案件若干问题的规定》对于举证责任倒置的情形进行了扩张性解释,只要是原告主张其被限制人身自由期间受到身体伤害,被告否认相关损害事实或者损害与违法行政行为存在因果关系的,即实行举证责任倒置——应由被告提供相应的证据证明。

2. 行政补偿案件。行政补偿,是指行政机关及其工作人员在对国家和社会公共事务组织和管理过程中,因合法行政行为给行政相对人合法权益造成损失,由国家依法予以补偿的制度。例如,在国有土地上房屋征收补偿案件中,作为被征收人的原告应提供的证据包括房屋所有权证及国有土地使用权证(或者不动产权证)或者其他房屋权属凭证、建设工程规划许可手续、房屋竣工验收手续、房屋买卖合同协议、房屋装饰装修照片、房屋内物品设施清单及照片、国有土地上房屋征收补偿安置方案、营业执照、纳税凭证等。

在行政赔偿、行政补偿案件中,因被告的原因导致原告无法举证的,由被告承担举证责任。例如,行政机关在实施强制拆除前,未进行告知及催告,未通知原告到场,亦未对建筑物中的财产予以清点、保全或及时移交,导致原告对其财产损失的证明陷于困境,此种情况之下,应由被告对财产损失问题承担证明责任,被告拒不举证或者不能举证的,人民法院有权根据强制拆除时建筑物内财产线索,结合生活经验和案件实际,酌定原告的财产损失。

(四)审查证据是否符合法定提供要求

原告律师审查原告证据是否符合法定提供要求时,应注意区分证据种类进行审查。

1. 书证的提供要求。第一,提供书证的原件,原本、正本和副本均属于书证的原件。提供原件确有困难的,可以提供与原件核对无误的复印件、照片、节录本。第二,提供由有关部门保管的书证原件的复制件、影印件或者抄录件的,应当注明出处,经该部门核对无异后加盖其印章。第三,提供报表、图纸、会计账册、专业技术资料、科技文献等书证的,应当附有说明材料。第四,被告提供的被诉具体行政行为所依据的询问、陈述、谈话类笔录,应当有行政执法人员、被询问人、陈述人、谈话人签名或者盖章。第五,法律、法规、司法解释和规章对书证的制作形式另有规定的,从其规定。

2. 提供物证要求。第一,提供原物。提供原物确有困难的,可以提供与原物核对无误的复制件或者证明该物证的照片、录像等其他证据;第二,原物为数量较多的种类物的,提供其中的一部分。

3. 提供视听资料的要求。第一,提供有关资料的原始载体。提供原始载体确有困难的,可以提供复制件;第二,注明制作方法、制作时间、制作人和证明对象等;第三,声音资料应当附有该声音内容的文字记录。

4. 提供电子数据的要求。电子数据应当提供原件。电子数据的制作者制作的与原件一致的副本,或者直接来源于电子数据的打印件或其他可以显示、识别的输出介质,视为电子数据的原件。

5. 提供证人证言的要求。第一，写明证人的姓名、年龄、性别、职业、住址等基本情况；第二，有证人的签名，不能签名的，应当以盖章等方式证明；第三，注明出具日期；第四，附有居民身份证复印件等证明证人身份的文件。

6. 提供鉴定意见的要求。第一，应当载明委托人和委托鉴定的事项、向鉴定部门提交的相关材料、鉴定的依据和使用的科学技术手段、鉴定部门和鉴定人鉴定资格的说明；第二，应有鉴定人的签名和鉴定部门的盖章；第三，通过分析获得的鉴定意见，应当说明分析过程。

7. 提供现场笔录的要求。第一，应当载明时间、地点和事件等内容，并由执法人员和当事人签名；第二，当事人拒绝签名或者不能签名的，应当注明原因；第三，有其他人在现场的，可由其他人签名；第四，法律、法规和规章对现场笔录的制作形式另有规定的，从其规定。

除上述提供要求之外，还需注意当提供的证据涉及国家秘密、商业秘密或者个人隐私的，应当作出明确标注，并向法庭说明，不应当在公开开庭时出示。

(五)证据目录编制要求

原告律师对原告提供的证据和收集的证据，经过审查和整理之后，应当编制证据目录。编制证据目录应符合《行政诉讼法》《适用解释》《最高人民法院关于行政诉讼证据的若干规定》(以下简称《证据规定》)对证据及证据目录的要求，完整地包含证据名称、证据来源、证明内容三个要素。编制证据目录时，应紧密围绕案件事实、案件争议焦点对证据进行分组，原则上每组证据对应一项案件事实或一个争议焦点。编制完成后，应装订成册并对证据目录和证据进行编号。

编制证据目录应符合以下要求：

1. 证据目录封面。证据目录封面是证据目录装订成册时的首页，应包含如下内容：(1)各方当事人；(2)诉讼阶段；(3)审理法院；(4)案由；(5)案号；(6)委托人；(7)代理人及联系方式；(8)证据目录及证据总页码；(9)提交人及提交时间。

2. 证据目录内容

(1)证据名称。证据名称是证据首页注明的完整名称，或者在未注明名称时对该证据本身的简要描述，不得随意精简或任意描述。例如"《国家税务总局＊市税务局税务行政处罚决定书》(＊税罚[2021]01号)""《会议纪要》"等。

(2)证据来源。证据来源是指证据产生的源头，说明证据的来源主要是便于人民法院判断证据的合法性及可信度。归纳证据来源非简单表明该份证据由谁提供，原告律师不得将证据来源简单归纳为"原告提供""被告提供"。证据来源应表明该份证据从何而来，例如"《营业执照》系某某行政审批局颁发""《商品房买卖合同》系由原告与第三人某某签订""《建设工程规划许可证》系在某某规划局查询所得"等。

(3)证明内容。证明内容应归纳该证据包含的与案件事实、争议焦点相关的主要事实，并进行简要描述。

3. 证据目录及编码

原告律师应对证据目录及证据进行编码，便于对应查阅。编码时应使用打码器，并在证据右上角空白处打码，不得手写。

证据目录及证据材料应使用 A4 纸打印或复印并装订成册,建议封面使用胶装机专用的封面用纸,并用胶装机装订后提交。当证据材料较多,需装订多本证据时,应对多本证据进行合理的分拆并注明每本的顺序,既不打乱证据的连贯性和逻辑性,也需保持多本证据的厚度基本一致。

☞ **文书样例**

证据目录封面样例

证据目录及证据
审理法院:
案号:
案由:
委托人:
联系人:
联系方式:
对方当事人:
证据目录:共　页
证据:共　份;共　页
提交人:
提交时间:　年　月　日

证据目录样例

组别	序号	证据名称	证明内容	页数
第一组 证明……	1			
	2			
第二组 证明……	3			
	4			
	5			

☞ **案例文书**

牛某元诉 A 市人力资源和社会保障局《工伤认定申请不予受理决定书》案
证据目录及证据

审理法院:A 市 B 区人民法院
案号:(2020)冀×行初 100 号
案由:工伤保险资格或者待遇认定
委托人:牛某元(原告)
联系人:C 律师事务所　张某某律师
联系方式:(手机)(座机)(传真)(邮箱)

对方当事人：A 市人力资源和社会保障局（被告）

证据目录：共 2 页

证据：共 10 份；共 20 页

提交人：牛某元

提交时间：2020 年 9 月 15 日

证 据 目 录

序号	证据名称	证据来源	证 明 内 容	页数
1	工伤认定申请不予受理决定书	工伤认定申请不予受理决定书系被告作出	工伤认定申请不予受理决定书内容，被诉行政行为所认定的事实、理由和适用法律依据。	3
2	工伤认定申请表	工伤认定少申请表系原告向被告提交的	工伤事故发生的时间、地点、原因以及伤害程度等基本情况，原告申请认定工伤的理由和依据。	2
3	摔伤视频材料	摔伤视频材料系从事发地视频监控调取	2020 年 4 月 3 日下午 3 点左右，原告在某家园(3 号地块)小区 21 号楼 2 层 4 室安装天然气，在原告接管过程中，梯子侧倒，导致原告从梯子上摔下受伤。原告是在工作时间和工作场所内，因工作原因受到事故伤害的，应当认定为工伤。	
4	医疗诊断证明	诊断证明系 A 市人民医院出具	2020 年 4 月 3 日，发生工伤事故后，送医住院，经医院诊断，原告摔伤后身体多处骨折。	1
5	天然气建设施工分包协议书	天然气建设施工分包协议书系某建筑工程有限公司与张某华签订的	某建筑工程有限公司承包了某家园(3 号地块)天然气建设施工项目，并将项目违法分包给自然人张某华。某建筑工程有限公司作为用工单位，是承担工伤保险责任的单位。	5
6	用工协议	用工协议系张某华与原告签订的	2020 年 3 月 17 日下午，张某华招用牛某元入职从事天然气安装工程施工，原告从事某建筑工程有限公司违法分包业务。	3
7	工资支付单据	工资支付单据系张某华给原告结算工资时提供	原告从事某建筑工程有限公司违法分包业务，并领取工资报酬。	3
8	某建筑工程有限公司营业执照	营业执照系某建筑工程有限公司提供	某建筑工程有限公司工商登记信息。	1
9	张某华身份证件	身份证件	张某华身份信息，张某华不具有用工主体资格。	1
10	原告身份证件	身份证件	原告身份信息。	1

四、知识技能检测

1. 梁某酒后将邻居张某家的门、窗等物品砸坏。县公安局接警后，对现场进行拍照、制作现场笔录,并请县价格认证中心做价格鉴定意见,对梁某作出行政拘留8日处罚。梁某向法院起诉,县公安局向法院提交照片、现场笔录和鉴定意见。下列哪些说法是正确的?(   )

A. 照片为书证

B. 县公安局提交的现场笔录无当事人签名的,不具有法律效力

C. 县公安局提交的鉴定意见应有县价格认证中心的盖章和鉴定人的签名

D. 梁某对现场笔录的合法性有异议的,可要求县公安局的相关执法人员作为证人出庭作证

2. 县烟草专卖局发现刘某销售某品牌外国香烟,执法人员表明了自己的身份,并制作了现场笔录。因刘某拒绝签名,随行电视台记者张某作为见证人在笔录上签名,该局当场制作《行政处罚决定书》,没收15条外国香烟。刘某不服该决定,提起行政诉讼。诉讼中,县烟草专卖局向法院提交了现场笔录、县电视台拍摄的现场录像、张某的证词。下列哪些选项是正确的?

A. 现场录像应当提供原始载体

B. 张某的证词有张某的签字后,即可作为证人证言使用

C. 现场笔录必须有执法人员和刘某的签名

D. 法院收到县烟草专卖局提供的证据应当出具收据,由经办人员签名或盖章

3. 依据行政诉讼的有关规定,下列哪一证据材料在原告不能自行收集,作为诉讼代理人的律师可以申请人民法院调取:(   )。

A. 涉及公共利益的证据材料

B. 涉及个人隐私的证据材料

C. 涉及中止诉讼事项的证据材料

D. 涉及回避事项的证据材料

参考答案:1. ACD 2. AD 3. B

任务三 立 案

一、任务清单

序号	任务内容	组织形式	工作成果	评价方式
1	利用微信小程序"人民法院在线服务河北"或"人民法院律师服务平台"网页端,模拟线上立案	个人	线上立案操作视频	指导教师、学生互评
2	模拟线下立案	以小组为单位,分角色模拟线下立案	模拟线下立案视频	指导教师、学生互评

二、评价标准

序号	考核项目		分值
1	线上立案	立案流程完整,操作熟练	10
2		材料提供完整,无遗漏	10
3		线上立案的跟踪	10
4	模拟线下立案	语言表达流畅、准确	20
5		立案准备材料齐全	10
6		立案准备材料的印鉴签字齐全	10
7		熟悉立案的基本程序和规则	10
8		立案进展情况要跟客户沟通汇报	20
总计			100

三、知识技能链接

立案,是指人民法院对当事人的起诉进行审查,对符合法定起诉条件的案件决定受理并进行审理的诉讼行为。立案是当事人启动诉讼程序的关键环节,原告律师准备好起诉材料后应尽快立案。

(一)线下立案

律师代理当事人启动诉讼程序进行立案,应注意以下问题:

1. 当事人的起诉是否符合法院立案的条件

人民法院对当事人的起诉进行审查,审查其是否符合起诉的条件,符合起诉条件的,方可予以立案。人民法院对当事人起诉进行审查的内容,即登记立案的条件包括:

(1)起诉是否符合法定条件。

(2)起诉是否超过法定起诉期限。

(3)是否符合行政诉讼和行政复议管辖的法律规定。若未按照法律、法规规定先向行政机关申请行政复议的,直接向人民法院起诉的,人民法院不予受理。

(4)是否为重复起诉。若当事人就法院作出的已经生效的裁判再提起诉讼,法院不予受理,并告知其按申诉处理;若当事人就其他法院已经受理的案件再提起诉讼,法院也不予受理。

(5)是否为撤诉后再起诉。当事人撤诉后,以同一事实和理由重新起诉的,人民法院一般不予受理。但是当事人因未按规定的期限预交案件受理费,又不提出缓交、减交、免交申请,或者申请未获批准的,按自动撤诉处理后,当事人在法定期限内再提起诉讼,并依法解决诉讼费预交问题的,人民法院予以受理。

(6)起诉是否具备其他法定要件。除了上述内容之外,法院还要审查当事人起诉是否具备其他的法定条件。

2. 法院立案审查后的处理形式

人民法院对依法应该受理的起诉实行立案登记制。当事人起诉的，人民法院应当一律接收诉状，出具书面凭证并注明收到日期。

(1) 登记立案。对当事人依法提起的诉讼，人民法院应当根据《行政诉讼法》第51条的规定，一律接收起诉状，能够判断符合起诉条件的，应当当场登记立案并送达《立案通知书》。

(2) 不予立案。对不符合起诉条件的，人民法院应当作出不予立案的裁定。裁定书应注明不予立案的理由，并有释明的义务。原告对裁定不服的，律师可以代为提起上诉。

(3) 接收诉状。对当场不能判定是否符合起诉条件的，人民法院应当接收起诉状，出具注明收到日期的书面凭证，并在7日内决定是否立案；7日内仍不能作出判断的，应当先予立案。

(4) 告知补正。起诉状内容欠缺或者有其他错误的，人民法院应当给予指导和释明，并一次性告知当事人需要补正的内容。不得未经指导和释明即以起诉不符合条件为由不接收起诉状。

对于不接收起诉状、接收起诉状后不出具书面凭证，以及不一次性告知当事人需要补正的起诉状内容的，律师可以告知当事人可以向上级人民法院投诉。上级人民法院应当责令改正，并对直接负责的主管人员和其他直接责任人员依法给予处分。

人民法院既不立案，又不作出不予立案裁定的，律师作为当事人的诉讼代理人可以直接向上一级人民法院起诉。上一级人民法院认为符合起诉条件的，应当立案、审理，也可以指定其他下级人民法院立案、审理。

3. 立案大厅办事流程

(1) 将起诉材料交立案庭法官审查(包括起诉状、证据材料、身份证原件、复印件)。

(2) 填写案件基本情况台账。

(3) 缴纳诉讼等费用。按法官的安排，持缴费通知书到交费窗口交纳诉讼费用。根据《诉讼费用交纳办法》的规定，行政案件按照下列标准交纳：商标、专利、海事行政案件每件交纳100元；其他行政案件每件交纳50元。

(4) 持交费回单到原法官窗口办理立案手续，填写诉讼当事人送达地址确认书，并领取受理通知书、诉讼权利义务告知书、举证通知书等材料。

☞ **文书样例**

××××人民法院

通　知　书

(公民起诉的立案通知用)

(××××)×行×字第××号

×××：

你因与×××……(对方当事人的姓名或者名称及案由)一案，向本院起诉。经审查，你的起诉符合法定立案条件，本院决定立案审理。并将有关事项通知如下：

一、在诉讼进程中，当事人必须依法行使诉讼权利，遵守诉讼秩序，履行诉讼义务。

二、如需委托代理人代为诉讼，应向本院行政审判庭递交由委托人签名或盖章的授权委托书。授权委托书须记明委托事项和权限。

三、应在接到本通知书后七日内，向本院预交案件受理费×元。本院开户银行：×××，账号：××××××。

××××年××月××日
（院印）

附：空白授权委托书二份

【说明】

一、本通知书样式供一审人民法院对行政案件的起诉，经审查立案后，通知原告公民时使用。

二、如有要求提供起诉状副本或补充证据材料等其他事项的，可另起一行增条续写。

三、本样式仅供参考。各级人民法院可以依据《最高人民法院关于登记立案若干问题的规定》要求，制定具体样式。

☞ 案例文书

A 市 B 区人民法院

通 知 书

（公民起诉的立案通知用）

（2020）×行初字第 100 号

牛某元：

你因与 A 市人力资源和社会保障局工伤保险资格或者待遇认定一案，向本院起诉。经审查，你的起诉符合法定立案条件，本院决定立案审理。并将有关事项通知如下：

一、在诉讼进程中，当事人必须依法行使诉讼权利，遵守诉讼秩序，履行诉讼义务。

二、如需委托代理人代为诉讼，应向本院行政审判庭递交由委托人签名或盖章的授权委托书。授权委托书须记明委托事项和权限。

三、应在接到本通知书后七日内，向本院预交案件受理费 50 元。本院开户银行：×××，账号：××××××。

2020 年 9 月 15 日
（院印）

☞ **文书样例**

××××人民法院

举证通知书

（原告、第三人举证用）

（××××）×行×字第××号

×××：

根据《行政诉讼法》、《最高人民法院关于行政诉讼证据若干问题的规定》（下称《证据规定》）的有关规定，现将有关举证事项通知如下：

一、人民法院组织庭前交换证据的，你应在指定的证据交换之日提供证据；未组织庭前交换证据的，应当在开庭审理前提供证据。如果在前述期限内不提交证据材料，视为放弃举证权利。

因正当事由申请延期提供证据的，你应在举证期限内向人民法院申请延期举证，经人民法院准许，可以适当延长举证期限。

你逾期提交的证据材料，应当说明理由，不说明理由或理由不成立的，人民法院将不组织质证。但被告同意质证的除外。

在第一审程序中无正当理由未提供而在第二审程序中提供的证据，人民法院将不予接纳。

二、你应当提供符合起诉条件的相应证据材料。在起诉被告不作为的案件中，还应当提供在行政程序中曾经提出申请的证据材料。但下列情形除外：（一）你申请的事项是被告应当依职权主动履行的法定职责；（二）你因正当事由不能提供相关证据材料。在行政赔偿、补偿诉讼中，你应当对被诉行政行为造成损害的事实提供证据。

你也可以提供证明被诉行政行为违法的证据。提供的证据不成立的，并不免除被告对被诉行政行为合法性承担的举证责任。

对当事人无争议，但涉及国家利益、公共利益或者他人合法权益的事实，人民法院有权要求当事人提供或者补充有关证据。

三、你可按照《证据规定》的要求提供书证、物证、视听资料、电子数据、证人证言、在中华人民共和国领域外形成的证据以及外文书证或者外国语视听资料等证据材料。对涉及国家秘密、商业秘密或者个人隐私的证据，应当作出明确标注，并向法庭说明，由法庭予以审查确认。

向人民法院提供证据，应当对提交的证据材料分类编号，对证据材料的名称、证明对象和内容作简要说明，签名或者盖章，注明提交日期，并依照对方当事人人数提出证据清单。

四、因客观原因不能自行收集，但能够提供确切线索的证据材料，可以申请人民法院调取。

申请人民法院调取证据，应当在举证期限内提交书面申请。调取证据申请书应写明证据持有人的姓名或名称、住址等基本情况，拟调取证据的内容以及申请调取证据的原因及其要证明的案件事实。

五、在证据可能灭失或者以后难以取得的情况下，可以向人民法院申请保全证据。申请保全证据，应当在举证期限届满前以书面形式提出，并说明证据的名称和地点、保全的内容和范围、申请保全的理由等事项。

申请保全证据，应向法院提供相应的担保。

六、有证据或者有正当理由表明被告据以认定案件事实的鉴定意见可能有错误的，可以在举证期限内以书面形式申请重新鉴定。

你认为人民法院委托的鉴定部门作出的鉴定意见存在《证据规定》第三十条规定的情形，可以申请重新鉴定。

如果你对需要鉴定的事项负有举证责任，在举证期限内无正当理由不提出鉴定申请、不预交鉴定费用或者拒不提供相关材料，致使对案件争议的事实无法通过鉴定结论予以认定的，你将对该事实承担举证不能的法律后果。

七、在人民法院组织交换证据程序中，你应向对方出示或者交换证据。

八、你提供的证人、鉴定人因出庭作证或者接受询问而支出的合理费用，由你先行支付，由败诉一方当事人承担。

九、你如果有伪造、隐藏、毁灭证据或者提供虚假证明材料，妨碍人民法院审理案件的，指使、贿买、胁迫他人作伪证或者威胁、阻止证人作证的行为之一的，人民法院可以根据情节轻重，予以训诫、责令具结悔过或者处一万元以下的罚款、十五日以下的拘留；单位有前述行为之一的，人民法院可以对其主要负责人或者直接责任人员予以罚款、拘留；构成犯罪的，依法追究刑事责任。如果对处罚决定不服，可以向作出决定的人民法院申请复议。

××××年××月××日

（院印）

【说明】

本通知书适用于一审诉讼程序。

☞ 案例文书

A 市 B 区人民法院

举证通知书

（原告、第三人举证用）

（2020）×行初字第 100 号

牛某元：

根据《中华人民共和国行政诉讼法》《最高人民法院关于行政诉讼证据若干问题的规定》（下称《证据规定》）的有关规定，现将有关举证事项通知如下：

一、人民法院组织庭前交换证据的，你应在指定的证据交换之日提供证据；未组织庭前交换证据的，应当在开庭审理前提供证据。如果在前述期限内不提交证据材料，视为放弃举证权利。

因正当事由申请延期提供证据的，你应在举证期限内向人民法院申请延期举证，经人民法院准许，可以适当延长举证期限。

你逾期提交的证据材料，应当说明理由，不说明理由或理由不成立的，人民法院将不组织质证。但被告同意质证的除外。

在第一审程序中无正当理由未提供而在第二审程序中提供的证据，人民法院将不予接纳。

二、你应当提供符合起诉条件的相应证据材料。在起诉被告不作为的案件中，还应当提供在行政程序中曾经提出申请的证据材料。但下列情形除外：（一）你申请的事项是被告应当依职权主动履行的法定职责；（二）你因正当事由不能提供相关证据材料。在行政赔偿、补偿诉讼中，你应当对被诉行政行为造成损害的事实提供证据。

你也可以提供证明被诉行政行为违法的证据。提供的证据不成立的，并不免除被告对被诉行政行为合法性承担的举证责任。

对当事人无争议，但涉及国家利益、公共利益或者他人合法权益的事实，人民法院有权要求当事人提供或者补充有关证据。

三、你可按照《证据规定》的要求提供书证、物证、视听资料、电子数据、证人证言、在中华人民共和国领域外形成的证据以及外文书证或者外国语视听资料等证据材料。对涉及国家秘密、商业秘密或者个人隐私的证据，应当作出明确标注，并向法庭说明，由法庭予以审查确认。

向人民法院提供证据，应当对提交的证据材料分类编号，对证据材料的名称、证明对象和内容作简要说明，签名或者盖章，注明提交日期，并依照对方当事人人数提出证据清单。

四、因客观原因不能自行收集，但能够提供确切线索的证据材料，可以申请人民法院调取。

申请人民法院调取证据，应当在举证期限内提交书面申请。调取证据申请书应写明证据持有人的姓名或名称、住址等基本情况，拟调取证据的内容以及申请调取证据的原因及其要证明的案件事实。

五、在证据可能灭失或者以后难以取得的情况下，可以向人民法院申请保全证据。申请保全证据，应当在举证期限届满前以书面形式提出，并说明证据的名称和地点、保全的内容和范围、申请保全的理由等事项。

申请保全证据，应向法院提供相应的担保。

六、有证据或者有正当理由表明被告据以认定案件事实的鉴定意见可能有错误的，可以在举证期限内以书面形式申请重新鉴定。

你认为人民法院委托的鉴定部门作出的鉴定意见存在《证据规定》第三十条规定的情形，可以申请重新鉴定。

如果你对需要鉴定的事项负有举证责任,在举证期限内无正当理由不提出鉴定申请、不预交鉴定费用或者拒不提供相关材料,致使对案件争议的事实无法通过鉴定结论予以认定的,你将对该事实承担举证不能的法律后果。

七、在人民法院组织交换证据程序中,你应向对方出示或者交换证据。

八、你提供的证人、鉴定人因出庭作证或者接受询问而支出的合理费用,由你先行支付,由败诉一方当事人承担。

九、你如果有伪造、隐藏、毁灭证据或者提供虚假证明材料,妨碍人民法院审理案件的,指使、贿买、胁迫他人作伪证或者威胁、阻止证人作证的行为之一的,人民法院可以根据情节轻重,予以训诫、责令具结悔过或者处一万元以下的罚款、十五日以下的拘留;单位有前述行为之一的,人民法院可以对其主要负责人或者直接责任人员予以罚款、拘留;构成犯罪的,依法追究刑事责任。如果对处罚决定不服,可以向作出决定的人民法院申请复议。

2020 年 9 月 15 日
(院印)

☞ **文书样例**

举证通知书

(被告举证用)

(××××)×行×字第××号

×××:

根据《中华人民共和国行政诉讼法》《最高人民法院关于行政诉讼证据若干问题的规定》(以下简称《证据规定》)的有关规定,现将有关举证事项通知如下:

一、你应当在收到起诉状副本之日起十五日内,提供据以作出被诉行政行为的全部证据和所依据的规范性文件。不提供或者无正当理由逾期提供证据,将视为被诉行政行为没有相应证据。

因不可抗力或者客观上不能控制的其他正当事由,不能在前述规定的期限内提供证据的,应当在收到起诉状副本之日起十五日内向人民法院提出延期提供证据的书面申请。人民法院准许延期提供的,应当在正当事由消除后十日内提供证据。逾期提供的,将视为被诉行政行为没有相应证据。

二、你认为原告起诉超过法定期限,应当承担举证责任。原告或者第三人提出其在行政程序中没有提出的反驳理由或者证据的,经人民法院准许,你可以在第一审程序中补充相应的证据。

三、在诉讼过程中,你与你的诉讼代理人不得自行向原告、第三人和证人收集证据。

四、你可按照《证据规定》的要求，提供书证、物证、视听资料、电子数据、证人证言、鉴定意见、现场笔录、在中华人民共和国领域外形成的证据以及外文书证或者视听资料等证据材料。证据涉及国家秘密、商业秘密或者个人隐私的，应当作出明确标注，并向法庭说明，由法庭予以审查确认。

向人民法院提供证据，应当对提交的证据材料分类编号，对证据材料的名称、证明对象和内容作简要说明，签名或者盖章，注明提交日期，并依照对方当事人人数提出证据清单。

五、申请人民法院调取证据的，应当在举证期限内提交调取证据申请书。调取证据申请书应写明证据持有人的姓名或名称、住址等基本情况，写明拟调取证据的内容以及申请调取证据的原因及其要证明的案件事实。

在证据可能灭失或者以后难以取得的情况下，可以向人民法院申请保全证据。申请保全证据，应当在举证期限届满前以书面形式提出，并说明证据的名称和地点、保全的内容和范围、申请保全的理由等事项。

申请保全证据，应向法院提供相应的担保。

六、你认为人民法院委托的鉴定部门作出的鉴定意见存在《证据规定》第三十条规定的情形，可以申请重新鉴定。

如果你对需要鉴定的事项负有举证责任，在举证期限内无正当理由不提出鉴定申请、不预交鉴定费用或者拒不提供相关材料，致使对案件争议的事实无法通过鉴定结论予以认定的，你将对该事实承担举证不能的法律后果。

七、申请证人出庭作证的，应当在举证期限届满前提出。经申请，人民法院可以就证人能否正确表达意志进行审查或者交由有关部门鉴定。

你提供的证人、鉴定人因出庭作证或者接受询问而支出的合理费用，由你先行支付，由败诉一方当事人承担。

八、对当事人无争议，但涉及国家利益、公共利益或者他人合法权益的事实，人民法院有权要求你提供或者补充有关证据。

九、在人民法院组织交换证据程序中，你应向对方出示或者交换证据。

十、你如果有伪造、隐藏、毁灭证据或者提供虚假证明材料，妨碍人民法院审理案件的，指使、贿买、胁迫他人作伪证或者威胁、阻止证人作证的行为之一的，人民法院可以根据情节轻重，予以训诫、责令具结悔过或者处一万元以下的罚款、十五日以下的拘留，也可以对你主要负责人或者直接责任人员予以罚款、拘留；构成犯罪的，依法追究刑事责任。如果对处罚决定不服，可以向作出决定的人民法院申请复议。

××××年××月××日

（院印）

☞ 案例文书

举证通知书

（被告举证用）

(2020)×行初字第 100 号

A 市人力资源和社会保障局：

根据《中华人民共和国行政诉讼法》《最高人民法院关于行政诉讼证据若干问题的规定》（以下简称《证据规定》）的有关规定，现将有关举证事项通知如下：

一、你应当在收到起诉状副本之日起十五日内，提供据以作出被诉行政行为的全部证据和所依据的规范性文件。不提供或者无正当理由逾期提供证据，将视为被诉行政行为没有相应证据。

因不可抗力或者客观上不能控制的其他正当事由，不能在前述规定的期限内提供证据的，应当在收到起诉状副本之日起十五日内向人民法院提出延期提供证据的书面申请。人民法院准许延期提供的，应当在正当事由消除后十日内提供证据。逾期提供的，将视为被诉行政行为没有相应证据。

二、你认为原告起诉超过法定期限，应当承担举证责任。原告或者第三人提出其在行政程序中没有提出的反驳理由或者证据的，经人民法院准许，你可以在第一审程序中补充相应的证据。

三、在诉讼过程中，你与你的诉讼代理人不得自行向原告、第三人和证人收集证据。

四、你可按照《证据规定》的要求，提供书证、物证、视听资料、电子数据、证人证言、鉴定意见、现场笔录、在中华人民共和国领域外形成的证据以及外文书证或者视听资料等证据材料。证据涉及国家秘密、商业秘密或者个人隐私的，应当作出明确标注，并向法庭说明，由法庭予以审查确认。

向人民法院提供证据，应当对提交的证据材料分类编号，对证据材料的名称、证明对象和内容作简要说明，签名或者盖章，注明提交日期，并依照对方当事人人数提出证据清单。

五、申请人民法院调取证据的，应当在举证期限内提交调取证据申请书。调取证据申请书应写明证据持有人的姓名或名称、住址等基本情况，写明拟调取证据的内容以及申请调取证据的原因及其要证明的案件事实。

在证据可能灭失或者以后难以取得的情况下，可以向人民法院申请保全证据。申请保全证据，应当在举证期限届满前以书面形式提出，并说明证据的名称和地点、保全的内容和范围、申请保全的理由等事项。

申请保全证据，应向法院提供相应的担保。

六、你认为人民法院委托的鉴定部门作出的鉴定意见存在《证据规定》第三十条规定的情形，可以申请重新鉴定。

如果你对需要鉴定的事项负有举证责任，在举证期限内无正当理由不提出鉴定申请、不预交鉴定费用或者拒不提供相关材料，致使对案件争议的事实无法通过鉴定结论予以认定的，你将对该事实承担举证不能的法律后果。

　　七、申请证人出庭作证的，应当在举证期限届满前提出。经申请，人民法院可以就证人能否正确表达意志进行审查或者交由有关部门鉴定。

　　你提供的证人、鉴定人因出庭作证或者接受询问而支出的合理费用，由你先行支付，由败诉一方当事人承担。

　　八、对当事人无争议，但涉及国家利益、公共利益或者他人合法权益的事实，人民法院有权要求你提供或者补充有关证据。

　　九、在人民法院组织交换证据程序中，你应向对方出示或者交换证据。

　　十、你如果有伪造、隐藏、毁灭证据或者提供虚假证明材料，妨碍人民法院审理案件的，指使、贿买、胁迫他人作伪证或者威胁、阻止证人作证的行为之一的，人民法院可以根据情节轻重，予以训诫、责令具结悔过或者处一万元以下的罚款、十五日以下的拘留，也可以对你主要负责人或者直接责任人员予以罚款、拘留；构成犯罪的，依法追究刑事责任。如果对处罚决定不服，可以向作出决定的人民法院申请复议。

2020 年 9 月 20 日
（院印）

☞ **文书样例**

××××人民法院

证 据 收 据

（××××）×行×字第××号

　　今收到×××（提交证据的当事人的姓名或者名称）提交的证据（单一证据可填写证据名称。如证据较多，可表述为"参见附录"）一式××份。

签收人：×××
××××年××月××日

附录：
序号
证据名称
份数
页数
原件/复制件
证明目的
备注

【说明】
  一、本收据应当出具给向法院提交证据材料的当事人。
  二、本样式仅供参考，各级人民法院可以依据《最高人民法院关于登记立案若干问题的规定》要求，制定相应的联式收据。

☞ 案例文书

A 市 B 区人民法院

证 据 收 据

（2020）×行初字第 100 号

今收到牛某元提交的证据 10 份，共 20 页，一式 2 份。

签收人：李某某

2020 年 9 月 20 日

（二）线上立案

为便利群众行使诉权，缩短案件立案周期，切实提升人民群众满意度和获得感，从诉讼第一关起步提质增效，人民法院切实履行好以高质量司法服务经济社会高质量发展的职责，2021 年最高人民法院公布《人民法院在线诉讼规则》。该规则第一条规定："人民法院、当事人及其他诉讼参与人等可以依托电子诉讼平台（以下简称"诉讼平台"），通过互联网或者专用网络在线完成立案、调解、证据交换、询问、庭审、送达等全部或者部分诉讼环节。"因此，当事人除了选择到人民法院递交起诉材料之外，还可以在线完成立案。

线上立案的操作流程如下：

1. 微信小程序搜索"人民法院在线服务"或者"人民法院在线服务河北"，选择点击进入。

2. 进入小程序首页，若未进行身份认证（如图所示），点击"未认证"进行身份认证。

项目二 启动诉讼程序

3. 点击"未认证"后，自动跳转如下，点击"允许"→点击"获取手机号"→点击"允许"获取手机号。

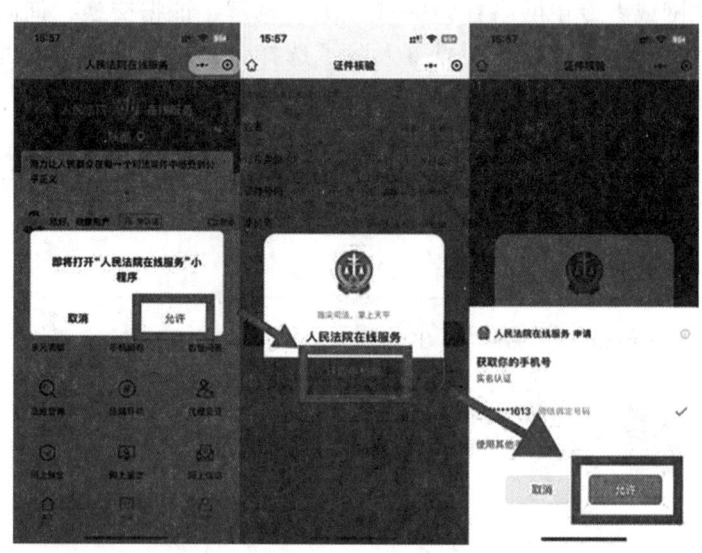

4. 进入身份信息填写页面，页面内容填写完成后，点击"同意，确认身份信息"进入人脸识别功能验证。

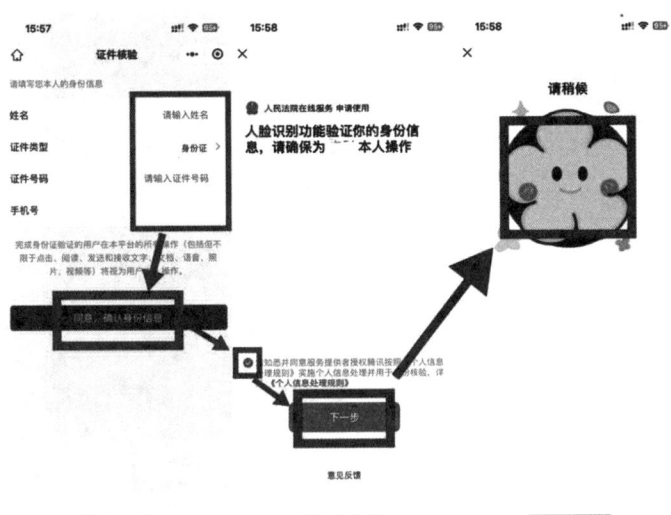

5. 完成人脸识别功能验证后，点击"同意并签名"，横置手机在指定区域预留电子签名，完成后点击"提交"。

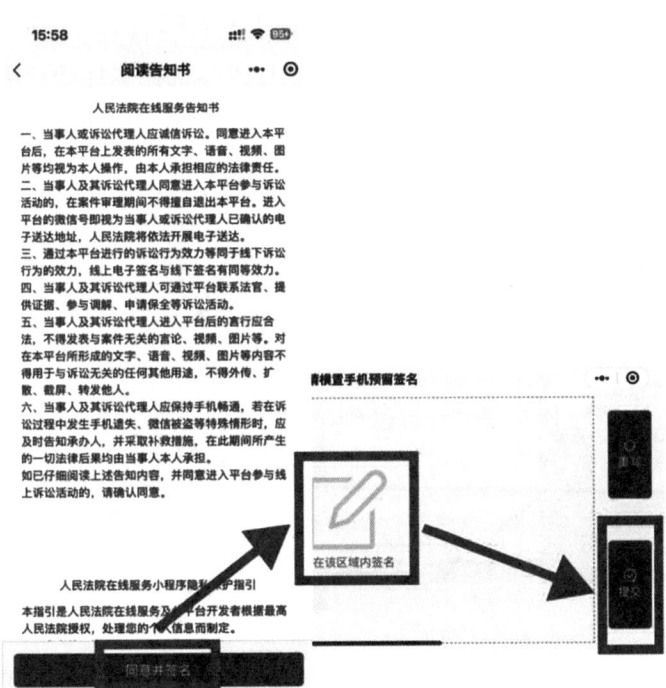

6. 完成身份认证后，页面自动跳转至首页，点击"我要立案"→点击"确定"发送诉讼事项通知→选择"审判立案"。

项目二 启动诉讼程序

7. 根据页面弹出的提示，若想通过调解方式解决纠纷则点击"愿意"，系统将自动跳转至"多元调解"小程序，进入"人民法院调解平台"；若想选择诉讼方式解决纠纷则点击"不愿意"，系统将自动进入"网上立案"页面。当事人点击"审判立案"，根据当事人实际情况选择"为本人申请"或"为他人或公司等组织申请"→选择案件受理法院→案件类型选择"民事二审"→点击"下一步"。

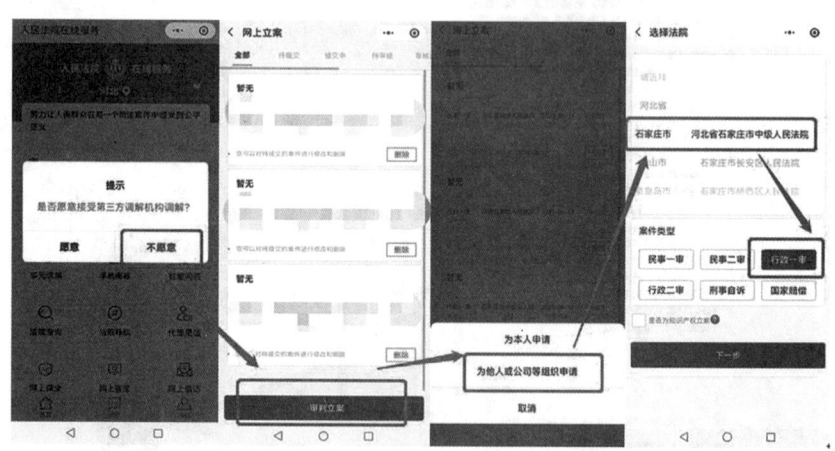

8. 进入上传材料页面，点击"+"上传上诉状、当事人身份证明、证据等材料，根据提示可选择多种方式上传，有"＊"为必传项；若为他人代理则需上传"授权委托书及代理人身份证明"。注：若当事人为公司，"当事人身份证明"处需上传营业执照（若为复印件需加盖公章）、法定代表人身份证明、法定代表人身份证复印件（需加盖公章）。

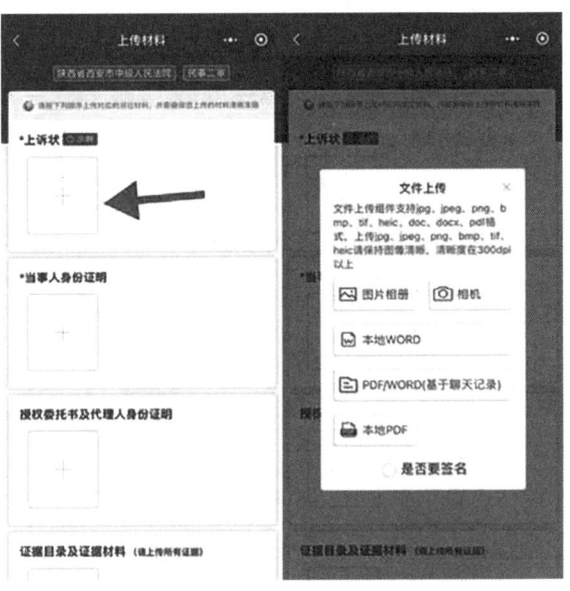

9. 完成上述材料上传后,点击"送达地址确认书"旁边的"引入"进入"送达地址"页面,点击下方"添加送达地址"。

在"新增送达地址"页面,"电子送达方式"部分,系统自选"人民法院在线服务",可以自行勾选短信、邮箱方式;"线下送达方式"部分,"本人邮寄地址"为必填项,根据自身需要也可填写代收人的姓名、电话、地址。完成后点击下方的"确认并生成电子送达确认书"。

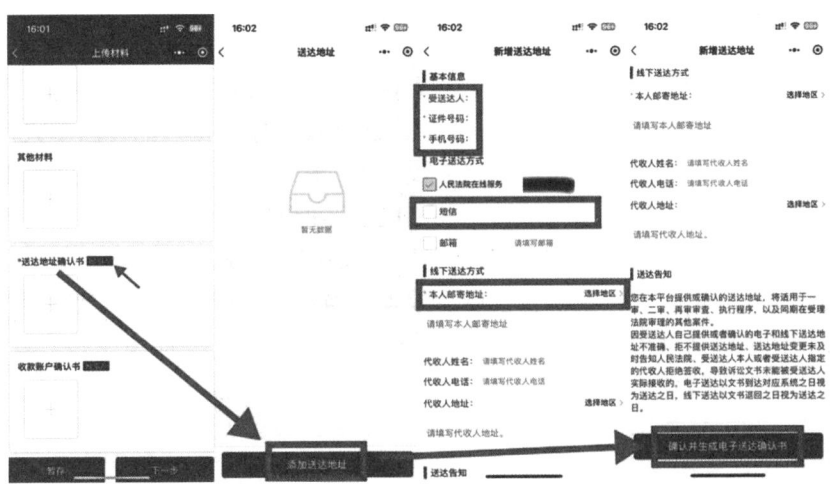

10. 点击"确认并生成电子送达确认书"后,此时已自动生成电子送达确认书,点击"选择",页面自动回到"上传材料"页面,此时电子送达确认书已自动出现在"送达地址确认书"项下,点击"下一步"。

项目二　启动诉讼程序

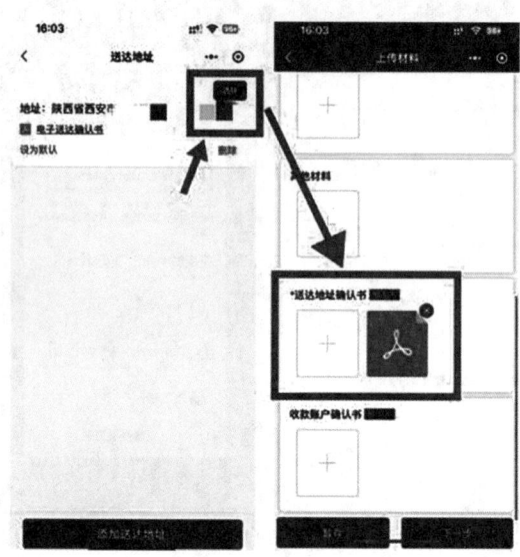

提示：如仍有疑问之处，律师可拨打12368诉讼服务热线进行咨询。

(三)立案的法律后果

1. 人民法院登记立案后，行政诉讼程序正式启动，人民法院将运用审判权对案件进行审理，行政争议双方取得原告、被告资格。

2. 人民法院登记立案后，被诉行政行为并不必然停止执行。我国实行行政复议、行政诉讼期间不停止执行行政行为的原则，但根据《行政诉讼法》第56条的规定，有下列情形之一的，人民法院裁定停止执行：(1)被告认为需要停止执行的；(2)原告或者利害关系人申请停止执行，人民法院认为该行政行为的执行会造成难以弥补的损失，并且停止执行不损害国家利益、社会公共利益的；(3)人民法院认为该行政行为的执行会给国家利益、社会公共利益造成重大损害的；(4)法律、法规规定停止执行的。当事人对停止执行或者不停止执行的裁定不服的，可以申请复议一次。因此，当事人认为被诉行政行为需要停止执行的，必须向人民法院提出申请，经人民法院批准后才停止执行。

3. 人民法院登记立案后，律师应提醒当事人在法定期限内交纳诉讼费用，因未在法定期限内交纳诉讼费的，人民法院将按撤诉处理。当然，若符合法律规定的缓、减、免交诉讼费条件，向人民法院申请并获得批准的除外。

☞ **文书样例**

停止执行行政行为申请书

申请人：
被申请人：
申请事项：

申请理由：
　　此致
*****人民法院

　　　　　　　　　　　　　　　　　　申请人：
　　　　　　　　　　　　　　　　　　申请日期：　　年　月　日

附相关证据材料
1.
2.

申　请　书
（当事人向人民法院申请缓、减、免交诉讼费用）

　　申请人：×××，男/女，××××年××月××日出生，×族……（写明工作单位和职务或者职业），住……联系方式：……
　　法定代理人/指定代理人：×××……
　　委托诉讼代理人：×××……
　　（以上写明申请人和其他诉讼参加人的姓名或者名称等基本信息）
　　请求事项：
　　缓交/减交/免交诉讼费用……元。
　　事实和理由：
　　……（写明案件当事人和案由）一案……（写明申请缓交/减交/免交诉讼费用的事实和理由）
　　此致
××××人民法院

　　申请人（签名或者公章）
　　××××年××月××日

【说明】
1. 本样式根据《中华人民共和国民事诉讼法》第一百一十八条第二款以及《诉讼费用交纳办法》第四十四条至第五十一条制定，供交纳诉讼费用确有困难的当事人申请向人民法院缓交、减交或者免交诉讼费用。
2. 诉讼费用的免交只适用于自然人。
3. 当事人申请司法救助，应当在起诉或者上诉时提交书面申请、足以证明其确有经济困难的证明材料以及其他相关证明材料。因生活困难或者追索基本生活费用申请免交、减交诉讼费用的，还应当提供本人及其家庭经济状况符合当地民政、劳动保障等部门规定的公民经济困难标准的证明。

项目二 启动诉讼程序

☞ **案例文书**

申　请　书

（当事人向人民法院申请缓、减、免交诉讼费用）

　　申请人：牛某元，男，汉族，1975年6月12日出生，住A市B区华西路256号某小区8号楼三单元202室，公民身份号码：65025819750612＊＊＊＊，联系方式151＊＊＊＊3458。

　　委托诉讼代理人：张某某，C律师事务所。

　　请求事项：免交诉讼费用50元

　　事实和理由：

　　因申请人起诉撤销A市人力资源和社会保障局作出的《工伤认定申请不予受理决定书》一案，因申请人前期支付医疗费用巨大，确有经济生活困难，根据《诉讼费用交纳办法》规定，现申请免交本案诉讼费用。

　　此致
　　A市B区人民法院

申请人（签名）：牛某元
2020年9月15日

四、知识技能检测

1. 人民法院既不立案，又不作出不予立案裁定的，当事人可以选择下列哪些救济途径？（　　）

　A. 申请行政复议

　B. 向该人民法院申请复议

　C. 向上一级人民法院投诉

　D. 向上一级人民法院起诉

2. 人民法院登记立案后，被诉行政行为并不必然停止执行，但是有下列哪些情形的，人民法院裁定停止执行？（　　）

　A. 被告认为需要停止执行的

　B. 原告或者利害关系人申认为需要停止执行

　C. 人民法院认为该行政行为的执行会给国家利益、社会公共利益造成重大损害的

　D. 法律、法规规定停止执行的。

参考答案：1. CD　　2. ACD

项目三 准备庭审

☞ **项目描述表**

项目名称	准备庭审	学时建议	3
项目描述	准备庭审是当事人在起诉或应诉后，准备答辩、证据等材料并在法定期限内向人民法院提交，以及庭审前与当事人沟通并予以记录的工作。		
课程思政	帮助当事人了解或树立依法行政观念，将行政合法性及合理性原则根植于行政诉讼全过程。		
任务描述	任务一：撰写答辩状 任务二：交换证据 任务三：庭前与当事人沟通		
学习内容	7. 掌握行政答辩状的体例结构； 8. 掌握行政答辩状正文的具体内容； 9. 掌握证据的内容和提交期限； 10. 掌握庭前需要与当事人沟通的具体内容。		
学习目标	知识目标	1. 熟练掌握行政答辩状的格式和内容要求； 2. 熟练掌握证据内容及证据目录的制作要求； 3. 熟练掌握庭前与当事人沟通的具体内容。	
	能力目标	1. 能够按照法定格式和内容撰写行政答辩状； 2. 能够按照法定要求提交证据并制作证据目录； 3. 能够在庭前与当事人就提交材料、确定出庭人员、携带证据原件及证件进行充分沟通。	
	素养目标	1. 培养严谨审慎的职业素养； 2. 培养法律逻辑思维能力。	
资源配备	教学场地	行政诉讼模拟实训室、法院诉讼服务中心。	
	学习资料	行政诉讼法及司法解释、行政实体法等法律规范、任务单、答辩状模板、证据目录模板、专家已办结案件卷宗材料。	

续表

教学组织流程	1. 下发任务单； 2. 明确学习目标和评价标准； 3. 按任务单要求独立或合作完成； 4. 教师、专家提供辅助指导。
学习评价建议	测评点： 1. 行政答辩状的格式是否规范，正文内容是否全面、准确； 2. 证据内容及证据目录是否全面、准确； 3. 与当事人庭前沟通的内容是否全面、准确。

任务一　撰写答辩状

一、任务清单

序号	任务内容	组织形式	工作成果	评价方式
1	按照行政答辩状的体例结构和内容要求，结合具体案例，撰写行政答辩状。	以小组为单位	行政答辩状	指导教师+小组互评

二、评价标准

序号	考核项目	分值
1	行政答辩状的体例结构	20
2	答辩人具有或不具有法定职责、给付义务	15
3	行政行为认定事实清楚、证据确凿	15
4	行政行为适用法律、法规正确	15
5	行政行为符合法定程序	15
6	原被告诉讼主体不适格	10
7	不属于人民法院受案范围和不属于受诉人民法院管辖	10
总计		100

三、知识技能链接

行政答辩状是行政诉讼中的被告针对原告在行政起诉状中提出的诉讼请求、事实与理由，在法定时限内向人民法院提交的书面答复。根据《行政诉讼法》第六十七条之规定，在一审程序中，被告应当在收到起诉状副本之日起十五日内向人民法院提交作出行政行为的证据和所依据的规范性文件，并提出答辩状。《适用解释》第一百零四条还规定，适用简易程序的案件，被告要求书面答辩的，人民法院可以确定合理的答辩期间。

（一）行政答辩状的体例结构

行政答辩状由首部、正文和尾部三部分组成。

1. 首部。

（1）标题。文书顶部正中写"行政答辩状"。

（2）答辩人基本情况。需写明答辩人的名称、住所地、法定代表人的名称、法定代表人的职务。应当注意，行政诉讼的适格被告只能是行政机关或被授权组织一方。还应注意，部分行政诉讼案件中存在第三人，第三人也可针对原告的诉求提出其观点，但第三人不是答辩人，其观点也不是法定意义的答辩，一般称之为陈述。

（3）案件基本情况。需载明答辩人系针对何人起诉的何纠纷进行的答辩，还可以载明法院案号。

2. 正文。

行政答辩状的正文部分需载明答辩人认为原告的诉讼请求不应得到人民法院支持的事实与理由。

3. 尾部。

（1）受理法院。在正文最后一行另起一行空两格写此致，另起一行顶格写受理法院名称。

（2）答辩人签章及日期。在受理法院的右下方写答辩人的名称并注明年月日，于答辩人名称上加盖答辩人公章。

（二）行政答辩状的正文

区别于原告行政起诉的主动性，行政答辩具有被动性。因此区别于行政起诉状，行政答辩状中的答辩人、其他诉讼参与人、受理法院也均是确定的，不需要也不能进行选择，故行政答辩状的正文部分就成为撰写行政答辩状的重中之重。行政答辩状的正文部分是抗辩原告起诉及诉讼请求的核心、关键，也是法庭调查行政行为是否符合法律规定的核心和关键。虽然法庭对案件事实的认定会根据原告的起诉、被告的答辩、当事人的陈述、在案证据的佐证、法庭的调查询问等诸多内容而确定，但行政答辩状是被告系统、全面地阐述事实与理由的最重要的法律文书。为确保法官能够在庭审前充分了解案情，便于法官归纳争议焦点，也更是为了法官能够充分考虑并采纳被告的事实与理由，行政答辩状正文部分的撰写必须是全面具体、有理有据的。一般情况下，行政答辩状需要写明答辩人具有或不具有法定职责、给付义务，行政行为认定事实清楚、证据确凿，行政行为适用法律、法规正确，行政行为符合法定程序等内容。当存在原被告诉讼主体不适格，不属于人民法院受案范围或不属于受诉人民法院管辖等问题时也应当进行详细论述。

1. 答辩人具有或不具有法定职责、给付义务

行政法的基本原则之一是行政合法性原则，而职权法定则是行政合法性原则的当然内容。"法无授权不可为"是行政法对行政主体的基本要求，法律对各行政主体的职责权限

作出了明确的规定,行政主体应当依法依规实施行政法律行为,不得超越法律规定的职权范围。根据《行政诉讼法》第七十五条之规定,行政主体实施行政行为没有法定职责的,属于重大且明显违法的情形,人民法院判决确认行政行为无效。

行政诉讼围绕行政行为进行,答辩人是否具有作出被诉行政行为的法定职责、给付义务,是行政诉讼首先应当查明的关键问题,也是行政答辩的前提。因此,在撰写行政答辩状时应当首先对答辩人具有或不具有法定职责、给付义务进行论述:若原告认为答辩人作出的行政行为错误的,则应当在答辩状中写明答辩人具有作出被诉行政行为相应法定职责的事实与理由;若原告主张答辩人未履行法定职责、给付义务的,则应当在答辩状中写明答辩人不具有相应法定职责、给付义务的事实与理由,必要时也可写明应当履行该法定职责、给付义务的行政主体具体是谁。当案件经过行政复议时,复议机关作为答辩人的,则应当在答辩状中写明其属于适格复议机关的事实与理由。

☞ **实例点拨**

甲认为其所在小区的物业管理公司存在违法经营的情形,故向小区所在的街道办事处进行投诉举报,要求街道办事处对物业管理公司的违法行为进行查处。街道办事处认为其不具有相应法定职责并予以答复,甲不服起诉至法院。针对原告甲的起诉,街道办事处可作如下答辩:

《物业管理条例》第五条规定:"国务院建设行政主管部门负责全国物业管理活动的监督管理工作。县级以上地方人民政府房地产行政主管部门负责本行政区域内物业管理活动的监督管理工作。"《物业管理条例》第四十八条规定:"县级以上地方人民政府房地产行政主管部门应当及时处理业主、业主委员会、物业使用人和物业服务企业在物业管理活动中的投诉。"根据上述法律规定,答辩人街道办事处并非县级以上地方人民政府房地产行政主管部门,不具有处理对物业管理投诉举报及对物业相关违法行为进行查处的法定职责,相应职责归属于房地产管理局,原告甲应当向该部门投诉举报。

2. 行政行为认定事实清楚、证据确凿

案件事实和证据是行政主体据以作出行政行为的基础,只有存在符合法定情形的案件事实,并能够通过证据予以佐证,行政主体才能根据法律的相关规定作出行政行为。行政法要求行政主体作出的行政行为应当建立在认定事实清楚、证据确实充分的基础上。根据《行政诉讼法》第七十条之规定,行政行为存在主要证据不足的,人民法院判决撤销或者部分撤销,并可以判决被告重新作出行政行为。根据《行政诉讼法》第八十九条之规定,上诉案件中,原判决、裁定认定事实错误的,人民法院依法改判、撤销或者变更;原判决认定基本事实不清的,人民法院裁定发回原审人民法院重审,或者查清事实后改判。根据《行政诉讼法》第九十一条之规定,原判决、裁定认定事实的主要证据不足的,人民法院应当再审。故撰写行政答辩状时,应当对作出行政行为所依据的案件事实清楚、证据确凿进行详细论述。

☞ **实例点拨**

甲公司于某网络销售平台发布饼干广告,宣传其产品特点为高纤低脂。但经市场监督管理局调查发现，该产品的脂肪含量远远高于国家对低脂肪含量的规定，甲公司发布的广告为虚假广告，故市场监督管理局对其作出罚款 200000 元的行政处罚。甲公司不服起诉至法院，针对原告甲公司的起诉，市场监督管理局可作如下答辩：

某年某月某日，原告甲公司与某网络销售平台签订入网协议，于某年某月某日开始在该平台投放名为某某的饼干宣传广告，并于该广告宣传页面标注案涉饼干"高纤低脂"。经答辩人市场监督管理局调查发现，案涉饼干为原告甲公司生产并销售，案涉饼干的营养成分表中显示脂肪含量为 18/100g，某食品检测中心提供的质检报告显示脂肪含量为 21/100g。根据《食品安全国家标准预包装食品营养标准通则》（GB28050—2011）附录 C-表 C.1 中的规定，对低脂肪含量要求为"≤3g/100g 固体；≤1.5g/100ml 液体"。而案涉饼干的脂肪含量已经远远高于国家标准。原告甲公司发布的广告违反了《中华人民共和国广告法》第二十八条关于虚假广告的规定。上述事实有网络销售平台服务协议、原告网站截图、案涉饼干营养成分表截图、案涉饼干检测报告、询问笔录等证据予以证明。答辩人市场监督管理局作出的行政处罚认定事实清楚，证据确凿。

3. 行政行为适用法律、法规正确

行政主体应当依法行政，正确地适用法律、法规的规定，避免出现下列情形：适用错误的法律规范；适用错误的法律规范条款；适用未生效或已经失效、废止的法律规范；适用法律规范不全面；违反法律规范冲突适用规则等。根据《行政诉讼法》第七十条之规定，行政行为适用法律、法规错误的，人民法院判决撤销或者部分撤销，并可以判决被告重新作出行政行为。根据《行政诉讼法》第七十七条之规定，行政主体作出的行政处罚明显不当的，人民法院可以判决变更。根据《行政诉讼法》第八十九条之规定，上诉案件中，原判决、裁定适用法律、法规错误的，人民法院依法改判、撤销或者变更。根据《行政诉讼法》第九十一条之规定，原判决、裁定适用法律、法规确有错误的，人民法院应当再审。故撰写行政答辩状时，应当对行政行为适用法律、法规正确进行详细论述。

适用法律、法规正确包含两层含义，一层是适用正确的法律规范，另一层是正确地适用法律规范。

首先，适用正确的法律规范，要求答辩人选择正确的法律规范予以适用。一般而言需要注意以下几点：

第一，适用现行有效的法律规范。法律制定颁布后，都会规定具体的生效时间，一般是由该法律在最后一条直接规定。有的法律会规定生效的起始时间，有的则会规定生效和失效的具体时间。法不溯及既往原则是法律时间效力的主要内容，该原则要求法律一般情况下只能对其生效之后发生的行为和事件发生法律效力，而不能作用于其生效之前的行为和事件。因此，在撰写行政答辩状时应当适用现行有效的法律、法规。

第二，适用正确的行政法渊源。《行政诉讼法》第六十三条规定："人民法院审理行政案件，以法律和行政法规、地方性法规为依据。地方性法规适用于本行政区域内发生的行政案件。人民法院审理民族自治地方的行政案件，并以该民族自治地方的自治条例和单行条例为依据。人民法院审理行政案件，参照规章。"根据该规定，行政诉讼程序中，应当以法律、行政法规、地方性法规、民族自治地方的自治条例和单行条例作为依据，而对于部门规章和地方政府规章，则只能参照。还应注意，地方性法规、自治条例和单行条例只能在本行政区域内适用。

第三，法律存在冲突时适用正确的法律规范。行政诉讼中存在以下几种法律冲突：层级冲突、平级冲突、特别冲突、新旧冲突、人际冲突和区际冲突。其中，层级冲突中的上位法优先于下位法规则，特别冲突中的特别法优先于一般法规则，新旧冲突中的新法优先于旧法和法律不溯及既往规则适用较为广泛，在撰写答辩状时应当重点把握。还应注意，当不存在法律冲突时，可以直接适用下位法或一般法，无须对其上位法或特别法予以说明。

第四，援引正确的法律规范规定。法律规范中一般会在其条文中规定该部法律规范适用的范围、事项、主体以及制定的目的，例如《广告法》第一条规定："为了规范广告活动，保护消费者的合法权益，促进广告业的健康发展，维护社会经济秩序，制定本法。"又如《治安管理处罚法》第一条规定："为维护社会治安秩序，保障公共安全，保护公民、法人和其他组织的合法权益，规范和保障公安机关及其人民警察依法履行治安管理职责，制定本法。"故答辩时应当选择援引与行政行为所涉范围、事项、主体相匹配的法律规定。

第五，全面地援引法律规范的规定。适用正确的法律规范不但要求答辩人能够在此法和彼法、此法律规范条文和彼法律规范条文中进行选择，还要求答辩人能够准确地选择法律规范条文中的具体"项、目"，即答辩人在答辩状行文时应当准确地载明所依据的法律规定，对法律规定的记载应当具体到"条、款、项、目"，这样才能达到行政诉讼对于适用法律、法规正确的要求。

其次，正确地适用法律规范，要求答辩人正确地理解并运用法律规范。一般而言需要注意以下几点：

第一，正确地理解法律规范的含义。正确适用法律的前提是正确理解法律规范规定的含义。首先，要求答辩人从法律规范条文的字面含义入手，逐字逐句熟读法律条文，准确把握法律条文的内容。例如，《行政处罚法》第十一条第一款规定："行政法规可以设定除限制人身自由以外的行政处罚。"该条文从文字含义角度可以理解为，行政法规可以设定行政处罚的规定，但所设定处罚种类不能包括限制人身自由的处罚，除此之外的行政处罚均可以设定。其次，还要求答辩人能够对法律条文的前后规定、类似规定进行横向理解，不能断章取义、望文生义，而应当作全面把握。例如，《行政处罚法》第十一条第二款规定："法律对违法行为已经作出行政处罚规定，行政法规需要作出具体规定的，必须在法律规定的给予行政处罚的行为、种类和幅度的范围内规定。"第三款规定："法律对违法行为未作出行政处罚规定，行政法规为实施法律，可以补充设定行政处罚。拟补充设定行政处罚的，应当通过听证会、论证会等形式广泛听取意见，并向制定机关作出书面说明。行政法规报送备案时，应当说明补充设定行政处罚的情况。"根据上述法律条文再来理解第一款之规定，行政法规可以设定除限制人身自由之外的一切行政处罚，但是法律已经对该行政处罚作出规定的，行政法规只能在法律规定的行为、种类和幅度的范围内作具体的规定；法律对该行政处罚未作规定的，行政法规才能作补充性规定，并且需要履行相应的听证、论证、说明、备案等程序。再次，还要求答辩人能够对其他相关法律中的条文作纵向理解。例如，《中华人民共和国立法法》第十一条规定："下列事项只能制定法律：……（五）对公民政治权利的剥夺、限制人身自由的强制措施和处罚"。第十二条规定："本法

第十一条规定的事项尚未制定法律的，全国人民代表大会及其常务委员会有权作出决定，授权国务院可以根据实际需要，对其中的部分事项先制定行政法规，但是有关犯罪和刑罚、对公民政治权利的剥夺和限制人身自由的强制措施和处罚、司法制度等事项除外。"该规定所涉内容与《行政处罚法》第十一条之规定互相呼应。对法律规范条文的横向理解更有利于全面把握法律规范条文的文字含义和制定背景。

第二，正确地理解法律规范适用原则。行政合法性原则与行政合理性原则是行政法的基本原则，贯穿行政法始终，是指导行政主体从事活动的基本准则。行政主体在作出行政行为时，一方面要准确把握法律规范条文的具体规定，另一方面还必须遵守合法性与合理性原则。否则，仅仅机械地适用法律，照搬法律规范条文，则可能会出现脱离立法本意、舍本逐末的现象出现。此现象不利于对违法行为的纠正，不利于对社会矛盾的化解，也不利于社会法治进程的推进。

行政合法性原则的内容主要可以归纳为以下几点：（1）职权法定原则，即行政主体的职责权限必须来源于法律的明确规定；（2）依法的规定行政原则，即行政主体从事法律行为必须符合行政法关于实体和程序的规定；（3）权责一致原则，即行政主体行使法定权力的同时也要承担相应的法定责任；（4）法律优位原则，即行政主体应当以全国人大及其常委会制定的法律为实施行政行为基础，凡是存在其他规范与法律相抵触情形时，应当以法律为准；（5）法律保留原则，即事关对人民基本权利的限制等重大立法事项时，只能由最高立法机关通过法律作出规定，非经法律明确授权，行政主体不得自行规定。

行政合理性原则的内容主要可以归纳为以下几点：（1）公平公正原则，即行政主体应当公平公正地对待每一个相对人，不得偏私，不得歧视；（2）考虑相关因素原则，即行政主体在行使行政权力时，只能考虑符合立法授权目的的相关因素，不得考虑不相关因素；（3）比例原则，即行政主体行使权力时，必须衡量公共利益目标的实现和对行政相对人合法权益的保障，若为了实现公共利益目标而实施对行政相对人权益不利的措施时，应当将不利影响限制在尽可能小的限度内，保持二者之间适度的比例。

☞ 实例点拨

甲欲驾车进入某小区内部停车场，但由于甲并非该小区业主，其所驾驶车辆也未在该小区备案登记，故该小区安保人员不同意甲驾驶车辆进入。甲恼羞成怒，遂将其车辆横放在停车场出入口数小时，造成车辆无法出入，并导致道路交通阻塞，且在民警到场后仍拒绝挪车。后公安机关以扰乱公共场所秩序为由对甲作出行政拘留七日的行政处罚。甲以行政处罚过重，不符合比例原则为由将公安机关诉至法院，公安机关可作如下答辩：

原告甲并非小区业主，其车辆亦未在小区的内部停车场进行备案登记，原告甲明知其不能驾驶车辆进入小区，仍欲强行进入，在小区安保人员明令禁止后便恼羞成怒，将车辆横堵在停车场门口。原告甲在主观上具有明知行为违法而为之的故意，客观上造成了其他车辆出入不便，严重影响停车场内外及公共道路通行的正常秩序。《中华人民共和国治安管理处罚法》第二十三条第一款规定："有下列行为之一的，处警告或者二百元以下罚款；情节较重的，处五日以上十日以下拘留，可以并处五百元以下罚款；……（二）扰乱车站、港口、码头、机场、商场、公园、展览馆或者其他公共场所秩序的。"根据该规定，原告甲的行为以堵门的方式扰乱公共场所秩序，且情节严重，应当处五日以上十日以下拘留。答辩人公安机关结合原告甲的违法行为和情节，作出予以行政拘留七日的处罚，处罚幅度恰当，适用法律正确。

4. 行政行为符合法定程序

依法行政原则要求行政主体的行政行为既要符合实体正义，又要符合程序正义。行政主体违反实体法规定，构成实体违法；行政主体违反程序法规定，则同样构成违法。《行政诉讼法》第六条规定："人民法院审理行政案件，对行政行为是否合法进行审查……"第七十七条规定："行政处罚明显不当，或者其他行政行为涉及对款额的确定、认定确有错误的，人民法院可以判决变更。"这一规则源于司法权不得干预行政权的法治理念。根据上述规定，行政诉讼过程中，人民法院主要对行政行为的合法与否作重点审查，而对行政行为合理与否的审查则次之。

《行政诉讼法》第七十条规定："行政行为有下列情形之一的，人民法院判决撤销或者部分撤销，并可以判决被告重新作出行政行为：……（三）违反法定程序的……"第七十四条规定："行政行为有下列情形之一的，人民法院判决确认违法，但不撤销行政行为：（二）行政行为程序轻微违法，但对原告权利不产生实际影响的。"《适用解释》第九十六条规定："有下列情形之一，且对原告依法享有的听证、陈述、申辩等重要程序性权利不产生实质损害的，属于行政诉讼法第七十四条第一款第二项规定的'程序轻微违法'：（一）处理期限轻微违法；（二）通知、送达等程序轻微违法；（三）其他程序轻微违法的情形。"对于行政行为合法性的审查，程序是否合法是最容易分辨、最容易审查的。故在行政答辩过程中，应当全面、详细地载明行政行为符合法定程序的具体内容。

符合法定程序，指行政行为应当符合法律所设定的，要求行政主体在从事行政行为时必须遵循的程序要求，具体可以归纳为以下几种：

第一，符合法定步骤。即行政主体依据法律规定的全部环节作出行政行为。例如，《行政强制法》第四十四条规定："对违法的建筑物、构筑物、设施等需要强制拆除的，应当由行政机关予以公告，限期当事人自行拆除。当事人在法定期限内不申请行政复议或者提起行政诉讼，又不拆除的，行政机关可以依法强制拆除。"根据该规定，强制拆违前对当事人送达限期拆除的公告，当事人在法定期限内既不复议、不诉讼，又不自行拆除的，行政机关可以依法强制拆除。若行政机关未发布公告或者未等到当事人复议、诉讼期限届满便强制拆除的，行政行为则因违反法定步骤而违法。故行政答辩过程中，应当对行政行为的法定步骤予以阐明，便于人民法院审查行政行为的合法性。

第二，符合法定顺序。即行政行为不但应当符合法定步骤，也应当按照法定环节的先后顺序进行。例如，《行政处罚法》第四十四条规定："行政机关在作出行政处罚决定之前，应当告知当事人拟作出的行政处罚内容及事实、理由、依据，并告知当事人依法享有的陈述、申辩、要求听证等权利。"根据该规定，作出行政处罚前应当事先告知当事人其享有的合法权利。未事先告知，而是送达行政处罚决定时告知的，则违反法定顺序，属于程序违法。故行政答辩过程中，应当对行政行为的法定步骤按照法定顺序予以阐明。

第三，符合法定形式。即行政行为应当以法律规定的形式进行。例如，《行政处罚法》第四十二条第一款规定："行政处罚应当由具有行政执法资格的执法人员实施。执法人员不得少于两人，法律另有规定的除外。"根据该规定，行政处罚的实施应当由两名或以上具有行政执法资格的执法人员实施，否则便违反了法定形式。《行政强制法》第三十五条规定："行政机关作出强制执行决定前，应当事先催告当事人履行义务。催告应当以书面形式作出，并载明下列事项：（一）履行义务的期限；（二）履行义务的方式；（三）涉及金钱给付的，应当有明确的金额和给付方式；（四）当事人依法享有的陈述权和申辩权。"根据该规定，行政强制前的催告应当以书面形式作出，否则便不符合法定形式。故行政答辩过程中，应当注意对行政行为符合法定形式予以阐明。

第四，符合法定时限。即行政行为作出的全过程均应在法定期限内进行。例如，《行政复议法》第六十二条规定："适用普通程序审理的行政复议案件，行政复议机关应当自受理申请之日起六十日内作出行政复议决定；但是法律规定的行政复议期限少于六十日的除外。情况复杂，不能在规定期限内作出行政复议决定的，经行政复议机构的负责人批准，可以适当延长，并书面告知当事人；但是延长期限最多不得超过三十日。适用简易程序审理的行政复议案件，行政复议机关应当自受理申请之日起三十日内作出行政复议决定。"根据该规定，适用普通程序审理的行政复议案件，行政复议机关决定作出的时间是受理之日起六十日内，情况复杂并经批准的，可以延长不超过三十日。故行政答辩过程中，应当对行政行为从受理到作出的重点步骤的时间予以阐明。

☞ **实例点拨**

甲未取得经营许可，擅自从事网约车经营活动，交通运输局经查证属实，对其作出罚款10000元的行政处罚，甲以行政处罚程序违法为由诉至法院，交通运输局可以作如下答辩：

答辩人交通运输局的执法人员在巡查过程中发现原告甲正在违法经营网约车，遂当场对原告甲及车载乘客进行调查。经调查询问，车载乘客承认系在网络平台预约搭乘的车辆，其与原告甲互不相识。原告甲称其从事载客业务五年有余，未取得《网络预约出租汽车运输证》，其之前未被查处。后答辩人交通运输局告知原告甲，因其擅自从事或者变相从事网约车经营活动，违反《网络预约出租汽车经营服务管理暂行办法》第三十四条第一款第二项之规定，拟对其作出罚款3000元的行政处罚，并告知其有权陈述、申辩、要求听证。原告甲要求陈述和申辩，但自愿放弃听证。答辩人交通运输局对原告甲制作询问笔录，并由原告甲签署放弃听证承诺书。后经答辩人交通运输局内部审核，决定原告甲作出行政处罚，并向原告甲送达。答辩人交通运输局作出的行政处罚决定符合法定程序，原告甲主张程序违法没有事实和法律依据。

5. 原被告诉讼主体不适格

原被告诉讼主体不适格主要指原告或被告诉讼主体的身份、权利义务、权利能力或行为能力不合乎法律规定，不具有诉讼主体资格。一般来说，经人民法院审查后受理的行政案件，原被告的诉讼主体资格应当是符合法律规定的，但也不排除部分案件会存在纰漏。《行政诉讼法》第四十九条规定："提起诉讼应当符合下列条件：（一）原告是符合本法第二十五条规定的公民、法人或者其他组织；（二）有明确的被告；（三）有具体的诉讼请求和事实根据；（四）属于人民法院受案范围和受诉人民法院管辖。"《适用解释》第二十六条规定:"原告所起诉的被告不适格,人民法院应当告知原告变更被告;原告不同意变更的,裁定驳回起诉。"第六十九条第一款规定:"有下列情形之一,已经立案的,应当裁定驳回起诉:(一)不符合行政诉讼法第四十九条规定的;……(三)错列被告且拒绝变更的……"根据上述规定,原被告诉讼主体不适格的,法院应当裁定驳回起诉。故撰写行政答辩状时,应答对原告和被告的诉讼主体资格进行审查,若存在不适格情况,应当在行文中直接阐明。

第一,原告主体适格。根据《行政诉讼法》第二十五条之规定,适格原告主要有以下几种情形:(1)行政行为的相对人以及其他与行政行为有利害关系的公民、法人或者其他组织,有权提起诉讼。(2)有权提起诉讼的公民死亡,其近亲属可以提起诉讼。(3)有权提起诉讼的法人或者其他组织终止,承受其权利的法人或者其他组织可以提起诉讼。(4)人民检察院在履行职责中发现生态环境和资源保护、食品药品安全、国有财产保护、国有土地使用权出让等领域负有监督管理职责的行政机关违法行使职权或者不作为,致使国家利益或者社会公共利益受到侵害的,应当向行政机关提出检察建议,督促其依法履行职责。行政机关不依法履行职责的,人民检察院依法向人民法院提起诉讼。

第二,被告主体适格。根据《行政诉讼法》第二十六条之规定,适格被告主要有以下几种情形:(1)公民、法人或者其他组织直接向人民法院提起诉讼的,作出行政行为的行政机关是被告。(2)经复议的案件,复议机关决定维持原行政行为的,作出原行政行为的行政机关和复议机关是共同被告;复议机关改变原行政行为的,复议机关是被告。(3)复议机关在法定期限内未作出复议决定,公民、法人或者其他组织起诉原行政行为的,作出原行政行为的行政机关是被告;起诉复议机关不作为的,复议机关是被告。(4)两个以上行政机关作出同一行政行为的,共同作出行政行为的行政机关是共同被告。(5)行政机关委托的组织所作的行政行为,委托的行政机关是被告。(6)行政机关被撤销或者职权变更的,继续行使其职权的行政机关是被告。

☞ **实例点拨**

甲公司未取得建设工程规划许可违法建设房屋,甲公司系由自然人乙全资设立。镇政府对甲公司未取得规划许可违法建设的行为作出责令限期改正违法行为通知书。乙对该通知书不服起诉至法院,镇政府可以作如下答辩:

答辩人镇政府经调查发现,甲公司在未取得建设工程规划许可情形下违法建设房屋,违反了《城乡规划法》第四十一条之规定,根据《行政处罚法》第二十八条第一款及《城乡规划法》第六十五条之规定向甲公司作出责令限期改正违法行为通知书,要求甲公司在法定时间内拆除违法建筑。根据《行政诉讼法》第二十五条第一款之规定,行政行为的相对人以及其他与行政行为有利害关系的公民、法人或者其他组织,才有权提起诉讼。由于原告乙仅是甲公司的股东,不是诉争行政行为的相对人,与诉争行政行为没有法律上的利害关系,故原告乙不是本案适格被告,原告乙无权提起本案诉讼,故法院应当驳回起诉。

6. 不属于人民法院受案范围或不属于受诉人民法院管辖

不属于人民法院受案范围或不属于受诉人民法院管辖包含两方面内容,一方面是人民法院受理的案件不属于行政诉讼的受理范围,另一方面是人民法院所受理的案件不应由其管辖。

第一,不属于人民法院受案范围。《行政诉讼法》第十二条以列举的方式归纳了属于人民法院行政诉讼受理案件的范围,并开放式地规定:"除前款规定外,人民法院受理法律、法规规定可以提起诉讼的其他行政案件",同时,第十三条还列举了几种不属于行政诉讼受理范围的情况:"(一)国防、外交等国家行为;(二)行政法规、规章或者行政机关制定、发布的具有普遍约束力的决定、命令;(三)行政机关对行政机关工作人员的奖惩、任免等决定;(四)法律规定由行政机关最终裁决的行政行为。"故应当依据上述规定对于行政案件是否符合人民法院受案范围进行判断。

第二,不属于受诉人民法院管辖。《行政诉讼法》第十四条至第二十四条对行政诉讼的管辖进行了明确规定。其中比较容易混淆的是复议机关作为共同被告案件的管辖确定。《行政诉讼法》第十八条第一款规定:"行政案件由最初作出行政行为的行政机关所在地人民法院管辖。经复议的案件,也可以由复议机关所在地人民法院管辖。"《适用解释》第一百三十四条第三款规定:"复议机关作共同被告的案件,以作出原行政行为的行政机关确定案件的级别管辖。"根据该规定,在复议机关作为共同被告的案件中,应当首先以作出原行政行为的机关确定级别管辖,然后可以选择由作出原行政行为的行政机关所在地人民法院,或者复议机关所在地人民法院管辖。例如,甲对乙区公安局的行政处罚不服,复议至丙市公安局,后甲又对丙市公安局作出的复议决定不服欲提起诉讼。此案中,甲应当以乙区公安局和丙市公安局作为共同被告。甲应当先根据乙区公安局来确定应当由基层人民法院管辖,即先确定级别管辖。再由甲选择可以在乙区公安局所在地基层法院进行起诉,也可以在丙市公安局所在地基层法院进行起诉,即后确定地域管辖。

☞ **实例点拨**

甲不服乙环保局的行政处罚决定,复议至丙区人民政府,后又对丙区人民政府作出的复议维持决定不服,起诉至丙区人民政府所在的丁市中级人民法院,乙和丙均可作如下答辩:

原告甲不服乙环保局作出的行政处罚以及丙区人民政府的复议维持决定,以乙、丙为共同被告起诉至人民法院。根据《适用解释》第一百三十四条第三款之规定,首先应当以作出原行政行为的乙环保局确定级别管辖。根据《行政诉讼法》第十四条之规定,本案应由基层人民法院管辖。现甲向丁市中级人民法院提起诉讼,违反了法律关于级别管辖的规定,根据《行政诉讼法》第四十九条第四项及《适用解释》第六十九条第一款第一项之规定,人民法院应当裁定驳回甲的起诉。

☞ **文书样例**

行政诉讼答辩状

答辩人×××……(写明名称、地址、法定代表人等基本信息)。
法定代表人×××……(写明姓名、职务等基本信息)。

> 委托代理人×××……(写明姓名、工作单位等基本信息)。
> 因×××诉我单位……(写明案由或起因)一案,现答辩如下:
> 答辩请求:……
> 事实和理由:……(写明答辩的观点、事实与理由)。
> 此致
> ××××人民法院
>
>   答辩人:×××(盖章)
>   ××××年××月××日
>   (写明递交答辩状之日)
>
> 附:
> 1. 答辩状副本×份
> 2. 其他文件×份
> 3. 证物或书证×件
>
> 【说明】
> 行政答辩状是行政诉讼中的被告(或被上诉人)针对原告(或上诉人)在行政起诉状(或上诉状)中提出的诉讼请求、事实与理由,向人民法院作出的书面答复,适用《中华人民共和国行政诉讼法》第六十七条的规定。

☞ **案例链接**

  牛某元向A市B区人民法院提起行政诉讼,该法院依法受理后,向被告A市人力资源和社会保障局送达应诉通知书、权利义务告知书、举证通知书等法律文书。A市人力资源和社会保障局针对牛某元的行政起诉作出行政答辩,并提交了《行政答辩状》。

☞ **案例文书**

> **行政答辩状**
>
> 答辩人:A市人力资源和社会保障局,住所地:A市B区华南路36号。
> 法定代表人:张**,该局局长。
> 因牛某元诉我单位工伤保险资格认定一案,现答辩如下:
> 答辩请求:请求依法驳回牛某元的全部诉讼请求。
> 事实和理由:
> 一、答辩人依法负责所辖行政区域的工伤保险工作
> 《工伤保险条例》第五条规定:"国务院社会保险行政部门负责全国的工伤保险工

作。县级以上地方各级人民政府社会保险行政部门负责本行政区域内的工伤保险工作。社会保险行政部门按照国务院有关规定设立的社会保险经办机构(以下称经办机构)具体承办工伤保险事务"。根据该规定，答辩人依法负责A区行政区域内的工伤保险工作。牛某元主张某建筑工程有限公司系其用工单位，该公司的营业执照注册地是A区，属于答辩人的管辖范围，故答辩人具有作出案涉《工伤认定申请不予受理决定书》的法定职责。

二、答辩人作出的《工伤认定申请不予受理决定书》事实清楚、程序合法、适用法律正确

2020年8月20日，原告向答辩人提交了其本人的工伤认定申请材料，称其在×年×月×日工作期间受伤。根据原告提交材料，答辩人确认：原告在提交工伤认定申请前，就其与某建设工程有限公司于×年×月×日至×年×月×日是否存在劳动关系提起劳动仲裁申请，B区劳动争议仲裁委员会裁决驳回了原告的仲裁请求。后原告就该劳动争议诉讼至B区人民法院，一审法院判决驳回原告的诉讼请求，原告提起上诉，二审法院判决驳回上诉，维持原判，也即一审、二审法院均未判决确认原告与某建设工程有限公司双方存在劳动关系。答辩人审核后依据《工伤保险条例》第十八条第二款的规定，于×年×月×日作出了《工伤认定申请不予受理决定书》，并向原告及某建设工程有限公司邮寄送达了该文书。

三、原告提出的诉讼请求无事实和法律理由

根据《建筑工程施工发包与承包违法行为认定查处管理办法》第三条第二款"县级以上地方人民政府住房和城乡建设主管部门在其职责范围内具体负责本行政区域内建筑工程施工发包与承包违法行为的认定查处工作"的规定。原告并未提交相关行业主管部门出具的关于某建设工程有限公司存在承包违法行为认定性的结论文书，原告主张某建设工程有限公司系非法转包、分包关系，缺乏证据支撑，其说法不能成立。

综上所述，答辩人作出的《工伤认定申请不予受理决定书》事实清楚，程序合法，适用法律准确，请贵院依法查明事实，驳回原告的诉讼请求。

此致
A市B区人民法院

答辩人：A市人力资源与社会保障局(盖章)
2020年9月20日

附：
1. 答辩状副本1份
2. 证据及证据目录
3. 法律依据

项目三 准备庭审

☞ **文书样例**

×××人民法院

应诉通知书

（××××）×行×字第××号

××××××：

　　本院已立案受理×××诉你方×××纠纷一案。现随文发送起诉状副本一份，并将有关事项通知如下：

　　一、当事人在诉讼过程中，必须依法行使法律规定的诉讼权利，同时必须遵守诉讼秩序，履行诉讼义务。

　　二、你方应当在收到起诉状副本后十五日内向本院提出答辩状一式×份（×为当事人数量+1）。

　　三、法人或者其他组织参加诉讼的，应向本院提交法人或者其他组织资格证明及法定代表人身份证明书或负责人身份证明书。

　　四、如需委托代理人代为诉讼，应向本院递交由委托人签名并加盖单位公章的授权委托书，授权委托书应当载明委托事项和权限。

×××人民法院

××××年××月××日

☞ **案例文书**

A市B区人民法院

应诉通知书

（2020）×行初字第100号

A市人力资源和社会保障局：

　　本院已立案受理牛某元诉你方工伤保险资格认定纠纷一案。现随文发送起诉状副本一份，并将有关事项通知如下：

　　一、当事人在诉讼过程中，必须依法行使法律规定的诉讼权利，同时必须遵守诉讼秩序，履行诉讼义务。

　　二、你方应当在收到起诉状副本后十五日内向本院提出答辩状一式二份。

　　三、法人或者其他组织参加诉讼的，应向本院提交法人或者其他组织资格证明及法定代表人身份证明书或负责人身份证明书。

　　四、如需委托代理人代为诉讼，应向本院递交由委托人签名并加盖单位公章的授权委托书，授权委托书应当载明委托事项和权限。

A区人民法院

2020年9月20日

四、知识技能检测

1. 下列哪些行政诉讼案件，可以不属于行政诉讼受案范围为由进行答辩：

A. 某行政机关以甲某体检不合格为由取消其公务员录用资格。

B. 某行政机关以新录用的公务员乙某试用期不合格为由取消录用。

C. 某行政机关给予工作人员丙某记过处分。

D. 某行政机关对工作人员丁某提出的辞职申请不予批准。

2. 乙公司承包甲公司发包的一建设工程，乙公司完成工程施工后，甲公司拒绝付款。乙公司以甲公司的法定代表人丙某涉嫌合同诈骗为由向当地公安局报案，公安局扣押了丙某的资金，并要求丙某与乙公司签订还款协议。后公安局将扣押的丙某资金直接移交给乙公司。下列说法正确的是：

A. 公安局的行为属于刑事案件，受刑法及刑事诉讼法约束，依法不属于行政诉讼法规定的受案范围。

B. 公安局的行为属于假借办理刑事案件为名插手经济纠纷，依法属于行政诉讼的受案范围。

C. 甲某有权提起行政诉讼，请求确认公安局的行政行为违法，并请求国家赔偿，法院应当受理。

D. 丙某还款是基于合法的债权债务关系，乙公司有权保留款项，无须退还。

3. 下列说法中正确的是：

A. 行政诉讼仅审查行政行为的合法性，不审查行政行为是否合理。

B. 行政机关作出行政处罚应当依照法律规定的步骤、顺序进行，否则属于程序违法。程序违法严重，对行政相对人的重要程序性权利产生实质损害的，人民法院判决撤销或者部分撤销，并可以判决行政机关重新作出行政行为。

C. 在行政诉讼中，被告应当在收到起诉状副本之日起十日内向人民法院提出答辩状。

D. 被告不提出答辩状的，不影响人民法院审理

参考答案：1. BCD 2. BC 3. BD

任务二 交 换 证 据

一、任务清单

序号	任务内容	组织形式	工作成果	评价方式
1	按照法律规定准备并提交证据及证据目录。	以小组为单位	证据及证据目录	指导教师+小组互评

二、评价标准

序号	考核项目	分值
1	行政诉讼证据及交换证据的概念	5
2	原告、第三人提交证据的时间	10
3	被告提交证据的时间	10
4	被告的举证责任	15
5	原告、第三人的举证责任	10
6	证据的种类	10
7	证据的特点	10
8	证据的标准	15
9	证据目录	15
总计		100

三、知识技能链接

行政诉讼证据，是指在行政诉讼中用以证明案件事实的一切材料。证据问题是行政诉讼的核心问题，行政诉讼的全部活动实际上都是围绕证据的搜集和运用进行的。证据是用以证明行政行为合法与否的根据，同时也是法官还原案件全貌、认定案件事实、作出裁判的重要依据。行政诉讼法及司法解释对原告、第三人、被告提交证据的时间均作出明确规定，当事人应当在法定期限内提交证据，否则应当承担不利后果。《适用解释》第三十八条规定："对于案情比较复杂或者证据数量较多的案件，人民法院可以组织当事人在开庭前向对方出示或者交换证据，并将交换证据清单的情况记录在卷。当事人在庭前证据交换过程中没有争议并记录在卷的证据，经审判人员在庭审中说明后，可以作为认定案件事实的依据。"

(一)提交证据的时间

1. 原告、第三人提交证据的时间

《适用解释》第三十五条规定："原告或者第三人应当在开庭审理前或者人民法院指定的交换证据清单之日提供证据。因正当事由申请延期提供证据的，经人民法院准许，可以在法庭调查中提供。逾期提供证据的，人民法院应当责令其说明理由；拒不说明理由或者理由不成立的，视为放弃举证权利。原告或者第三人在第一审程序中无正当事由未提供而在第二审程序中提供的证据，人民法院不予接纳。"第三十六条第一款规定："当事人申请延长举证期限，应当在举证期限届满前向人民法院提出书面申请。"上述规定了原告应当在开庭审理前或法院指定的交换证据清单之日提交证据，并规定了原告申请延期举证的情形、要求，以及逾期举证的法律后果。

《行政诉讼法》第四十一条规定："与本案有关的下列证据，原告或者第三人不能自行收集的，可以申请人民法院调取：（一）由国家机关保存而须由人民法院调取的证据；（二）涉及国家秘密、商业秘密和个人隐私的证据；（三）确因客观原因不能自行收集的其他证据。"第四十六条第一款规定："原告或者第三人确有证据证明被告持有的证据对原告或者第三人有利的，可以在开庭审理前书面申请人民法院责令行政机关提交。"上述规定确定了原告或第三人向人民法院申请调查取证、责令行政机关提交证据的具体要求。

2. 被告提交证据的时间

《行政诉讼法》第六十七条第一款规定："人民法院应当在立案之日起五日内，将起诉状副本发送被告。被告应当在收到起诉状副本之日起十五日内向人民法院提交作出行政行为的证据和所依据的规范性文件，并提出答辩状。人民法院应当在收到答辩状之日起五日内，将答辩状副本发送原告。"根据该规定，被告应当在收到起诉状副本之日起十五日内向人民法院提交作出行政行为的全部证据。应当注意，被告不提供或者无正当理由逾期提供证据的，视为被诉行政行为没有相应的证据。同时，被告提供的证据应当是在行政程序中已经收集的证据，被告不得在行政诉讼过程中自行向原告、第三人和证人收集证据。

《行政诉讼法》第三十六条规定："被告在作出行政行为时已经收集了证据，但因不可抗力等正当事由不能提供的，经人民法院准许，可以延期提供。原告或者第三人提出了其在行政处理程序中没有提出的理由或者证据的，经人民法院准许，被告可以补充证据。"《适用解释》第三十四条规定："根据行政诉讼法第三十六条第一款的规定，被告申请延期提供证据的，应当在收到起诉状副本之日起十五日内以书面方式向人民法院提出。人民法院准许延期提供的，被告应当在正当事由消除后十五日内提供证据。逾期提供的，视为被诉行政行为没有相应的证据。"第三十六条第一款规定："当事人申请延长举证期限，应当在举证期限届满前向人民法院提出书面申请。"根据上述规定，被告有申请补充证据、延期举证的权利。申请补充证据的前提是，原告或者第三人提出了其在行政处理程序中没有提出的理由或者证据的，且被告补充证据得到人民法院准许的。申请延期举证，指被告有权在举证期限届满前向人民法院书面申请延期举证，人民法院准许的，适当延长举证期限。当被告在作出行政行为时已经收集了证据，但因不可抗力等正当事由不能提供的，被告有权在收到起诉状副本之日起十五日内以书面方式向人民法院申请延期提供证据，人民法院准许延期提供的，被告应当在正当事由消除后十五日内提供证据。

（二）举证责任的分配

行政诉讼举证责任，是指行政法律规定由特定的当事人对特定的事项承担举证证明其主张成立的责任，举证不能的将承担败诉或其他不利后果。

1. 被告的举证责任

《行政诉讼法》第三十四条规定："被告对作出的行政行为负有举证责任，应当提供作出该行政行为的证据和所依据的规范性文件。被告不提供或者无正当理由逾期提供证据，视为没有相应证据。但是，被诉行政行为涉及第三人合法权益，第三人提供证据的除外。"第三十七条规定："原告可以提供证明行政行为违法的证据。原告提供的证据不成立的，不免除被告的举证责任。"第四十条规定："人民法院有权向有关行政机关以及其他组织、公民调取证据。但是，不得为证明行政行为的合法性调取被告作出行政行为时未收集的证据。"根据上述规定,在行政诉讼中,应当由被告对其行政行为符合法律规定承担举证责任,举证的范围不仅包括证据,还包括行政行为所依据的规范性文件。同时,原告不能举证的,不免除被告的举证责任,法院也不能调取被告作出行政行为时未收集的证据以证明行政行为的合法性。上述规定确立了行政诉讼中被告负有举证证明行政行为符合法律规定的举证责任倒置的规则,该规则明显区别于民事诉讼中"谁主张,谁举证"的举证规则。

2. 原告、第三人的举证责任

《行政诉讼法》第三十八条规定:"在起诉被告不履行法定职责的案件中,原告应当提供其向被告提出申请的证据。但有下列情形之一的除外:(一)被告应当依职权主动履行法定职责的;(二)原告因正当理由不能提供证据的。在行政赔偿、补偿的案件中,原告应当对行政行为造成的损害提供证据。因被告的原因导致原告无法举证的,由被告承担举证责任。"《适用解释》第四十七条规定:"根据行政诉讼法第三十八条第二款的规定,在行政赔偿、补偿案件中,因被告的原因导致原告无法就损害情况举证的,应当由被告就该损害情况承担举证责任。"根据上述规定,行政诉讼举证责任倒置规则并非代表原告没有举证责任。在原告起诉被告不履职案件中,原告应当举证证明其向被告提出了要求被告履职的申请,但是被告应当主动履职或原告有正当理由不能提供证据的除外。同时,在行政赔偿、补偿的案件中,原告应当对其遭受的损害提供证据。但是因被告原因导致原告无法举证的除外。

(三)提交证据的内容

1. 证据的种类

《行政诉讼法》第三十三条规定:"证据包括:(一)书证;(二)物证;(三)视听资料;(四)电子数据;(五)证人证言;(六)当事人的陈述;(七)鉴定意见;(八)勘验笔录、现场笔录。以上证据经法庭审查属实,才能作为认定案件事实的根据。"根据上述规定,行政诉讼中证据的种类共有八种,当事人提交的证据材料应当符合法律关于证据种类及形式的规定。同时,证据不等同于定案证据,证据只有经过庭审过程,经过当事人举证、质证,并经法院查证属实后才可作为定案证据,定案证据才是法官认定案件事实、作出裁判的根据。

2. 证据的特点

《行政诉讼法》第四十二条规定:"能够反映案件真实情况、与待证事实相关联、来源和形式符合法律规定的证据,应当作为认定案件事实的根据。"根据该规定,行政诉讼证据应当具备真实性、合法性、关联性三个特点,实践中常简称为"证据三性"。当事人在举证时应当对证据的三性分别进行审查,以确保向人民法院提交的证据是符合法律规定的。

3. 证据的标准

在我国三大诉讼中,对于民事诉讼适用高度盖然性证据标准,及刑事诉讼中适用排除合理怀疑证据标准,基本没有太大分歧。但对于行政诉讼应当采取何种证据标准,我国行政诉讼法及司法解释未作出明确规定。行政诉讼法及诸多行政实体法一般要求行政主体作出行政行为的证据是确凿的,但相关规定又未对证据确凿进行明确界定。

按照学理和实践的通说观点,行政案件中证据的证明标准并不是固定不变的,而是根据行政行为的类型、行政案件的性质及对当事人权益影响的大小等因素而具体确定。我国行政诉讼所采用的证据标准主要有四种,证明程度由低到高依次为:合理根据标准、高度盖然性标准、明显优势证据标准、排除合理怀疑标准。结合案件的具体情况一般认为,当行政主体在情况紧急状态下需要作出即时性的行政行为时,主要适用证明程度最低的合理根据标准;当行政主体处理行政协议案件,或者由平等民事主体之间的纠纷所引发的行政裁决案件等与民事案件性质相类似的行政案件时,主要适用高度盖然性标准;当行政主体要作出例如限制人身自由、数额巨大的行政处罚、责令停产停业或限制从业资格等严重影响行政相对人的人身权利、财产权利的行政行为时,主要适用证明标准最高的排除合理怀疑标准;而对于其他绝大多数行政案件而言,主流观点认为应当采取明显优势证据标准这一高于民事诉讼但低于刑事诉讼的证明标准。因此,当事人在举证时应当根据行政行为的具体情况确定证据的证明标准,进而确定应当提交的证据的内容。

4. 证据目录

《最高人民法院关于行政诉讼证据若干问题的规定》第十九条规定:"当事人应当对其提交的证据材料分类编号,对证据材料的来源、证明对象和内容作简要说明,签名或者盖章,注明提交日期。"根据该规定,当事人应当制作证据目录,证据目录应当对证据分类编号,简要说明证据来源、证明对象和证明内容。证据目录应当由当事人签名或盖章并注明提交日期。

☞ **文书样例**

证 据 目 录

序号	证据名称	证据来源和证明对象	证明内容	页码
1				
2				
3				
4				
5				

提交人:×××(盖章)

提交日期:××××年××月××日

☞ **案例文书**

证 据 目 录

序号	证据名称	证据来源和证明对象	证明内容	页码
1	工伤认定申请表及材料清单	来源于原告	被告于××××年××月××日收到原告提交的工伤认定申请材料	1-3

续表

序号	证据名称	证据来源和证明对象	证明内容	页码
2	裁决书及一、二审民事判决书	来源于劳动争议仲裁委员会及人民法院	裁决书、判决书中确认原告与××公司不存在劳动关系，未确定××公司有违法分包、转包、发包等情形，不符合工伤认定要求。	4-30
3	送达回证	被告	被告依法向原告送达了《工伤认定申请不予受理决定书》	31

提交人：A区人力资源和社会保障局（盖章）
提交日期：××××年××月××日

☞ **文书样例**

×××人民法院

举证通知书

（××××）×行×字第××号

×××：

根据《中华人民共和国行政诉讼法》《最高人民法院关于行政诉讼证据若干问题的规定》（以下简称《证据规定》）的有关规定，现将有关举证事项通知如下：

一、你应当在收到起诉状副本之日起十五日内，提供据以作出被诉行政行为的全部证据和所依据的规范性文件。不提供或者无正当理由逾期提供证据，将视为被诉行政行为没有相应证据。

因不可抗力或者客观上不能控制的其他正当事由，不能在前述规定的期限内提供证据的，应当在收到起诉状副本之日起十五日内向人民法院提出延期提供证据的书面申请。人民法院准许延期提供的，应当在正当事由消除后十日内提供证据。逾期提供的，将视为被诉行政行为没有相应证据。

二、你认为原告起诉超过法定期限，应当承担举证责任。原告或者第三人提出其在行政程序中没有提出的反驳理由或者证据的，经人民法院准许，你可以在第一审程序中补充相应的证据。

三、在诉讼过程中，你与你的诉讼代理人不得自行向原告、第三人和证人收集证据。

四、你可按照《证据规定》的要求，提供书证、物证、视听资料、电子数据、证人证言、鉴定意见、现场笔录、在中华人民共和国领域外形成的证据以及外文书证或者视听资料等证据材料。证据涉及国家秘密、商业秘密或者个人隐私的，应当作出明确标注，并向法庭说明，由法庭予以审查确认。

向人民法院提供证据，应当对提交的证据材料分类编号，对证据材料的名称、证明对象和内容作简要说明，签名或者盖章，注明提交日期，并依照对方当事人人数提出证据清单。

五、申请人民法院调取证据的，应当在举证期限内提交调取证据申请书。调取证据申请书应写明证据持有人的姓名或名称、住址等基本情况，写明拟调取证据的内容以及申请调取证据的原因及其要证明的案件事实。

在证据可能灭失或者以后难以取得的情况下，可以向人民法院申请保全证据。申请保全证据，应当在举证期限届满前以书面形式提出，并说明证据的名称和地点、保全的内容和范围、申请保全的理由等事项。

申请保全证据，应向法院提供相应的担保。

六、你认为人民法院委托的鉴定部门作出的鉴定意见存在《证据规定》第三十条规定的情形，可以申请重新鉴定。

如果你对需要鉴定的事项负有举证责任，在举证期限内无正当理由不提出鉴定申请、不预交鉴定费用或者拒不提供相关材料，致使对案件争议的事实无法通过鉴定结论予以认定的，你将对该事实承担举证不能的法律后果。

七、申请证人出庭作证的，应当在举证期限届满前提出。经申请，人民法院可以就证人能否正确表达意志进行审查或者交由有关部门鉴定。

你提供的证人、鉴定人因出庭作证或者接受询问而支出的合理费用，由你先行支付，由败诉一方当事人承担。

八、对当事人无争议，但涉及国家利益、公共利益或者他人合法权益的事实，人民法院有权要求你提供或者补充有关证据。

九、在人民法院组织交换证据程序中，你应向对方出示或者交换证据。

十、你如果有伪造、隐藏、毁灭证据或者提供虚假证明材料，妨碍人民法院审理案件的，指使、贿买、胁迫他人作伪证或者威胁、阻止证人作证的行为之一的，人民法院可以根据情节轻重，予以训诫、责令具结悔过或者处一万元以下的罚款、十五日以下的拘留，也可以对你主要负责人或者直接责任人员予以罚款、拘留；构成犯罪的，依法追究刑事责任。如果对处罚决定不服，可以向作出决定的人民法院申请复议。

×××人民法院
××××年××月××日

【说明】
本通知书适用于一审诉讼程序。

☞ 案例文书

A区人民法院

举证通知书

(2020) ×行初字第100号

A区人力资源和社会保障局：
根据《中华人民共和国行政诉讼法》《最高人民法院关于行政诉讼证据若干问题的

规定》(以下简称《证据规定》)的有关规定,现将有关举证事项通知如下:

一、你应当在收到起诉状副本之日起十五日内,提供据以作出被诉行政行为的全部证据和所依据的规范性文件。不提供或者无正当理由逾期提供证据,将视为被诉行政行为没有相应证据。

因不可抗力或者客观上不能控制的其他正当事由,不能在前述规定的期限内提供证据的,应当在收到起诉状副本之日起十五日内向人民法院提出延期提供证据的书面申请。人民法院准许延期提供的,应当在正当事由消除后十日内提供证据。逾期提供的,将视为被诉行政行为没有相应证据。

二、你认为原告起诉超过法定期限,应当承担举证责任。原告或者第三人提出其在行政程序中没有提出的反驳理由或者证据的,经人民法院准许,你可以在第一审程序中补充相应的证据。

三、在诉讼过程中,你与你的诉讼代理人不得自行向原告、第三人和证人收集证据。

四、你可按照《证据规定》的要求,提供书证、物证、视听资料、电子数据、证人证言、鉴定意见、现场笔录、在中华人民共和国领域外形成的证据以及外文书证或者视听资料等证据材料。证据涉及国家秘密、商业秘密或者个人隐私的,应当作出明确标注,并向法庭说明,由法庭予以审查确认。

向人民法院提供证据,应当对提交的证据材料分类编号,对证据材料的名称、证明对象和内容作简要说明,签名或者盖章,注明提交日期,并依照对方当事人人数提出证据清单。

五、申请人民法院调取证据的,应当在举证期限内提交调取证据申请书。调取证据申请书应写明证据持有人的姓名或名称、住址等基本情况,写明拟调取证据的内容以及申请调取证据的原因及其要证明的案件事实。

在证据可能灭失或者以后难以取得的情况下,可以向人民法院申请保全证据。申请保全证据,应当在举证期限届满前以书面形式提出,并说明证据的名称和地点、保全的内容和范围、申请保全的理由等事项。

申请保全证据,应向法院提供相应的担保。

六、你认为人民法院委托的鉴定部门作出的鉴定意见存在《证据规定》第三十条规定的情形,可以申请重新鉴定。

如果你对需要鉴定的事项负有举证责任,在举证期限内无正当理由不提出鉴定申请、不预交鉴定费用或者拒不提供相关材料,致使对案件争议的事实无法通过鉴定结论予以认定的,你将对该事实承担举证不能的法律后果。

七、申请证人出庭作证的,应当在举证期限届满前提出。经申请,人民法院可以就证人能否正确表达意志进行审查或者交由有关部门鉴定。

你提供的证人、鉴定人因出庭作证或者接受询问而支出的合理费用,由你先行支付,由败诉一方当事人承担。

八、对当事人无争议，但涉及国家利益、公共利益或者他人合法权益的事实，人民法院有权要求你提供或者补充有关证据。

九、在人民法院组织交换证据程序中，你应向对方出示或者交换证据。

十、你如果有伪造、隐藏、毁灭证据或者提供虚假证明材料，妨碍人民法院审理案件的，指使、贿买、胁迫他人作伪证或者威胁、阻止证人作证的行为之一的，人民法院可以根据情节轻重，予以训诫、责令具结悔过或者处一万元以下的罚款、十五日以下的拘留，也可以对你主要负责人或者直接责任人员予以罚款、拘留；构成犯罪的，依法追究刑事责任。如果对处罚决定不服，可以向作出决定的人民法院申请复议。

A 区人民法院
2020 年 9 月 20 日

四、知识技能检测

1. 甲某与乙某发生口角，甲某殴打乙某面部，经公安机关委托鉴定，鉴定意见为乙某的面部损伤构成轻微伤。公安机关对甲某作出行政拘留十日并处五百元罚款的行政处罚决定。甲某不服，向法院提起诉讼，公安机关向法院提交笔录、证人证言、现场照片、鉴定意见等作为证据。下列说法中正确的是：（　　）

A. 现场照片是书证。

B. 笔录中无当事人签名确认的，不具有法律效力。

C. 鉴定意见应当由鉴定人员签名以及鉴定机构盖章。

D. 甲某对笔录合法性有异议的，可以要求公安机关制作笔录的人员出庭作证。

2. 镇政府以甲某房屋为违法建筑为由，责令甲某限期五日内改正，但甲某未在五日内改正。第六日，镇政府便在甲某不在场的情况下，强制拆除了案涉房屋，且未对房屋内物品清点造册记载和妥善保管，造成房屋内物品毁损殆尽。甲某对强制拆除行为不服，向法院提起诉讼，下列说法中正确的是：（　　）

A. 甲某未在责令改正期限内自行整改，镇政府的强制拆除行为合法。

B. 甲某若主张国家赔偿，则应对其损害情况提供证据，举证不能的，法院应当驳回甲某的诉讼请求。

C. 镇政府主张强制拆除合法的，应当提供相应证据及规范性文件予以证明。

D. 甲某可以对镇政府强拆行为违法进行举证，举证不能的，不免除镇政府的举证责任。

3. 下列说法中错误的是：（　　）

A. 原告以被告不履行法定职责为由提起诉讼的，原告必须提交其曾经申请被告履职的证据，否则法院应当驳回原告的诉请。

B. 被告应当对其行政行为符合法律规定进行举证，被告不进行举证的，法院为查明案件事实，可以依职权调取证据以证明行政行为的合法性。

C. 原告以被告行政处罚没有事实依据为由提起诉讼，被告可以在诉讼过程中向新的证人制作笔录，以证明原告存在违法事实。

D. 被告无正当理由拒绝提供证明其行政行为符合法律规定的证据，即使第三人提交证据，亦应当视为被告没有相应证据。

参考答案：1. AC　2. CD　3. ABCD

任务三　庭前与当事人沟通

一、任务清单

序号	任务内容	组织形式	工作成果	评价方式
1	庭前与当事人沟通，确保庭审顺利进行。	以小组为单位	庭前沟通记录	指导教师+小组互评

二、评价标准

序号	考核项目	分值
1	确定出庭人员	40
2	在法定期限内提交材料	40
3	告知开庭时间并携带证据原件	20
总计		100

三、知识技能链接

代理律师应当在庭前与当事人进行充分沟通，在法定期限内提交证据、答辩状、规范性文件、当事人身份证明及委托手续等材料，确定出庭人员，携带证据原件，以确保案件庭审顺利进行。沟通过程中，应尽量采取书面形式，例如短信、微信、网络邮件、书面信函等，并对沟通记录予以保存。

(一) 确定出庭人员

《适用解释》第四十四条规定："人民法院认为有必要的，可以要求当事人本人或者行政机关执法人员到庭，就案件有关事实接受询问。在询问之前，可以要求其签署保证书。保证书应当载明据实陈述、如有虚假陈述愿意接受处罚等内容。当事人或者行政机关执法人员应当在保证书上签名或者捺印。负有举证责任的当事人拒绝到庭、拒绝接受询问或者拒绝签署保证书，待证事实又欠缺其他证据加以佐证的，人民法院对其主张的事实不予认定。"根据该规定在人民法院认为有必要的情形下，当事人本人或者行政机关执法人员应当到庭，否则应当承担不利后果。当人民法院没有相关要求时，原告、第三人为自然人的，其本人无需亲自到场，其可委托一至两名诉讼代理人出庭；原告、第三人为法人或其他组织的，除法定代表人或负责人可以自主决定是否出庭外，还可委托一至两名诉讼代理人出庭。

《行政诉讼法》第三条第三款规定："被诉行政机关负责人应当出庭应诉。不能出庭的，应当委托行政机关相应的工作人员出庭。"《适用解释》第一百二十八条规定："行政诉讼法第三条第三款规定的行政机关负责人，包括行政机关的正职、副职负责人以及其他参与分管的负责人。行政机关负责人出庭应诉的，可以另行委托一至二名诉讼代理人。行政机关负责人不能出庭的，应当委托行政机关相应的工作人员出庭，不得仅委托律师出庭。"第一百二十九条规定："涉及重大公共利益、社会高度关注或者可能引发群体性事件等案件以及人民法院书面建议行政机关负责人出庭的案件，被诉行政机关负责人应当出庭。被诉行政机关负责人出庭应诉的，应当在当事人及其诉讼代理人基本情况、案件由来部分予以列明。行政机关负责人有正当理由不能出庭应诉的，应当向人民法院提交情况说明，并加盖行政机关印章或者由该机关主要负责人签字认可。行政机关拒绝说明理由的，不发生阻止案件审理的效果，人民法院可以向监察机关、上一级行政机关提出司法建议。"第一百三十条规定："行政诉讼法第三条第三款规定的'行政机关相应的工作人员'，包括该行政机关具有国家行政编制身份的工作人员以及其他依法履行公职的人员。被诉行政行为是地方人民政府作出的，地方人民政府法制工作机构的工作人员，以及被诉行政行为具体承办机关工作人员，可以视为被诉人民政府相应的工作人员。"根据上述规定，被诉行政机关不得仅委托律师参加诉讼，行政机关的负责人应当出庭，或者委托相应的工作人员出庭。在涉及重大公共利益、社会高度关注或者可能引发群体性事件等案件以及人民法院书面建议行政机关负责人出庭的案件中，被诉行政机关的负责人应当出庭。

(二)在法定期限内提交材料

根据《行政诉讼法》及司法解释的规定，原告、第三人应当在法定期限内提交证据；被告应当在法定期限内提交证据、规范性文件和答辩状。若存在延期举证、申请人民法院调查取证、申请人民法院责令行政机关提交证据的，亦应当在法定期限内提交相关书面申请书。当事人应诉的，除原告在起诉立案时已经向人民法院提交了当事人身份证件等材料外，被告、第三人(为法人或组织时)应当提交组织资格证明、法定代表人身份证复印件、法定代表人身份证明；第三人为自然人的应当提交身份证复印件。当事人委托诉讼代理人出庭的，还应当提交诉讼代理人的委托手续。上述材料中，由当事人出具的，均应由当事人签名或盖章。

由于在一般情况下，行政主体对公章使用的管理较严格，需要经过审批才能使用，因此，应当与被告沟通提交材料的法定期限，以确保在期限届满前能够完成盖章等审批流程，并按时提交给法院。提交材料可以到法院现场提交，一般应当直接交给法官或法官指定的助理、书记员。部分法院有专门接收材料的窗口，亦可按照法院要求交由窗口转递。提交材料亦可使用邮寄方式，邮寄时应当交由国家邮政机构即中国邮政邮寄，法院有其他明确要求的除外。使用邮寄方式的，应当在邮寄时保留邮寄凭证，邮寄凭证中应当载明寄件人、收件人、内装文件详情等信息。快递签收后，应当在中国邮政官网查询快递送达信息并予以保存，必要时还可向邮政部门申请快递回执单。

(三)告知开庭时间并携带证据原件

在法院确定开庭时间后,应当及时通知当事人的出庭人员并告知其携带身份证原件,以确保庭审时应到人员准时出庭。由于一般情况下,证据原件均由当事人自行保存。故出庭前应当告知当事人携带证据原件出庭,以备其他当事人质证及人民法院查验使用。若原告、第三人仅委托诉讼代理人出庭的,则诉讼代理人应当在开庭前取得证据原件,并携带进行开庭。庭后及时归还给原告、第三人。在诉讼代理人与当事人交接证据时,应当以书面形式确定交接证据的名称及数量,必要时制作证据交接清单并由当事人签名或盖章并注明取得和归还的时间。

四、知识技能检测

1. 下列说法中正确的是:(　　)

A. 行政诉讼法要求被诉行政机关的负责人应当出庭应诉。

B. 行政机关的负责人不能出庭的,必须向人民法院提交情况说明。

C. 被诉行政机关负责人不能出庭的,应当委托行政机关相应的工作人员出庭。

D. 行政机关相应的工作人员是指该工作人员必须是该行政机关的工作人员。

2. 下列说法中正确的是:(　　)

A. 被诉行政机关负责人出庭应诉的,应当提交行政机关出具的授权委托书。

B. 行政机关不得仅委托律师出庭应诉。

C. 人民法院书面建议行政机关负责人出庭的案件,被诉行政机关负责人有正当理由不能出庭应诉的,应当向人民法院提交情况说明,并加盖行政机关印章或者由该机关主要负责人签字认可。

D. 被诉行政机关负责人无正当理由不能出庭应诉的,人民法院可以向监察机关、上一级行政机关提出司法建议

3. 下列关于《行政诉讼法》第三条规定的被诉行政机关负责人应当出庭应诉说法中正确的是:(　　)

A. 符合依法行政的基本要求。

B. 能够较好地解决告官不见官的问题。

C. 有利于实质性化解行政纠纷。

D. 有利于增强行政主体依法行政的意识,提高执法水平。

参考答案:1. AC　2. BCD　3. ABCD

项目四 参与庭审

☞ **项目描述表**

项目名称	参与庭审		学时建议	4
项目描述	参与出庭，参加法庭调查，提供专业的法律意见和辩论意见，休庭后根据庭审的具体情况，原告律师可以征求原告意见代理其向法庭提出撤诉申请。被告律师可以征求被告是否变更、撤销或部分撤销行政行为，并及时告知法庭。			
课程思政	培养实事求是，尊重客观事实的法治理念。通过参与庭审，让学生感受到我国公正高效权威的司法制度。			
任务描述	任务一：参加法庭调查 任务二：参与法庭辩论 任务三：休庭后的工作			
学习内容	1. 起草庭审要点清单； 2. 庭审期间就庭审涉及的事项发表意见； 3. 申请撤诉； 4. 撰写变更、撤销或部分撤销被诉行政行为的决定或意见。			
学习目标	知识目标	1. 准备庭审要点等法律材料； 2. 熟悉举证、质证和庭审等程序规定，熟悉撤诉、变更等法律规定； 3. 为客户解释说明庭审情况并代为撤诉、或撤销、变更被诉具体行政行为。		
	能力目标	1. 顺畅完成庭审环节； 2. 把握参与庭审的方法和技巧； 3. 完成庭审要点、证据目录等法律材料的准备。		
	素养目标	1. 培养全面为当事人考虑的职业道德； 2. 树立尊重客观事实的行为准则； 3. 培养依法维权的法治思维。		
资源配备	教学场地	行政诉讼模拟实训室、模拟网络咨询软件。		
	学习资料	《行政诉讼法》《律师办理行政诉讼案件指引》等法律规范、庭审要点、撤诉意见、变更或撤销被诉行政行为的决定或意见等模板。		

项目四 参与庭审

续表

教学组织流程	1. 下发任务单； 2. 明确学习目标和评价标准； 3. 按任务单要求独立或合作完成； 4. 教师、专家提供辅助指导。
学习评价建议	测评点： 1. 庭审要点、证据目录是否规范； 2. 撤诉意见、变更或撤销被诉行政行为的决定或意见是否规范。

任务一　参加法庭调查

一、任务清单

序号	任务内容	组织形式	工作成果	评价方式
1	制作庭审要点目录（包括法庭调查、法庭辩论）	以小组为单位	庭审要点目录	指导教师点评+小组互评

二、评价标准

项目排序	考核项目	分值
1	与当事人沟通庭审方案	10
2	程序规范	10
3	制作庭审要点目录（法庭调查）	20
4	遵守庭审规则	10
5	庭审期间完整准确地陈述事实和观点	20
6	围绕庭审焦点举证质证	20
7	出庭的基本礼仪	10
总计		100

禁止事项：如出现以下任意一项情况，考核为 0 份
1. 承诺包打赢官司；
2. 与当事人争执发生冲突；
3. 承诺低价收费；

4. 告知当事人自己与法院有关系,可以帮助当事人争取更多利益;

5. 告知当事人自己收的律师费很少一部分自己留下,大部分律师费用来给当事人疏通法院的关系;

6. 本来不用通过诉讼解决的事项,律师为了收费告知当事人必须通过诉讼方式解决;

7. 明示或者暗示当事人伪造证据。

三、知识技能链接

律师参加庭审调查,在举证、质证阶段,建议遵循法庭规则,举证和质证有条理、符合逻辑常识、符合法律事实证明的要求,对己方和对方证据的关联性、真实性和合法性的优势和弱势有充分了解。

(一)庭审调查前

律师出庭应熟悉并遵守法庭规则和法庭秩序,尊重法官,听从法庭指挥;法庭在核对当事人及其代理人身份时,律师有权针对对方当事人及其代理人的身份提出异议。法庭宣布案件受理、起诉状副本送达、被告提交证据材料和答辩状等程序性事宜后,律师有权对其中不符合法律规定之处提出异议;法庭未宣布上述程序性事宜的,律师有权提请法庭当庭宣布。

(二)庭审调查

1. 律师主要职责

代理律师如果认为需要法庭组成人员、书记员、鉴定人回避的,应代原告申请回避。

法庭调查开始后,原告代理律师可代为口头陈述或者宣读起诉状,陈述诉讼请求、事实和理由。

根据法庭询问,原告代理律师可代为陈述被诉具体行政行为作出和有关行政法律文书送达时间、申请复议的时间和内容、复议决定的内容和送达时间、提起诉讼的时间。

原告代理律师要积极参与法庭调查,仔细听取对方的发言,以便进一步了解案情。原告陈述和回答法庭询问后,代理律师应当进行补充陈述,着重说明双方争议的焦点和委托方所持理由及其正确性、合法性。

被告代理律师应根据法庭的询问,就被告作出的被诉行政行为,陈述下列内容:(1)行政行为的名称、文号、内容、作出的行政机关、作出的时间及有关送达情况;(2)被告的职权依据;(3)被告的行政执法程序及依据;(4)被告所认定的事实;(5)行政行为所适用的法律;(6)被告行政执法的目的;(7)法庭认为与被诉行政行为有关的其他问题或事实。

在法庭调查过程中,律师应认真记录,做好质证、发问的准备,完善庭前准备的各项工作。律师对涉及关键事实和问题的陈述、举证、质证、发问时,应注意控制语速,便于书记员准确记录。

2. 律师举证规则

在举证过程中,代理律师应准备证据清单。原告律师应对原告证明义务事项、被告代理律师应对《行政诉讼法》有关行政行为合法性要求的规定,分别逐个或以归类形式出示证据材料或依据,并说明该证据的名称、证据来源、取证时间、地点、取证人员及用以证明的事实。

原告律师与被告代理律师就开庭审理前已向人民法院履行原告证明义务的事项，行政行为是否合法的证据材料及法律依据，应当单独复制备齐一组，于法庭调查期间当庭出示，经法院转交对方当事人进行质证。

法庭已经组织过庭前证据交换的，原告律师及被告代理律师仍应将上述证据原件在法庭调查过程中出示；法庭以当事人当庭列举的证据材料或者陈述为准；律师出示证据时应作举证说明，向法庭陈述所出示证据的客观情况；尤其涉及被告行政行为合法性的证据，通常事实证据较多，建议被告律师分组举证，便于法院审理，也便于归纳争议焦点。

3. 律师质证规则

（1）质证范围

证据以质证为原则，不质证为例外。证据应当在法庭上出示，并经庭审质证，未经庭审质证的证据，不能作为定案的依据。当事人在庭前证据交换过程中没有争议并记录在卷的证据，经审判人员在庭审中说明后，法庭可以直接认定的事实：①在庭审中一方当事人或者其代理人在代理权限范围内对另一方当事人陈述的案件事实明确表示认可的，人民法院可以对该事实予以认定，但有相反证据足以推翻的除外；②自然规律和定理；③众所周知的事实、按照法律规定推定的事实、已经依法证明的事实、根据日常生活经验法则推定的事实、已为人民法院生效法律文书确认的事实等，但是当事人有相反证据足以推翻的除外。

当事人申请人民法院调取的证据，由申请调取证据的当事人在庭审中出示，并由当事人质证。人民法院依职权调取的证据，由法庭出示，并可就调取该证据的情况进行说明，听取当事人意见。

（2）质证程序规则

代理律师需积极主动、适时地申请审判长对对方当事人、证人、鉴定人发问，或经法庭许可，律师可以向证人、鉴定人及其他诉讼参与人发问，查清事实真相。律师应就与被诉行政行为是否合法以及该具体行政行为是否侵犯原告或者第三人合法权益有关的问题发问。发问受到法庭制止时，律师应尊重法庭的决定，调整问题或者发问方式，或表明发问的必要性和关联性。律师相互发问，或者向证人、鉴定人、勘验人发问时，发问的内容应当与案件事实有关联，不得采用引诱、威胁、侮辱等语言。

在法庭调查及质证过程中才发现的证据疑问，律师可以申请重新鉴定、勘验，要求补充证据，必要时可以申请中止或延期审理。但被告代理律师对被告提供的证据一般不宜申请重新鉴定、勘验和要求补充证据。

质证一般分组质证，当然也可以逐一质证。

（3）不同证据的质证要点

第一，书证、物证和视听资料的举证、质证要点。对书证、物证和视听资料进行举证、质证时，当事人应当出示证据的原件或者原物。但有下列情况之一的除外：①出示原件或者原物确有困难并经法庭准许可以出示复制件或者复制品；②原件或者原物已不存在，可以出示证明复制件、复制品与原件、原物一致的其他证据。视听资料应当当庭播放或者显示，并由当事人进行质证。

第二，电子数据的举证、质证要点。

①电子数据的真实性审查。在具体的实践审判中，对电子数据的真实性的审查判断，一方面必须结合相关当事人，例如输入人、发送人、接收人的陈述进行审查，以辨明真伪；另一方面还要依赖于专家的鉴定结论，以及计算机的数据分析报告。在审查时应从电子证据的生成环节、存储环节、传送环节、收集环节、已经是否被修改过等环节着重把握，其中在电子证据的生成环节，重点审查作为电子证据是怎样形成的；在电子证据的传送与接收环节，要重点审查传递电子数据的网络运营商是否公正、独立，传递、接收电子证据时所用的技术手段或方法是否可靠，电子数据的内容是否被改变，电子数据在传递过程中有无加密措施等；在电子证据的存储环节，重点审查作为电子数据是怎样存储的：如存储电子数据的介质是否可靠、电子数据是由哪方保存、存储电子数据时是否加密等；在电子证据的收集环节，要注重审查和区分电子证据的收集主体，分析电子证据收集者与本案有无利害关系。同时应注重对证据的综合认定，注意把握电子证据同其他证据之间的关系，如果电子证据能够与其他证据不互相矛盾，或电子证据之间能够相互佐证，那么可确认该电子证据的效力。

②电子数据的关联性审查。对于关联性的认定标准，一般没有明确的规定，司法实践中往往依靠法官的生活常识、审判经验、逻辑推理等进行考证，若该电子证据的出现明显比没有该证据存在更能证明案件事实，则可判断该电子证据与该案件事实存在关联性，予以采纳。

③电子证据的合法性审查。证据的合法性，要求证据必须是按照法律的规定和法定程序取得的事实材料。合法性是证据的本质属性之一，没有合法性，证据材料便不能转换为证明案件事实的证据。

☞ **实例点拨**

在牛××与A市人力资源和社会保障局工伤认定一案中，因牛××与用工单位之间虽不存在书面劳动合同，但存在事实上的劳动合同关系，因此，原告牛××的代理律师需要出示其在实际工作中通过电子邮件、电子数据交换、网上聊天记录、手机短信、电子签名或通话录音等形成或者存储在电子介质中的信息，呈现其真实的用工事实方面的证据。被告针对原告上述证据，应着力从电子数据的真实性和关联性进行质证，说明电子数据无法证明原告与用工单位之间存在事实上的劳动关系，因此，被告某人力资源和社会保障局需要仔细查看电子数据原始载体、数据形成方式、电子证据内容的完整性及电子数据中各方之间存在的利害关系，必要时可根据司法部关于印发《声像资料司法鉴定执业分类规定》的通知司规〔2020〕5号文件的相关规定，针对电子证据的真实性向法庭提交鉴定申请。

第三，证人证言的质证要点。

①证人出庭作证要求。凡是知道案件事实的人，都有出庭作证的义务。有下列情形之一的，经人民法院准许，当事人可以提交书面证言：当事人在行政程序或者庭前证据交换期间对证人证言无异议；证人由于行动不方便而不能到庭；证人由于路途遥远、交通不便而不能到庭，证人由于自然灾害及其他不可抗力或其他意外事件而不能出庭的。

②证人资格。不能正确表达意志的人不能作证。根据当事人申请，人民法院可以就证

人能否正确表达意志进行审查或者交由有关部门鉴定。必要时，人民法院也可以依职权交由有关部门鉴定。

③申请证人作证期限。当事人代理律师申请证人出庭作证的，应当在举证期限届满前提出，并经人民法院许可。人民法院准许证人出庭作证的，应当在开庭审理前通知证人。当事人在庭审过程中要求证人出庭作证的，法庭可以根据审理案件的具体情况，决定是否准许。

☞ **实例点拨**

在牛××与A市人力资源和社会保障局工伤认定一案中，事故发生时间为4月3日下午3点左右；事故发生地点位于某市建筑工程有限公司承包的某某社区居民委员会某家园（3号地块）天然气建设施工项目中21号楼2层4室安装天然气现场，某市建筑工程有限公司存在将项目违法分包给自然人张××，张××招用牛××入职从事天然气安装工程施工的事实行为；事故发生原因为牛××在接管过程中，梯子侧倒，导致牛××从梯子上摔下受伤；事故发生后施救措施为：张××将牛××送至某人民医院住院治疗。在上述事件处理过程中，张××作为现场目击证人、牛××的招聘负责人、施工项目违法承包人，对法院查明案件事实具有关键性作用，张××与某市建筑工程有限公司之间存在违法分包事实，案件的处理结果将直接影响二者之间的权利义务负担问题，因此，牛××代理律师应当在举证期限届满前向法庭提交申请证人出庭作证申请书，提供证人准确的个人身份信息、联系方式，并积极地与法庭沟通证人张××对案件审理的重要性，征得人民法院许可后，由人民法院在开庭审理前通知证人参加庭审程序。被告A市人力资源和社会保障局对上述证人证言质证时，应重点询问证人是否为现场直接目击证人、对牛××与张××、某市建筑工程有限公司之间存在事实劳动关系是通过哪种方式获知的、对张××、某市建筑工程有限公司之间是否存在违法分包行为是如何获知的、证人与牛××之前是否认识以及证人与牛××之间是什么关系等核心问题进行提问。

④申请执法人员作证。有下列情形之一，原告或者第三人律师可以要求相关行政执法人员作为证人出庭作证：对现场笔录的合法性或者真实性有异议的；对扣押财产的品种或者数量有异议的；对检验的物品取样或者保管有异议的；对行政执法人员的身份的合法性有异议的；需要出庭作证的其他情形。

实践中容易出现问题的情形：

第一，对现场笔录的合法性或者真实性有异议的。在实践中，制作笔录时往往只有一名行政执法人员。在诉讼过程中，原告或者第三人对行政执法人员制作现场笔录的合法性或真实性提出异议，就形成一对一的证据，在没有其他证据补充的情况下，很难使法官内心产生确信。这里需要注意两个问题：一是该项规定没有对原告或第三人提出异议的条件作出限制，也就是说，即允许原告或第三人在没有任何合理理由的情况下，要求行政执法人员出庭作证。二是法庭在对执法人员询问时，应当围绕原告或者第三人认为合法性或真实性有异议的问题进行。询问时要特别注意有关细节问题，作出认定判断时，要注意行政执法人员对细节问题的回答是否前后一致。

第二，对扣押财产的品种或者数量有异议的。在审判实践中，有些被告向法庭提供的清单上没有当事人的签名,由此导致原告或者第三人对扣押财产的品种、数量产生争议。此种情况下,要求行政相对人出庭作证,有利于法官查明案件事实的真相,作出公正的判决。法庭在进行质证时一是要重点审查行政相对人没有在清单上签字的原因,二是要查清有无第三者在场,若有第三者在场,应将第三者与原、被告的陈述对照、分析。

第三,对行政执法人员身份的合法性有异议的。在行政执法实践中,行政机关基于某种需要委托或者雇佣非行政机关工作人员实施行政机关管理活动,从而导致行政行为被确认违法。原告或者第三人对行政执法人员身份的合法性提出异议,法庭要求该行政执法人员出庭作证,有利于法庭查清其身份的合法性。在庭审中,法庭就行政执法人员的身份是否合法问题,对行政执法人员进行质证时,应当要求其陈述其所在工作单位、职务、是否经过被告行政机关的授权等问题,并可以要求其向法庭提供有关行政执法方面的证件。

⑤证人作证要件。证人出庭作证时,应当出示证明其身份的证件。法庭应当告知其诚实作证的法律义务和作伪证的法律责任。出庭作证的证人不得旁听案件的审理,在作证前不得进入法庭,法庭询问证人时,其他证人不得在场,但组织证人对质的除外。证人应当陈述其亲历的具体事实。证人根据其经历所作的判断、推测或者评论,不能作为定案的依据。

⑥鉴定人出庭作证。当事人代理律师要求鉴定人出庭接受询问的,鉴定人应当出庭。鉴定人因正当事由不能出庭的,经法庭准许,可以不出庭,由当事人对其书面鉴定结论进行质证。鉴定人不能出庭的正当事由,参照证人出庭作证的规定对于出庭接受询问的鉴定人,法庭应当核实其身份、与当事人及案件的关系,并告知鉴定人如实说明鉴定情况的法律义务和故意作虚假说明的法律责任。

对被告在行政程序中采纳的鉴定结论,注意原告或者第三人提出证据证明有下列情形之一的,人民法院不予采纳:鉴定人不具备鉴定资格;鉴定程序严重违法;鉴定结论错误、不明确或者内容不完整。

⑦专业人员出庭说明。对被诉具体行政行为涉及的专门性问题,当事人律师可以向法庭申请由专业人员出庭进行说明,由法庭决定其是否可以作为专业人员出庭。允许出庭后法庭可以组织专业人员进行对质;当事人对出庭的专业人员是否具备相应专业知识、学历、资历等专业资格等方面有异议的,可以进行询问。专业人员可以对鉴定人进行询问。

合议庭调查核取的证据及委托鉴定部门所作的鉴定结论,由审判长指定合议庭成员当庭宣读。

对证人证言、鉴定人或者专业人员的质证,律师最好关注3~5个重点问题,询问重点不要过多;同时充分利用对己方有利的证人证言、鉴定人或者专业人员意见展开质证,并尽可能将对方相关人员出庭作证的意见和说明为己方所用。

(4)质证方式

根据《证据规定》,质证方式有四类,出示或者播放、发问、对质和说明。

(5)质证规则

律师可对对方当事人及其代理人出示的证据材料,围绕其关联性、合法性和真实性,并针对证据有无证明效力以及证明效力大小,进行质证。

①关联性

证据关联性，又称证据的相关性，是证据的基本属性(或称基本特征)之一。证据的关联性是证据适格的基础性条件，关联性是证据进入诉讼的第一道"门槛"。即证据只有具有关联性，才能在法庭上进一步审查其合法性、真实性及其证明效力。

对于案情比较复杂、证据材料比较多的案件，当事人律师可以提议，将证据关联性判断放在庭审前的证据交换阶段进行。

②合法性

证据合法性，主要指证据形式、证据收集和运用合法。

律师应当根据案件的具体情况，从以下方面审查证据的合法性：证据是否符合法定形式；证据的取得(方式和手段)是否符合法律、法规、司法解释和规章的要求，收买证人、胁迫证人取得的证据，行政机关"钓鱼执法"所取得证据属于违法证据；是否有影响证据效力的其他违法情形。

③真实性

律师应当根据案件的具体情况，从以下方面审查证据的真实性：证据形成的原因(来源)；发现证据时的客观环境；证据是否为原件、原物，复制件、复制品与原件、原物是否相符；提供证据的人或者证人与当事人是否具有利害关系(动机因素)；影响证据真实性的其他因素。

对于证人证言真实性的判断。存在合理性差异的证言不损害其真实性，而高度相同的证言应谨慎对待；多次重复证言，应当优先选择首次证言；完全对立的证言，应当兼顾证人和当事人的亲疏关系以及其他因素来认定其证明力。

需要注意法庭审理阶段的举证、质证和辩论是系统关联的，不能人为割裂。

☞ **实例点拨**

在牛××与A市人力资源和社会保障局工伤认定一案中，证人张××与某市建筑工程有限公司之间存在违法分包建筑工程的事实，张××基于保护自身合法权益的考虑，可能会出现拒绝出庭作证或证言与客观真实相悖的情形，在这种情形下，牛××的诉讼代理人需要给予当事人至少提供以下建议：1.事发后，第一时间让张××出具事发经过的书面证明；2.通过发送手机短信、微信交流等方式让张××确认其与某建筑工程有限公司之间分包案涉施工项目的事实；3.收集事发时，与牛××共同施工的在场其他工友出具的事发经过、施工项目所属承包单位等信息的书面证明。通过对上述相关证据的搜集、固定，避免证人张××出现拒绝出庭作证、证言不真实等意外情形的发生，影响牛××的举证责任。

(6)证据排除规则

第一，下列证据材料不能作为定案依据：

①严重违反法定程序收集的证据材料；

②以偷拍、偷录窃听等手段获取侵害他人合法权益的证据材料；

③以利诱、欺诈、胁迫、暴力等不正当手段获取的证据材料；

④当事人无正当事由超出举证期限提供的证据材料；

⑤在中华人民共和国领域以外或者在中华人民共和国香港特别行政区、澳门特别行政

区和台湾地区形成的未办理法定证明手续的证据材料；

⑥当事人无正当理由拒不提供原件、原物又无其他证据印证，且对方当事人不予认可的证据的复制件或者复制品；

⑦被当事人或者他人进行技术处理而无法辨明真伪的证据材料；

⑧不能正确表达意志的证人提供的证言；

⑨不具备合法性和真实性的其他证据材料。

以违反法律禁止性规定或者侵犯他人合法权益的方法取得的证据，不能作为认定案件事实的依据。

第二，被告在行政程序中依照法定程序要求原告提供证据，原告依法应当提供而拒不提供，在诉讼程序中提供的证据，人民法院一般不予采纳。

第三，下列证据不能作为认定被诉具体行政行为合法的依据：

①被告及其诉讼代理人在作出具体行政行为后或者在诉讼程序中自行收集的证据；

②被告在行政程序中非法剥夺公民、法人或者其他组织依法享有的陈述、申辩或者听证权利所采用的证据。

③原告或者第三人在诉讼程序中提供的、被告在行政程序中未作为具体行政行为依据的证据。

④复议机关在复议程序中收集和补充的证据，或者作出原具体行政行为的行政机关在复议程序中未向复议机关提交的证据，不能作为人民法院认定原具体行政行为合法的依据。

第四，下列证据不能单独作为定案依据：

①未成年人所作的与其年龄和智力状况不相适应的证言；

②与一方当事人有亲属关系或者其他密切关系的证人所作的对该当事人有利的证言，或者与一方当事人有不利关系的证人所作的对该当事人不利证言；

③应当出庭作证而无正当理由不出庭作证的证人证言；

④难以识别是否经过修改的视听资料；

⑤无法与原件、原物核对的复制件或者复制品；

⑥经一方当事人或者他人改动，对方当事人不予认可的证据材料；

⑦其他不能单独作为定案依据的证据材料。

(7)证据证明效力规则

第一，最佳证据规则。证明同一事实的数个证据，其证明效力一般可以按照下列情形分别认定：

①国家机关以及其他职能部门依职权制作的公文文书优于其他书证；

②鉴定结论、现场笔录勘验笔录档案材料以及经过公证或者登记的书证、其他书证、视听资料和证人证言；

③原件、原物优于复制件、复制品；

④法定鉴定部门的鉴定结论优于其他鉴定部门的鉴定结论；

⑤法庭主持勘验所制作的勘验笔录优于其他部门主持勘验所制作的勘验笔录；

⑥原始证据优于传来证据；

⑦其他证人证言优于与当事人有亲属关系或者其他密切关系的证人提供的对该当事人有利的证言;

⑧出庭作证的证人证言优于未出庭作证的证人证言;

⑨数个种类不同、内容一致的证据优于一个孤立的证据;

⑩以有形载体固定或者显示的电子数据交换电子邮件以及其他数据资料,其制作情况和真实性经对方当事人确认,或者以公证等其他有效方式予以证明的,与原件具有同等的证明效力。

第二,自认规则。一方当事人就对方当事人主张的对自己不利的事实或者证据作出明确的承认,并产生法律效果的行为。

①在庭审中一方当事人或者其代理人在代理权限范围内对另一方当事人陈述的案件事实明确表示认可的,人民法院可以对该事实予以认定。但有相反证据足以推翻的除外。

②在行政赔偿诉讼中,人民法院主持调解时当事人为达成调解协议而对案件事实的认可,不得在其后的诉讼中作为对其不利的证据。

③在不受外力影响的情况下,一方当事人提供的证据,对方当事人明确表示认可的,可以认定该证据的证明效力;对方当事人予以否认,但不能提供充分的证据进行反驳的,可以综合全案情况审查认定该证据的证明效力。

④原告确有证据证明被告持有的证据对原告有利,被告无正当事由拒不提供的,可以推定原告的主张成立。

(三)注意事项

1. 法庭调查阶段,原告律师应注意事项

在核实证据是否真实、可靠时应注意:首先是经鉴定的证据是否由法定鉴定部门作出,如果不是,律师可提异议,或应由人民法院指定的部门鉴定。其次是被告是何时取得的证据。行政机关应先取证后决定。原告代理律师应考虑被告方的证据是不是具体行政行为作出后所取得的证据。最后,原告代理律师应该根据法庭调查中的新情况或有变化的情况,随时修改、完善自己的代理意见。

2. 关于证据举证,被告律师应注意事项

(1)经合法传唤,因被告无正当理由拒不到庭而需要依法缺席判决的,被告提供的证据不能作为定案的依据,但当事人在庭前交换证据中没有争议的证据除外。

(2)涉及国家秘密、商业秘密和个人隐私或者法律规定的其他应当保密的证据,不得在开庭时公开质证。

(3)间接证据不宜作为认定事实的主要证据。

☞ **实例点拨**

在牛××与A市人力资源和社会保障局工伤认定一案中,作为被告方诉讼代理人至少需要注意以下几点:1. A市人力资源和社会保障局作出《工伤认定申请不予受理决定书》的法律依据中对"无法提供劳动关系证明材料"是否有明确、列举性规定?2. 牛××提供的证据是否能够直接证实某建筑工程有限公司为事发地案涉施工项目的承包方?3. 牛××提供的证据是否能够直接证实某建筑工程有限公司与张××之间存在违法分包事实？4. 牛××提供的证据是否能够直接证实某建筑工程有限公司为牛××发放工资，系用工单位？

3. 关于法定程序，被告律师应注意的事项

（1）不宜错误适用留置送达。注意留置送达的法定要件，当面送达当事人不接受的情形下才适用留置送达。

（2）行政机关听证前告知的行政决定理由、依据和结果，不应与最终发生法律效力的行政决定理由、依据和结果存在差异。

4. 律师可以向法庭提出，在质证过程中对与案件没有关联的证据材料，应予排除（说明理由）。在质证过程中，律师可以申请补充证据，法庭准许的，对补充的证据仍应进行质证。法庭对经过庭审质证的证据，除确有必要外，一般不再进行质证。

5. 针对其他当事人或代理人威逼性、诱导性发问、带答案前提的发问或者与本案无关的发问，律师有权提出反对意见。

6. 关于证据出示，律师应注意的事项

（1）证据出示的视觉效果比听觉效果相对较好；

（2）心理学研究表明，人的记忆有"首位效应"和"临近效应"的特点，法官可能对开头和结尾的记忆深刻，质证过程中首尾出示的证据令人印象相对深刻，所以最有力的、最有利的证据优先出示或者放在最后出示。

7. 建议律师注意信息化背景下，法庭审理方式的变化包括举证质证方式等方面的变化。

☞ **文书样例**

庭审要点目录

1. 关键证据索引
2. 辩论提纲
3. 与案件核心争议焦点问题相关的法律及裁判观点
4. 对方的明显薄弱点
5. 关键性问题的重点提示

制作要点：

第一，关键证据索引。对于新证据、双方争议较大的证据、能直接驳斥对方观点的有力证据等，均可在发言要点中精确标注索引位置，如某方证据某项，多少页第几条，还可以贴标签的形式突出提示，避免庭审中在众多材料里翻找证据的情况。

☞ **实例点拨**

在牛××与A市人力资源和社会保障局工伤认定一案中，作为原告方诉讼代理人，应将有关牛××在工作时间、工作场所内、因工作原因受伤的证据制作成证据目录，对每

一份证据的证据来源、证明目的进行列举,并标注页码,以便庭审时针对法庭总结的争议焦点进行针对性的陈述和举证。

序号	证据名称	证据来源	证明目的	原件/复印件	页码
1	牛××身份证复印件	牛××	证明原告的诉讼主体资格	复印件	1
2	A市人力资源和社会保障局《不予受理决定书》	A市人力资源和社会保障局	证明A市人力资源和社会保障局作出的具体行政行为存在,且侵害了原告合法权益	原件	2
3	张××证人证言及身份证复印件,或工友证人证言、牛××受伤地点照片	张××	证明牛××在工作时间、工作地点,因工作原因受伤住院治疗的客观事实,符合工伤认定的情形	原件	3-4
4	工资支付凭证、工牌、考勤打卡记录、牛××张××微信聊天记录、通话录音等证据	牛××	证明牛××与某建筑工程有限公司、张××之间存在事实上的劳动用工关系	原件	5-9
5	某医院住院病案、医疗费发票等书证	某医院	证明牛××受伤时间、受伤原因及住院诊疗经过	原件	10-15

第二,辩论提纲。法庭辩论的顺序是先原告发言,之后再被告发言。在准备辩论提纲时需要按照这个顺序,先起草我方观点,再预设对方可能的反驳,再是对对方的反驳进行的反驳。归纳为如下表达公式"表达我方观点+列举我方优势+驳斥对方观点+列举对方劣势"。

法庭辩论注意事项:一是使用口语表达;二是表达形式上,需语速适中、口齿清晰,且尽量脱稿;三是善于控制情绪。

第三,与案件核心争议焦点问题相关的法律及裁判观点。如有指导性案例、该院或上级法院既往有利判例,可考虑在庭审中向法庭强调。

☞ **实例点拨**

在牛××与A市人力资源和社会保障局工伤认定一案中,争议焦点问题主要是以下几点:1. A市人力资源和社会保障局作出《不予受理决定书》是否有事实根据和法律依据? 2. 牛××要求A市人力资源和社会保障局受理并作出工伤认定受理决定书是否有事实根据和法律依据?因此,针对以上可能出现的争议焦点问题,作为原告方牛××的诉讼代理人需要针对牛××与某建筑工程有限公司或张××之间是否存在劳动关系、牛××摔伤事件是否构成工伤等关键性问题,结合现有诉讼证据材料,搜索支撑牛××主张事实的法律依据,并通过中国裁判文书网搜索相关司法判例,将可能出现的争议焦点问题整理成一份书面代理方案,避免出现庭审口述中的疏忽,导致代理律师作出对己方不利的陈述。

第四,对方的明显薄弱点。向法庭展示对方请求中法律或事实上的薄弱点,是影响裁判者心证的重要机会,思考角度包括但不限于:对方的主张在哪些方面缺乏事实支撑、对方哪些行为或潜在商业意图能够证明其缺乏诚信、是否存在对方无法给出合理解释的不利事实等。

☞ **实例点拨**

在牛××与 A 市人力资源和社会保障局工伤认定一案中,A 市人力资源和社会保障局以牛××不符合《工伤保险条例》第十八条规定,无法提供劳动关系证明材料为由,作出《工伤认定申请不予受理决定书》,在这个环节,某建筑工程有限公司承包了某某社区居民委员会某家园(3号地块)天然气建设施工项目,并将项目违法分包给自然人张××,平时都是实际施工人张××对劳动者牛××进行管理,牛××与某建筑工程有限公司、张××之间未签订任何书面劳动合同,往往很难直接认定劳动者与发包单位之间存在劳动关系。《最高人民法院关于审理工伤保险行政案件若干问题的规定》第三条第一款第四项、第二款之规定,社会保险行政部门认定下列单位为承担工伤保险责任单位的,人民法院应予支持:用工单位违反法律、法规规定将承包业务转包给不具备用工主体资格的组织或者自然人,该组织或者自然人聘用的职工从事承包业务时因工伤亡的,用工单位为承担工伤保险责任的单位;前款第(四)项明确的承担工伤保险责任的单位承担赔偿责任或者社会保险经办机构从工伤保险基金支付工伤保险待遇后,有权向相关组织、单位和个人追偿。因此,根据上述法律规定,牛××需要尽可能多地提供某建筑工程有限公司与张××存在违法转包案涉建筑工程、牛××为某建筑工程有限公司提供事实劳动及薪资发放情况等方面的证据,比如:工资支付凭证、工牌、考勤打卡记录、微信工作群聊天截图、工友的证人证言、项目施工进度公示图等证据,将搜集到的一系列间接证据形成一套完整的证据链条,证实牛某华为某建筑工程有限公司提供劳动,某建筑工程有限公司作为用工单位应依法承担工伤保险责任的事实,实现反驳 A 市人力资源和社会保障局单纯形式审查导致的事实认定错误问题。

第五,关键性问题的重点提示。对于部分逻辑链较为复杂,或在表态上须有所收放的案件,庭审口述中的疏忽可能导致律师作出对己方不利的陈述,对该类案件可在发言要点中明确提示逻辑链以及关键性表态中的禁止和注意事项。

四、知识技能检测

1. 证据出示注意事项,说法正确的有( )。

A. 证据材料为物证的,一般应提供原物。

B. 证据材料为书证的,应当提供原件。提供原件确有困难的,可以提交复制件、影印件、副本、节录本等。

C. 证据材料为检查笔录及鉴定结论的,应当提供原件。

D. 证据材料为视听资料的,应当提交未被剪辑、加工过的原始资料。

2. 质证环节应该注意事项说法正确的有( )

A. 对原告提交的证据质证时,应注意审查该证据在被告作出行政行为时,原告是否向被告提交、提示;

B. 以一般质证规则,从合法性、真实性、关联性对原告证据发表质证意见。

C. 庭审开始前,若能将完整的书面质证意见提交法庭,庭审陈述时仅表达重点内容或补充意见,可大幅提高庭审效率。

D. 法庭质证过程中,对与案件没有关联的证据材料,应予排除并说明理由。

参考答案:1. ABCD;2. ABCD

任务二　参加法庭辩论

一、任务清单

序号	任务内容	组织形式	工作成果	评价方式
1	参加法庭辩论	以小组为单位	代理词	指导教师点评+小组互评

二、评价标准

项目排序	考核项目	分值
1	与当事人沟通庭审方案	10
2	诉讼技能、遵守纪律、出庭仪容	10
3	程序规范	10
4	制作庭审要点目录(法庭辩论)	10
5	梳理完整的法律依据	10
6	庭审期间完整准确地陈述事实和观点	20
7	庭审期间清晰完整发表辩论意见	20
8	出庭的基本礼仪	10
总计		100

三、知识技能链接

在法庭庭审调查阶段结束以后,进入法庭辩论阶段,法庭辩论与法庭调查不可割裂,在法庭辩论基于法庭调查,法庭调查阶段的举证、质证,证据材料是否可以作为证据,以及证据证明效力,是法庭辩论的事实内容,建议律师根据庭审调查阶段证据的举证质证调整辩论内容。辩论一般围绕行政行为合法性问题或者原告起诉条件等诉讼程序问题展开。

(一)法庭辩论实务操作

审判长宣布法庭辩论前,法庭可能会对案件事实调查中当事人之间对事实认识的一致之处和争点作简要归纳，法庭一般要求当事人围绕行政主体行为的合法性以及庭审争点进行辩论，按被告及诉讼代理人、原告及诉讼代理人、第三人及诉讼代理人的发言顺序。

一般由举证方当事人先发言，行政诉讼主要审查行政行为合法性，一般由被告方当事人和诉讼代理人先发言，再由原告方当事人和诉讼代理人发言，然后双方辩论，当主张赔偿、行政合同等问题成为争点时，由原告方当事人和诉讼代理人先发言，再由被告方当事人和诉讼代理人发言，然后双方辩论；如果有第三人参与诉讼的，在原告、被告发言以后进行发言。

行政诉讼与民事诉讼不同之处在于，在辩论过程中，当事人双方主要围绕行政行为合法性或者原告起诉条件等主题进行辩论。行政主体作为的，主要从以下方面法庭辩论：行政行为是否具有相应的职权或者超越职权；适用法律法规是否正确；主要证据是否确实充分；是否违反法定程序；是否滥用职权或者行政处罚显失公正；行政主体不作为的，主要从以下方面法庭辩论：原告是否提出过申请或者要求（但被告依据职权应当主动作为除外）原告的申请和要求是否符合法定要件；被告是否具有行政义务；被告是否存在不予答复、拖延履行行政义务的事实；被告不予答复、拖延履行行政义务的理由。

当然，建议根据具体情况，在服从审判人员指挥下，主要就案件争论点问题展开辩论。

1. 分析案件焦点、准备辩论提纲

根据行政诉讼法关于行政行为合法性审查的要点，代理律师宜从事实和证据适用法律、法定程序合法、是否超越和滥用职权等方面（包括程序上原告起诉条件），根据具体案件的特点准备辩论提纲。

2. 合理心理调节等

法庭辩论适度的紧张是正常的，也有利于辩论的发挥。代理律师应当清楚，辩论的发挥好坏与否，主要取决于在辩论前诉讼准备工作是否充分细致有效，包括熟悉案情、研究法律法规、归纳争点、收集证据、组织证据举证和质证等方面，诉讼准备工作充分细致有效与否，其实基本决定了法庭辩论效果，也可能决定是否能够说服法官支持己方观点。另外，律师着装等外表形象是否给人稳重、严谨和可信等印象，也可能影响辩论效果，在此不再赘述。

3. 辩论语言

律师发表代理意见应重事实，讲法理，有良好的文化修养和风度，尊重对方的人格。一是语言符合事实，发言不脱离证据事实，观点和陈述要有事实根据，不说无事实根据的观点，否则自己的观点缺乏可信度；二是语言简单明了，不宜隐晦难懂，便于法庭、当事人和对方代理人理解；三是语言力求雅，不宜粗俗。

4. 辩论发言

律师的辩论发言，应围绕被诉具体行政行为是否合法以及法庭调查中出现的争议焦点进行，从认定事实、证据证明力、法定程序、法律适用等不同方面进行分析，阐明观点、陈述理由。

辩论发言应做到的基本要求。一是音量足够（根据审判庭大小等情形），口齿清晰，重点论述部分能够放慢语速，提高音量，便于让法庭、当事人和旁听人员听明白己方发言观点。二是发言组织严谨,富有层次和逻辑性,观点清楚(建议发言开始就摆明观点),论证有力(有相关证据、常识等证实),观点富有说服力。三是尽量脱稿发言,与对方当事人和全场有目光的沟通,留意全场听众对自己发言的反映,便于根据情况调整发言内容和方式。四是善于使用肢体语言,在口头发言同时,有手势和其他道具(书证、物证等)配合,加深听众对己方观点的印象。五是论证浅显易懂,如果庭审时间相对较长,在乏味、冗长的氛围中,人的注意力开始下降;发言可以适当使用比喻、类比和小故事等形式,避免语言枯燥无味,如同官方外交辞令,隐喻、明喻和故事使道理浅显明白,令人理解深刻,使听众明了己方所要表达的观点,增加己方观点的说服力。

5. 说服法官

律师辩论不仅从法律事实角度,另外还可以从情理、人性角度,增加己方发言的说服力,律师的主要目标是说服法官,而法官既听取原告起诉也听取被告答辩,然后依据事实和法律公平衡量,法官职业上处于中立、理性和公平位置,但法官又与普通人一样(如具有同情心),无疑,一般情形下,从法律规定和事实认定角度辩论,自然是说服法庭的基本方式,从情理、人性角度辩论,有时会收到意外效果,如在法律规定滞后社会发展,行政机关行政处罚明显不当时,代理律师不宜法律工具主义,宜从社会危害性、人性和情理角度展开辩论,说服法官接受己方观点。

从原告角度,原告在行政诉讼中相对是弱势一方,但也存在情理上的优势,发言宜从情理等角度打动法官,能够让法官在情理上同情弱势一方;从被告律师角度,在陈述行政行为合法性同时,可以补充说明被告行政行为对社会的价值和意义,以及说明不采取行政行为(撤销或者确认违法)对社会的危害。对此,最高院在《座谈会纪要》明确规定,人民法院在解释和适用法律时,应当妥善处理法律效果与社会效果的关系,既要严格适用法律规定和维护法律规定的严肃性,确保法律适用的确定性、统一性和连续性,又要注意与时俱进,注意办案的社会效果,避免刻板僵化地理解和适用法律条文,在法律适用中维护国家利益和社会公共利益。

庭审以后,代理律师应整理己方的观点,尽快完成书面代理词递交法庭,便于法庭参考,提交后书面代理词,一方面可以补充律师在庭审中遗漏的观点或者论据;另一方面便于法庭参照。代理词写作应简单明了,重点突出,论证充分,尽量不超过3页,以利于法官节约时间,了解己方观点。

☞ **文书样例**

代 理 词

尊敬的审判长、审判员:

根据《中华人民共和国××诉讼法》第××条第×款第×项的规定,我接受本案原告(或被告)×××的委托(或经×××人民法院指定),(并由××律师事务所指派)担任×××的诉讼代理人,出庭参与诉讼活动。开庭前,我查阅了本案的卷宗材料,开展了调查,走访了证人,和被代理人进行了多次交谈,获得了充分的事实材料和证据。今天又出席了庭审调查，对本案有了较全面的了解。我认为……（提出对本案的基本看法），理由如下（或不提对本案基本看法，直接书写"现就本案争议事实，发表代理意见如下："）

……（具体写明代理意见）

综上所述，根据《中华人民共和国××法》第×条第×款之规定，请求人民法院……（或以上代理意见，提请合议庭在合议时予以充分考虑。）

诉讼代理人：×××
××××年××月××日

制作要点

代理词是对案件所有前期的总结，一般对于法院法官来讲，因为时间有限，案件积累的缘故，都是案件要开庭了，法官才会看到卷宗翻阅，并不会有深入的了解。所以，代理律师应在庭审后向法院提交一份总结性的文书，即代理词，让法官可以全面分析案件，以找到对自己有利的证据和结论。

那么，律师在撰写代理词时要注意什么呢？

1. 根据案件具体情况，抓住争执点，鲜明地提出代理意见，并围绕这一观点从多角度、多侧面展开论证。要从事实、证据、法理、逻辑等多方面进行分析。

2. 立足于事实和法律，针对实质性委托，进行准确、详尽而深入的剖析，支持其诉讼请求。

3. 代理词应当随着诉讼进程不断修改、充实和完善，注意及时吸收新出现的情况，弥补庭审过程中的漏洞。

4. 代理词的语言应当生动、简练、论点明确，逻辑性强；客观、全面，重点突出；通俗易懂，用词恰当，又留有余地。

5. 代理词应表明己方立场以及可承受范围，便于法官在其自由裁量权内适当调整，避免诉累。

☞ **案例文书**

代 理 词

尊敬的审判长、审判员：

根据《中华人民共和国行政诉讼法》第三十一条规定，C律师事务所接受本案被告某人力资源和社会保障局的委托，指派我担任某人力资源社会保障局的诉讼代理人，出庭参与诉讼活动。现就本案争议事实，发表代理意见如下：

第一，关于被告作出的《不予受理决定》认定事实是否清楚、适用法律是否正确、程序是否合法的问题。

根据《工伤保险条例》第十八条第一款第二项"提出工伤认定申请应当提交下列材

料：……（二）与用人单位存在劳动关系（包括事实劳动关系）的证明材料……"及《某市工伤保险若干规定》第十四条"工伤认定申请有下列情形之一的不予受理：（一）未能提供与用人单位存在劳动关系（包括事实劳动关系）证明材料的"的规定，原告向被告申请工伤认定时，没有提供与用人单位存在劳动关系（包括事实劳动关系）的证明材料，在被告通知原告补充提交证明材料而原告仍未能补交的情况下，被告据此对原告的工伤认定申请作出不予受理决定，符合上述法律法规的规定。

第二，关于原告主张依据《关于确立劳动关系有关事项的通知》第四条、《人力资源社会保障部关于执行〈工伤保险条例〉若干问题的意见》第七条及《最高人民法院关于审理工伤保险行政案件若干问题的规定》第三条规定，被告应依法受理并作出工伤认定的问题。

首先，劳动和社会保障部《关于确立劳动关系有关事项的通知》第四条规定："建筑施工、矿山企业等用人单位将工程（业务）或经营权发包给不具备用工主体资格的组织或自然人，对该组织或自然人招用的劳动者，由具备用工主体资格的发包方承担用工主体责任"。原告认为应当依据该规定由第三人承担用工主体责任，但原告在第三人某建筑工程有限公司从事的天然气安装工程中，不具有焊接资格证，仅提供一些简单性劳务活动，故不适用上述规定。其次，《最高人民法院关于审理工伤保险行政案件若干问题的规定》第三条规定："社会保险行政部门认定下列单位为承担工伤保险责任单位的，人民法院应予支持：……（四）用工单位违反法律、法规规定将承包业务转包给不具备用工主体资格的组织或者自然人，该组织或者自然人聘用的职工从事承包业务时因工伤亡的用工单位为承担工伤保险责任的单位……"原告认为应当依据该规定由第三人承担工伤保险责任，但适用该条文应当以社会保险行政部门作出了关于"承担工伤保险责任单位"的认定为前提。而本案中被告并没有认定第三人为承担工伤保险责任单位，即适用该条文的前提条件尚未成就。

综上所述，原告要求被告受理并作出工伤认定，于法无据，依照《工伤保险条例》第十八条第一款第二项、《某市工伤保险若干规定》第十四条、《中华人民共和国行政诉讼法》第六十九条规定，请人民法院依法驳回原告牛××的诉讼请求。

诉讼代理人：张××
2020年10月9日

四、知识技能检测

以下法庭辩论技巧哪些是正确的？（　　）

A. 善于使用第一手材料。将经过反复查证属实的事实和证据，说得清楚、明白、具体，包括重要细节在内；

B. 善于引用法律条款。并要掌握其内涵和实质，以及与相关条款的内在联系；

C. 善于发现对方辩论中存在的矛盾之处，针锋相对地以子之矛，攻子之盾，使对方失去辩论的锐气和主动权。

D. 善于放松情绪。始终保持放松的情绪，而紧张对辩论是极不利的。
参考答案：ABCD

任务三　休庭后的工作

一、任务清单

序号	任务内容	组织形式	工作成果	评价方式
1	征求原告关于撤诉的意见，被告关于变更、撤销或部分撤销行政行为的意见	以小组为单位	询问笔录、撤诉申请书	指导教师+小组互评

（一）与当事人沟通庭审方案
（二）制作庭审要点目录

二、评价标准

项目排序	考核项目	分值
1	核对庭审笔录	20
2	提交代理词和申请补充证据	20
3	征求被告关于变更、撤销或部分撤销行政行为的意见	20
4	征求原告关于撤诉的意见	20
5	整理卷宗	20
总计		100

三、知识技能链接

律师参与法庭辩论、法庭休庭以后，不应认为律师一审程序代理工作已经全部结束，律师尚应妥善处理必要的后续工作，包括核对庭审笔录、提交代理词、征求被告意见和撤诉等代理工作。

（一）核对笔录

法院将根据庭审笔录的有关事实和当事人主张作出裁判。因此，律师应认真阅读法庭笔录，核对无误后签字；拒绝签名的，记明情况附卷；如有遗漏或者差错建议立即申请法庭予以补正。律师在法庭上的陈述和发言，不是日常生活的发言和陈述，而是具有法定效力的陈述，包括证据认证中的自认规则所拘束，律师在法庭上的发言和陈述是法庭裁判的认定事实和定案的依据。律师要认真阅读庭审笔录，不符合本人发言和陈述之处，自己或者建议书记员进行修改或者补充，并在庭审笔录修改和补充内容处签字确认。如果笔录中有记录对自己非常不利,也并非自己当庭所述内容,书记员又不同意修改,应及时与法官沟通,要求作出修改,如仍不修改,将不同意见及不同意修改的情况记录在笔录空白处。

(二)提交代理词和申请补充证据

律师应按法庭要求及时提交代理词。需要并且可以补充证据的,应在法庭指定的期限内提交。

(三)征求被告关于变更、撤销或部分撤销行政行为的意见

被告代理律师根据庭审的具体情况,可以征求被告是否对被诉具体行政行为作变更、撤销或部分撤销的意见。被告要求或者愿意对被诉具体行政行为作变更撤销或部分撤销的,律师应及时告知法庭,并附上被告变更撤销或部分撤销被诉具体行政行为的书面决定或意见。

☞ **文书样例**

某某律师事务所询问笔录

询问人(承办律师):

被询问人:

询问时间:××××年××月××日××时××分至××时××分

询问地点:某某律师事务所接待室

询问内容:

询问人(签名摁印):　　　被询问人(签名摁印):

日　期:　　年　月　日　　日　期:　　年　月　日

☞ **案例文书**

C 律师事务所询问笔录(用于征求当事人撤诉意见)

询问人(承办律师):张××

被询问人:牛××,男,汉族,1975 年 6 月 12 日出生,住 A 市 B 区华西路 256 号某小区 8 号楼三单元 202 室,公民身份号码:65025819750612****,联系方式:×××××××。

询问时间:××××年××月××日××时××分至××时××分

询问地点:C 律师事务所接待室

询问内容:

问:关于 A 市人力资源和社会保障局在庭下法庭调解过程中,明确表示愿意撤销其作出的××号《工伤认定申请不予受理决定书》,变更具体行政行为,重新作出《工伤认定申请受理决定书》一事,你是否同意?

答：我同意。

问：好的，如A市人力资源和社会保障局重新作出《工伤认定申请受理决定书》，你本次的诉求将能够得到实现，你是否同意向法院提交撤诉申请，以终结本次案件的审理？

答：我同意向法院提交撤诉申请。

问：好的，根据上述委托事项，我帮您起草了一份《撤诉申请书》，请您仔细查阅文书内容，如有异议可进行更正。

答：撤诉申请书的内容我看过了，没问题，可以提交，但是，该份撤诉申请书必须要在某人力资源和社会保障局已经作出《工伤认定申请受理决定书》后，向法院提交。

问：好的，我们明白了。你还有其他需要说的吗？

答：没有了。

问：好的，今天的询问到此结束，请查阅笔录内容，无误后签字。

答：好的，笔录内容我已看过，和我说的一致。

以下无正文！

询问人(签名摁印)：　　　被询问人(签名摁印)：

日期：　年　月　日　　日期：　年　月　日

(四)撤诉操作

撤诉包括两类，法院准许撤诉和视为撤诉。

1. 法院准许撤诉

原告申请撤诉或者被告改变具体行政行为并且得到原告同意，法院准许；被告改变被诉具体行政行为，原告申请撤诉，符合下列要件的，人民法院应当裁定准许：

(1)申请撤诉是当事人真实意思表示；

(2)被告改变被诉具体行政行为，不违反法律、法规的禁止性规定，不超越或者放弃职权，不损害公共利益和他人合法权益；

(3)被告已经改变或者决定改变被诉具体行政行为，并书面告知人民法院；

(4)第三人无异议；

人民法院对行政诉讼案件宣告判决或者裁定前，被告作出改变被诉具体行政行为的书面决定或意见后，原告代理律师应告知原告、并征求原告是否撤诉的意见。原告要求撤诉的，律师可以根据原告的书面请求代其向人民法院申请撤诉。

有下列情形之一的，属于被告改变被诉行政行为：

(1)改变被诉行政行为所认定的主要事实和证据；

(2)改变被诉行政行为所适用的规范依据且对定性产生影响；

(3)撤销、部分撤销或者变更被诉行政行为处理结果。

有下列情形之一的，可以视为被告改变被诉行政行为：(1)根据原告的请求依法履行法定职责；(2)采取相应的补救、补偿等措施；(3)在行政裁决案件中，书面认可原告与第三人达成的和解。

原告根据《行政诉讼法》第51条的规定申请撤诉的，人民法院对同时符合下列条件的撤诉申请应当作出准许撤诉的裁定：(1)出于原告的真实意愿；(2)没有违反法律、法规的规定，没有规避法律、法规的情形；(3)没有侵犯国家、集体、社会的公共利益或他人的合法权益。

2. 视为申请撤诉

原告经法庭两次合法传唤无正当理由拒不到庭或者虽到庭未经法庭同意中途退庭，视为申请撤诉。

☞ **文书样例**

撤诉申请书

　　申请人：姓名、性别、出生年月、民族、文化程度、工作单位、职业、住址。(如为单位，应写明单位名称、法定代表人姓名及职务、单位地址)

　　被申请人：姓名、性别、出生年月、民族、文化程度、工作单位、职业、住址。(如为单位，应写明单位名称、法定代表人姓名及职务、单位地址)

　　原起诉(或上诉)案号、撤诉理由：

　　此致
×××人民法院

申请人：(签名或者盖章)
年　月　日

☞ **案例文书**

撤诉申请书

　　撤诉人：牛××，男，汉族，1975年6月12日出生，住A市B区华西路256号某小区8号楼三单元202室，公民身份号码：65025819750612****。

　　委托代理人：张××，C律师事务所律师。

　　申请请求：

　　撤回你院(2020)×行初字100号牛某元诉A市人力资源和社会保障局工伤认定一案的起诉。

　　事实和理由：

　　牛××诉A市人力资源和社会保障局工伤认定纠纷一案，于×年×月×日诉至你院，你院已经受理。现A市人力资源和社会保障局已经对申请人改变被诉行政行为，故依据《行政诉讼法》第六十二条之规定向你院申请撤诉，请法院准许。

　　此致
A市B区人民法院

撤诉人：牛××(本人签字捺印)
2020年10月×日

(四)其他注意事项

1. 核对笔录不应超过期限。庭审笔录建议在当庭或者在庭审之后 5 日内阅读、核对、修改和补充。

2. 提交代理词不应超过期限。书面代理词建议在当庭或者在庭审之后 5 日内提交。

3. 原告律师不应自主撤诉。

律师应建议原告,谨慎作出撤诉决定。撤诉涉及当事人的诉权,一般情形下原告律师不宜自主决定撤诉,在撤诉前建议征求当事人意见,由当事人决定是否撤诉;由于《行政诉讼法》尚没有将法院协调结果的法律效力予以制度化,除非明确被告明确对改变行政行为等事项作出可信的让步承诺,不宜草率决定撤诉

申请撤诉不符合法定条件,或者被告改变行政行为后当事人不撤诉的,人民法院应当及时作出裁判。

四、知识技能检测

1. 休庭以后有关核对笔录说法正确的有( )。

A. 仔细核对庭审笔录,对笔录中记录的己方陈述要逐字逐句检查核对,有记录错误的地方,告知书记员,按照书记员的要求进行修改。

B. 如果确实庭审笔录漏记的内容太多,短时间无法补齐,经准许可庭后提交代理意见,但要备注在庭审笔录中,并及时提交。

C. 如果笔录中有记录对自己非常不利,也并非自己当庭所述内容,书记员又不同意修改,应及时与法官沟通,要求作出修改。

D. 如果最终法官不同意修改,代理律师需要将不同意修改的情况记录在笔录空白处。

2. 有关撤诉正确的选项是( )。

A. 书面申请当事人应当以书面形式向人民法院提出撤诉申请,并说明撤诉的理由和事实依据

B. 审查人民法院应当对当事人的撤诉申请进行审查,确定是否符合撤诉的条件

C. 裁定如果当事人的撤诉申请符合条件,准许当事人撤诉。如果当事人的撤诉申请不符合条件,驳回当事人的撤诉申请

D. 当事人可以在诉讼过程中随时申请撤诉。人民法院应当准许,但已经审理的部分,需要经过对方当事人同意或者人民法院裁定同意的除外

参考答案:1. ABCD;2. ABCD

项目五　上诉与申诉

☞ **项目描述表**

项目名称	上诉与申诉		学时建议	4
项目描述	上诉与申诉程序是原审程序的延续和发展，均是当事人对法院裁判文书不服启动的法律程序，其目的和宗旨均是为不服判决一方或是多方当事人通过上诉和申诉程序达到理想判决结果提供保障，具有程序正义和实体正义的双重目的，最终实现法律的公平正义。上诉和申诉相较于一审而言，针对性更强，上诉人或是申诉人应重点着眼于证据和事实的再梳理和组织，力图达到推翻违法的或是不正确的原一审裁判结果或者是已发生法律效力裁判结果的目的。			
课程思政	培养实事求是，尊重客观事实的法治理念。			
任务描述	任务一：办理上诉案件 任务二：办理申诉案件			
学习内容	1. 研判案件； 2. 撰写行政上诉状及承办上诉案件； 3. 申请撤诉； 4. 撰写申诉材料及承办申诉案件。			
学习目标	知识目标	1. 准备上诉、申诉材料； 2. 熟悉上诉、申诉程序；		
	能力目标	1. 顺利完成上诉； 2. 顺利完成申诉； 3. 把握上诉与申诉程序事务。		
	素养目标	1. 培养全面为当事人考虑的职业道德； 2. 树立尊重客观事实的行为准则； 3. 培养依法维权的法治思维。		
资源配备	教学场地	行政诉讼模拟实训室、模拟网络咨询软件。		
	学习资料	《行政诉讼法》《适用解释》		
教学组织流程	1. 下发任务单； 2. 明确学习目标和评价标准； 3. 按任务单要求独立或合作完成； 4. 教师、专家提供辅助指导。			
学习评价建议	测评点： 1. 代理上诉案件是否规范； 2. 代理申诉案件是否规范。			

任务一 上 诉

一、任务清单

序号	任务内容	组织形式	工作成果	评价方式
1	研判上诉案件	以小组为单位	识别上诉案件	指导教师+小组互评
2	按照行政上诉状的体例和格式等要求,结合相关案情,撰写行政上诉状。	以小组为单位	行政上诉状	指导教师+小组互评
3	提交上诉材料	以小组为单位	完成上诉材料提交	指导教师+小组互评

二、评价标准

序号	考核项目	分值
1	上诉人主体适格	10
2	上诉期限审查	10
3	上诉案件的可诉审查	20
4	上诉法院的审查	5
5	行政上诉状格式规范、结构清晰完整	30
6	上诉材料审查	10
7	上诉材料提交	10
8	上诉费提交	5
总计		100

三、知识技能链接

如果把起诉作为打官司的第一步的话,那么上诉无疑就是保护当事人权益的第二次机会。一审人民法院的行政裁判文书是一审行政诉讼活动中的一个终点,但在为数不少的行政诉讼案件中,一审人民法院作出法律裁判文书并非整个诉讼案件的终点,而是另外一个程序的起点。这一个程序就是二审程序,有的人也把二审程序称作上诉程序。上诉是从不服原一审裁判当事人的角度而言的诉讼行为,是启动法院一审向二审程序延伸的程序。

(一)能否启动上诉的判别

由于人民法院审理行政上诉案件是对原审人民法院的判决、裁定和被诉行政行为进行全面审查，故而代理上诉二审程序的律师或是代理人应全面审查、掌握委托人的行政案件情况，尤其是未参加一审诉讼程序直接担任二审程序代理的律师或代理人，应当及时向当事人全面了解案件情况。当事人要求或律师认为必要时，及时到人民法院查阅、复制或摘录一审案卷材料。掌握委托行政案件的基本情况后，我们依次对委托人的上诉资格、一审裁判类型、上诉期限、上诉法院等进行判别，最后确定该行政案件是否可以上诉，以及如何进行上诉等工作。

1. 委托人上诉资格的判别

行政诉讼的启动需要当事人的诉请方能启动，行政案件一审是基于原告的诉请开启，行政二审诉讼程序同样需要上诉人启动才会发生二审程序。上诉人与原告虽然都是启动法院诉讼程序的主体，但二者有着本质的区别。前面任务中已经介绍了行政案件原告的资格，一般是行政相对人或是与被诉行政行为具有利害关系的人。在二审程序中，上诉人的范围相较一审诉讼程序的原告大大拓宽。一般而言，上诉人可以是一审法院行政裁判文书中载明的原告、被告、共同诉讼人、部分第三人、诉讼代表人。在具体案件中，有的诉讼参与人虽然参与了一审诉讼程序，裁判文书上也体现了其诉讼身份，但其并无上诉权，这样的情况不在少数。有权提起上诉的必须是具有上诉权或依法可行使上诉权的人。以第三人为例，《行政诉讼法》第二十九条第二款规定，人民法院判决第三人承担义务或者减损第三人权益的，第三人有权依法提起上诉。因此，我们作为行政案件第三人的代理人对委托人是否具有上诉权进行判别时要特别注意，除了要识别是否为一审诉讼的当事人外，还应该审查拟提起上诉的人在一审判决中是否承担义务或减损权益，如果原一审判决没有判其承担义务或减损其权益，一般不具有诉的利益，是不能提起上诉的。

在实务中，如果上诉人是法人或者其他组织的，要注意审查其名称是否变更、法定代表人或者负责人是否变更等问题，如果存在变更情况，要注意听取变更后法定代表人的意见，并在处理上诉事务中加以重视和更新。

2. 一审裁判类型的判别

传统观念认为，无论一审裁判是否正确，只要当事人对裁判不服都可提起上诉。事实上并非如此，有的行政裁判可以提起上诉，有的则不能。人民法院审理一审行政案件作出的裁判文书主要分为两类：一类是行政判决书，一类是行政裁定书。针对两类文书的上诉规定并不一致。

(1)对于绝大多数一审行政判决，可以提起上诉。行政判决书是对案件实体性问题进行处理的法律文书。除最高人民法院作出的第一审判决之外，其他的一审判决均可提起上诉。

(2)对于绝大多数一审行政裁定，不可以提起上诉。行政裁定书是对程序性事项进行处理的法律文书，主要适用于不予立案、驳回起诉、管辖异议、终结诉讼、中止诉讼、移送或者指定管辖、诉讼期间停止行政行为的执行或者驳回停止执行的申请、财产保全、先予执行、准许或者不准许撤诉、补正裁判文书中的笔误、中止或者终结执行、提审、指令再审或者发回重审、准许或者不准许执行行政机关的行政行为等需要裁定的事项。相较于行政判决书，行政裁定书适用范围更广，处理事项内容多样。由于行政裁定书种类繁多，不是所有种类都可以提起上诉，因此对于行政裁定书是否可以上诉的判别特别重要。《适用解释》第一百零一条明确规定。因此，可以提起上诉的行政裁定书种类，具体包括不予立案、驳回起诉、管辖异议三类。当事人除了对这三类行政裁定可以提起上诉外，其他的行政裁定书都不可以提起上诉。此外，最高人民法院作出的裁定，不能作为上诉对象。

作为诉讼代理人，代理上诉一定要严格审查案件裁判类型，以免将本无法上诉的案件按照上诉程序对待。

3. 上诉期限的判别

上诉人对一审法院的行政裁判不服，提起上诉必须在上诉期内提出。上诉期是指当事人及其法定代理人不服法院的第一审判决或裁定，向上一级法院提起上诉时必须遵守的法定期限。针对行政判决书和行政裁定书的上诉期限是不同的，《行政诉讼法》第八十五条规定："当事人不服人民法院第一审判决的，有权在判决书送达之日起十五日内向上一级人民法院提起上诉。当事人不服人民法院第一审裁定的，有权在裁定书送达之日起十日内向上一级人民法院提起上诉。逾期不提起上诉的，人民法院的第一审判决或者裁定发生法律效力。"

（1）送达时间的判别

在实际情况中，大多数的案件存在第一审法院行政判决书或裁定书记载时间和送达时间可能不一致，必须要以实际送达的时间为准进行判别。人民法院审理行政案件关于送达的要求在《行政诉讼法》没有具体的规定的，根据《行政诉讼法》第一百零一条的规定，须按照《民事诉讼法》的相关规定。《民事诉讼法》第七章第二节中规定了关于送达的规则。直接送达的，受送达人在送达回证上的签收日期为送达日期，本人不在住所，受送达人的同住成年家属，法人或者其他组织的负责收件的人，诉讼代理人或者代收人在送达回证上签收的日期为送达日期；留置送达的，诉讼文书留在受送达人的住所日期即为送达日期；电子方式送达的，以送达信息到达受送达人特定系统的日期为送达日期；委托其他人民法院代为送达或者邮寄送达的，以回执上注明的收件日期为送达日期；公告送达的，自发出公告之日起，经过三十日即视为送达。

（2）上诉期日的计算

行政裁判文书的送达期间是以日计算的，开始的日不计算在内，应从第二日开始算起。以行政判决书为例，宣判的当天或者判决书送达的当天不计算在15日内，即如果6月12日送达判决书，应当从13日开始期间的计算，6月27日上诉期间届满的最后一日。

一审行政裁判文书期间届满的最后一日是节假日的，以节假日后的第一日为期间届满的日期。节假日，是指法定节假日，法人或者其他组织内部规定的放假或者休息日不在此限。比如，行政裁定书期间本应在1月1日届满，但1月1日为法定元旦假日，那么1月2日为期间届满日。节假日如果不在期间的最后一日，而在期间的中间的，该法定假日天数不能扣除，应如数计算。在送达时间判别上，结合不同的送达方式客观实际判定，切不可仅以当事人述称的时间来进行判断。

4. 上诉法院的判别

当事人对于一审判决、裁定不服的，律师可以代理其向上一级法院提起上诉。有些当事人对一审法院的判决不服，得知具有上诉的权利，认为越高级的法院办案水平越高，就想用好上诉的权利，恨不得都去最高人民法院打官司。这一切都是不现实的，也是不可能的。《行政诉讼法》第八十五条明确规定，当事人不服人民法院第一审判决或是裁定的，只能向上一级人民法院提起上诉。一定要特别注意上诉法院是上一级法院，而是不是上级法院。在代理案件过程中，如果当事人一再坚持，一定要做好释明和解释工作，切不可为了迎合当事人作出法外之举。

5. 上诉新证据的判别

一审判决作出后，尤其是败诉的一方，经常会进行反思，其中的一方面便是证据。拟上诉的一方可能会将所有掌握的证据全部提交法院，作为上诉审的证据。这些证据必须要做区分，原一审已经提供过的证据，在二审中是不用再提交的，需要提交的证据是那些新证据。如果当事人未向你提交证据，律师应及时征询当事人是否有新的证据提供。

何谓新证据呢？新证据并不是针对原有证据或是已提交证据而言，也不是在原有一审中未提交的证据都是新证据，新证据的判别是有法律依据的。《最高人民法院关于行政诉讼证据若干问题的规定》第五十二条对新证据做了明确规定，"新的证据"是指三类证据：在一审程序中应当准予延期提供而未获准许的证据；当事人在一审程序中依法申请调取而未获准许或者未取得的证据，人民法院在第二审程序中调取的证据；原告或者第三人提供的在举证期限届满后发现的证据。

当事人确有新证据需向二审人民法院提供的，结合证据的类型做好复制、复印工作，进行审查、整理后，以供撰写上诉状使用和向二审法院提交。如果当事人提供了原已向法院提交证据之外的证据，律师或代理人该如何处理呢？一般认为，只要是有益于委托人案件的证据，即便不是《最高人民法院关于行政诉讼证据若干问题的规定》第五十二条规定的新证据，建议也要向法庭提交，至于法院是否采纳，如何采纳，法院亦会在二审程序中进行判别。

（二）上诉材料的准备工作

经过案件是否能启动上诉的判别，判定委托人拟上诉的一审行政案件可以上诉的，律师和代理人接下来就要准备上诉的材料了。下面的这些材料可以按照先后顺序整理，也可以按照代理人和委托人约定进行准备。

1. 整理委托人身份信息

委托人是公民（自然人）的，应当提交与原件核对无误的居民身份证的复印件，居民身份证的正面和背面都要进行复印，最好复印在一张A4纸上，上半部分复印正面，下半部分复印背面；确实无法提交居民身份证的，可以提交其他有效身份证明材料，如：户口本、护照等。

委托人是法人或者其他组织的，应当提交组织机构代码证书、法定代表人或主要负责人身份证明材料。

2. 办理和出具委托手续

代理行政诉讼授权委托书是行政诉讼当事人或其法定代理人向人民法院递交的，证明已委托代理人诉讼及代理人的代理权限的法律文书。行政案件的代理人开展工作来自当事人的授权。当事人给予上诉人授权的大小决定着代理人处理事务的范围。授权委托书应载明委托事项和权限范围，委托人的授权按照权限的大小可以分为一般授权和特别授权两种。一般授权是只授予代理人代为诉讼的权利，而特别授权涵盖的范围可以很广，并不仅限于参与诉讼，还包括可作出其他权利的处分授权。

（1）授权委托书制作要点

①代理行政诉讼授权委托书中应写明委托人和受托人的情况。

②在授权委托书中应写明一般授权或者特殊授权的事项。

③代理行政诉讼授权委托书须经委托人签字或盖章，并签署出具日期。

☞ 文书样例

一般授权委托书

授权委托书

委托人×××与××××××××××行政纠纷一案，现委托人已委托××××律师事务所×××律师为本案二审程序的诉讼代理人。

代理人的代理权限为：提交诉讼文书，参与庭审，代为签署、领取法律文书。

委托人：×××

××××年××月××日

代理人联系电话：×××××××××××

通信地址：××市××区××路×××号

邮　　编：××××××

特别授权委托书

授权委托书

委托人×××与××××××××××行政纠纷一案，现委托人已委托××××律师事务所×××律师为本案二审程序的诉讼代理人。

代理人的代理权限为：提交诉讼文书，参与庭审，代为收集、提交证据，代为承认、放弃、变更上诉请求，代为提起上诉，代为参加、签订调解、和解协议，代为领取款、物，代为撤回上诉申请，代为签署、领取法律文书。

委托人：×××

××××年××月××日

代理人联系电话：×××××××××××

通信地址：××市××区××路×××号

邮　　编：××××××

☞ **案例文书**

授权委托书

委托人牛××与A市人力资源和社会保障局行政纠纷一案，现委托人已委托C律师事务所张某某律师为本案二审程序的诉讼代理人。

代理人的代理权限为：提交诉讼文书，参与庭审，代为签署、领取法律文书。

委托人：牛××
2021年2月1日

代理人联系电话：××××××××××
通信地址：石家庄市××区××路×××号
邮　　编：05××××

（2）特别注意事项

①委托方必须有合法的资格，即必须是行政诉讼的当事人或其法定代理人，否则无权出具授权委托书。

②在行政诉讼授权委托中，授权方应明确受托方的事项和权限。特别代理权限必须写明，不能只概括地写"全权委托"，如果只写"全权委托"则按一般授权对待。如果两名诉讼代理人的，则应在授权委托书中分别载明诉讼代理人各自的代理事项和权限范围，以避免两个代理人因权限不明而相互推诿和争执。

③行政诉讼委托授权书必须由委托人本人出具，须经委托方本人亲自签字、盖章后方可生效。

3. 撰写行政上诉状

行政上诉状，是指行政诉讼当事人不服人民法院第一审判决、裁定，在法定期限内，向上一级人民法院提出的，要求上一级人民法院撤销、变更一审判决、裁定的法律文书。行政上诉状是行政案件二审程序的敲门砖，起着至关重要的作用。

律师代为书写上诉状的，应当依据当事人的要求，明确上诉请求以及所依据的事实与理由；上诉状的内容，应当包括当事人的姓名，法人的名称及其法定代表人的姓名或者其他组织的名称及其主要负责人的姓名；原审人民法院名称、案件的编号和案由；上诉的请求和理由。

（1）行政上诉状的制作要点

行政上诉状的基本结构共分为四个部分，具体为：首部、上诉请求、上诉理由、尾部。

行政上诉状的首部应写明上诉人、被上诉人的基本情况。上诉人、被上诉人是自然人的，应写明姓名、性别、年龄、民族、职业、工作单位和职务、住址、联系方式等。上诉人、被上诉人如果是法人或其他组织的，应当写明组织的名称、所在地址、法定代表人和职务、联系方式等情况。

行政上诉状的上诉请求一项,应写明上诉人提出上诉的判决、裁定的案件名称、制作法院、制作时间及判决、裁定的编号,并有具体的诉讼要求,例如:撤销一审人民法院判决或裁定,或者重新判决,或者依法改判等等。

行政上诉状的上诉理由一项应针对一审裁判在认定事实、审判程序、适用法律等方面进行陈述。例如:一审人民法院所列当事人是否适格,有无遗漏;一审人民法院的审判程序是否合法;一审裁判认定的事实是否清楚、完整,有无前后矛盾;一审裁判的证据是否充分、确凿,有无未经质证的证据作为判决或裁定的依据;有无应当采信的证据未采信,不应当采信的证据被采信;证据相互之间有无矛盾;一审认定的事实与判决或裁定的结果是否具备合理的逻辑联系;一审适用法律、法规是否正确等。这是行政上诉状的重头戏,必须要进行详细的阐述和论证。

行政上诉状的尾部应由上诉人签名盖章,并签署出具日期。同时按照被上诉人的人数列明上诉状的副本份数。

☞ **文书样例**

行政上诉状
（适用自然人）

上诉人:×××(写明姓名、性别、年龄、民族、籍贯、职业或者工作单位和职务、住址,如果是法人或者其他组织,应写明名称、法定代表人、住所、联系地址和联系电话等)

被上诉人:×××(写明姓名、性别、年龄、民族、籍贯、职业或者工作单位和职务、住址,如果是法人或者其他组织,应写明名称、法定代表人、住所、联系地址和邮政编码等,如果是行政机关提起上诉,则应写明行政机关的名称、法定代表人、住所、联系地址和联系电话等)

上诉人因××××一案(写明一审判决或者裁定书所列的案由),不服×××人民法院×年×月×日(××)字第××号判决(或者裁定),现提出上诉。

上诉请求

(写明要求上诉审法院解决的事由,如撤销原判;重新判决等)

上诉理由

(写明一审判决或者裁定不正确的事实根据和法律依据)

此致

×××人民法院

附:本上诉状副本　　份

上诉人:×××(签字或者盖章)

×年×月×日

项目五　上诉与申诉

行政上诉状
（法人或者其他组织或行政机关上诉）

上诉人：×××（应写明名称、住所、法定代表人、联系地址和联系电话等）

被上诉人：×××（写明姓名、性别、年龄、民族、籍贯、职业或者工作单位和职务、住址，如果是法人或者其他组织，应写明名称、法定代表人、住所、联系地址和联系电话等）

上诉人因××××一案（写明一审判决或者裁定书所列的案由），不服×××人民法院×年×月×日（××）字第××号判决（或者裁定），现提出上诉。

上诉请求

（写明要求上诉审法院解决的事由，如撤销原判；重新判决等）

上诉理由

（写明一审判决或者裁定不正确的事实根据和法律依据）

此致
×××人民法院

附：本上诉状副本　　份

上诉人：×××（盖章）
×年×月×日

☞ **案例链接**

A市B区人民法院经依法审理，作出了判令A市人力资源和社会保障局受理牛某元的工伤认定申请的行政判决书。A市人力资源和社会保障局不服一审判决，依法提起上诉。

☞ **案例文书**

行政上诉状

上诉人：A市人力资源和社会保障局，住所地：A市B区华南路36号。

法定代表人：张××，该局局长。

被上诉人：牛××，男，汉族，1975年6月12日出生，住A市B区华西路256号某小区8号楼三单元202室，公民身份证号码：65025819750612××××，联系方式151 ****3458。

上诉人因工伤认定行政纠纷一案，不服 A 市 B 区人民法院 2021 年 1 月 10 日（2020）×行初字第 100 号行政判决书，现提出上诉。

上诉请求

一、撤销 A 市 B 区人民法院 2021 年 1 月 10 日（2020）×行初字第 100 号行政判决书；驳回被上诉人的原诉请求。

二、一、二审诉讼费用由被上诉人承担。

事实与理由

一、一审法院认定基本事实不清，证据不足。

被上诉人诉称，其于 2020 年 4 月 3 日下午 3 点左右在某家园（3 号地块）天然气建设施工项目上安装天然气管线时，出现梯子意外侧倒，致使被上诉人摔伤，并在一审中提交了摔伤视频材料、医疗诊断证明。可事实上，被上诉人提交的视频只是拍摄到了牛××坐在地上，以及张××跟其的一段对话，且该对话中显示牛××神情自若并无异样。尤为值得注意的，视频显示当时现场为：梯子是竖直倚靠在墙上的，没有现场摔倒的任何痕迹。医疗诊断证明亦显示，牛××入院就医的时间为 2020 年 4 月 4 日上午 9 时许，与其述称的 2020 年 4 月 3 日下午 3 点左右有明显的时间差异。无法证明牛××所受伤的时间、地点和原因。《工伤保险条例》第十四条规定："职工有下列情形之一的，应当认定为工伤：（一）在工作时间和工作场所内，因工作原因受到事故伤害的；（二）工作时间前后在工作场所内，从事与工作有关的预备性或者收尾性工作受到事故伤害的……"只有在工作时间、工作场所内，因工作原因受到事故伤害方可认定为工伤，因此没有直接证据证明牛××所受伤系工伤。

二、上诉人作出《工伤认定申请不予受理决定书》事实清楚、程序合法、适用法律正确。

2020 年 8 月 20 日，被上诉人向上诉人提交了其本人的工伤认定申请材料，称其在×年×月×日工作期间受伤。上诉人依法受理了被上诉人申请后查明，被上诉人在提交工伤认定申请前，就其与某建设工程有限公司于×年×月×日至×年×月×日是否存在劳动关系提起劳动仲裁申请，B 区劳动争议仲裁委员会裁决驳回了被上诉人的仲裁请求。后被上诉人就该劳动争议诉讼至 B 区人民法院，一审法院判决驳回被上诉人的诉讼请求，被上诉人提起上诉，二审法院判决驳回上诉，维持原判，也即一审、二审法院均未判决确认被上诉人与某建设工程有限公司双方存在劳动关系。鉴于，牛××无法证明其与某建设工程有限公司双方存在劳动关系，故而上诉人依据《工伤保险条例》第十八条第二款的规定，于×年×月×日作出了《工伤认定申请不予受理决定书》，并向被上诉人及某建设工程有限公司邮寄送达了该文书。

综上所述，上诉人作出的《工伤认定申请不予受理决定书》事实清楚，程序合法，适用法律准确，请贵院依法查明事实，驳回被上诉人的诉讼请求。

此致

A 市中级人民法院

附：本上诉状副本 1 份

上诉人：A 市人力资源和社会保障局
2021 年 1 月 20 日

（2）特别注意事项

撰写行政上诉状前，必须确定处于上诉期内，超过上诉期限的，原判决或者裁定依法生效，已无撰写必要。

行政上诉状的上诉请求必须针对一审判决或者裁定中不当的部分提出，例如原判决程序违法，要求撤销；证据不充分，要求改判等。

行政上诉状的上诉人必须经由上诉人本人亲自签字、摁手印方可生效。坚决杜绝他人代签字和代摁手印行为。上诉人如果是单位的，必须加盖单位的印章，不能仅有单位负责人签名或是个人手章。

4. 新证据的编组与整理

如果当事人没有提供新证据，本部分可以跳过，直接进入下一项资料。根据当事人提供的新证据类型，逐一编制证明内容，证明内容一般要简洁、凝练，避免长篇大论。

☞ **文书样例**

证据目录（新证据）

组别	序号	证据名称	证明内容	页码
第一组	1			
	2		证明……	
	3			
第二组	1			
	2		证明……	
	3			
……				

5. 开具行政诉讼案件律师事务所函

行政诉讼案件律师事务所函是律师事务所向人民法院出具的、证明行政诉讼案件律师代理人真实身份情况的书面函件。律师事务所接受委托人的委托，指派律师担任行政案件诉讼代理人，应提交律师事务所的证明函件，以证实代理案件的情况和指派代理律师的情况。

(1)行政诉讼案件律师事务所函制作要点

行政诉讼案件律师事务所函的基本结构共分为三个部分,具体为:首部、正文、尾部。

行政诉讼案件律师事务所函的首部应写明律师事务所的全称、案件类型、律所函件编号、人民法院的名称。

行政诉讼案件律师事务所函的正文,应写明委托人名称、争议案件情况、案件委托情况、指派律师情况、代理阶段等。

行政诉讼案件律师事务所函的尾部应由律师事务所加盖公章,并签署出具日期。

☞ 文书样例

××律师事务所
行政案件律师出庭函

( )××律行诉×××号

××××××人民法院:

贵院受理的××××与××××××××××行政纠纷一案,现委托人×××已委托本所出庭代理,现指派×××律师为本案二审行政诉讼阶段的诉讼代理人,并出席法庭,请予准许。

特此函告

××律师事务所(章)
年　月　日

联系电话:××××××××××
地　　址:××市××区×××路××号

---

(2)特别注意事项

①律所函必须与委托人的姓名或名称完全一致,不能出现错误。

②律所函一旦出具,不能擅自修改或涂抹。

6. 准备代理人身份资料

《行政诉讼法》第三十一条规定,当事人、法定代理人,可以委托一至二人作为诉讼代理人。可以被委托为诉讼代理人的范围为律师、基层法律服务工作者;当事人的近亲属或者工作人员;当事人所在社区、单位以及有关社会团体推荐的公民。代理人是律师、基层法律服务工作者的,要附具律师证复印件,律师证复印件要求必须清楚、整齐。代理人如果是当事人的近亲属或者工作人员的,除了要出具该人身份证复印件,还需要附具亲属证明或是工作证明。代理人是当事人所在社区、单位以及有关社会团体推荐的公民的,除了要出具该人身份证复印件外,还需要提供有关组织的推荐介绍信。

(三)上诉材料的提交

1. 提交什么材料

(1)行政上诉状,按照当事人的人数加一份;

（2）上诉人身份资料，一份；

（3）委托手续及代理手续，一份；

（4）新证据，如有新证据，应按照当事人人数加一份；

2. 向谁提交

根据提交的途径不同选定不同的法院，通过网上立案提交的，必须选定上诉法院提交；当面到法院提交、邮寄方式提交的，一般应向作出一审判决的法院提交。

3. 提交步骤

解决了交什么、向谁提交的问题后，我们就要开始提交上诉材料，上诉材料的提交目前主要有三种途径：网络在线提交、邮寄方式提交、现场当面提交。下面我们逐一介绍诉讼材料的提交。

（1）网络在线提交具体步骤

网络在线提交诉讼材料，目前有两种方式：电脑PC端网络提交、手机APP或是其他网络形式提交，接下来我们以电脑PC端网络为例介绍网上立案的具体操作，大致分为三步，分别为准备工作、创建和登录系统、上传立案。

①准备工作

我们需要将前期准备好的诉讼材料进行电子化处理，将准备好的行政上诉状、身份材料、证据材料等诉讼材料进行拍照，保存为图片格式。拍照时，需要一部拍照手机，像素高清即可。拍照时，要保证拍出的照片清晰可辨。明暗度要适中，不能太暗或是太亮，太暗或太亮都会字迹不清，难以辨识。当然也可以使用手机上自带的扫描软件（如果手机上没有，应用商店下载即可）进行扫描，如果条件具备，建议采用扫描仪扫描，效果更佳。将所有材料准备好后，进入下一步。

创建账户和登录系统。利用电子诉讼平台传输上诉材料，首次使用需要进行账户注册，如果已经有账户的，可以进行账户登录。具体步骤如下：

第一步：登录河北法院网，在网站导航栏找到"诉讼服务"栏目。

第二步：点击诉讼服务按钮，进入诉讼服务专题页。

第三步：点击右侧的网上预约立案，进入账户登录页面。

进入电子诉讼平台｜网上诉讼平台，正式进入网上立案程序。

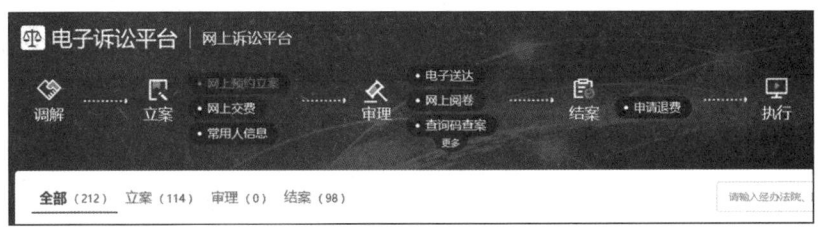

②网上预约立案

网上预约立案共分五步：创建案件、编辑网上预约立案、上传诉讼材料、预览和提交、提交成功。接下来我们逐步演示网上预约立案工作。

第一步：创建案件

选择上诉法院，点击选取框右侧的蓝色按钮"选择法院"。这个法院是作出一审法律裁判文书的上一级法院，一定不要选错。在选定法院的时候，可以在空白输入框内手动输入关键字，例如"河北省高级"就会出现"河北省高级人民法院"，可以快速选定。当然也可以点击输入框右侧的蓝色按钮"选择法院"，通过上下滑动滚动条，发现上诉法院后，点击法院名称右侧的"选择"选定法院。选定法院后，点击下一步。

接下来进入界面，依次选择案件类型、申请类型、申请人类型、原审案号。案件类型为"行政"，申请类型为"上诉"，申请人类型为"代理人"。原审案号有两种填写模式：一种为手动输入案号，按照一审法院的裁判文书号手动录入，如果手动状态下录入案号错误，会弹出"未查询到您输入的案件……"提示；一种为选择已有案号，点击该按钮后，会出现曾经代理的案件号，找到要上诉的案件号，直接点击选定。为了便捷，一般选择"选择已有案号"进行录入。当然，如果不是自己代理的一审案件，只能通过手动录入方式录入案件号码。原审法院是必填项，如果选择已有案号方式录入信息的，选定案号后，原审法院会自动填写完毕，无须再手动输入。一切填写完毕，点击下一步。

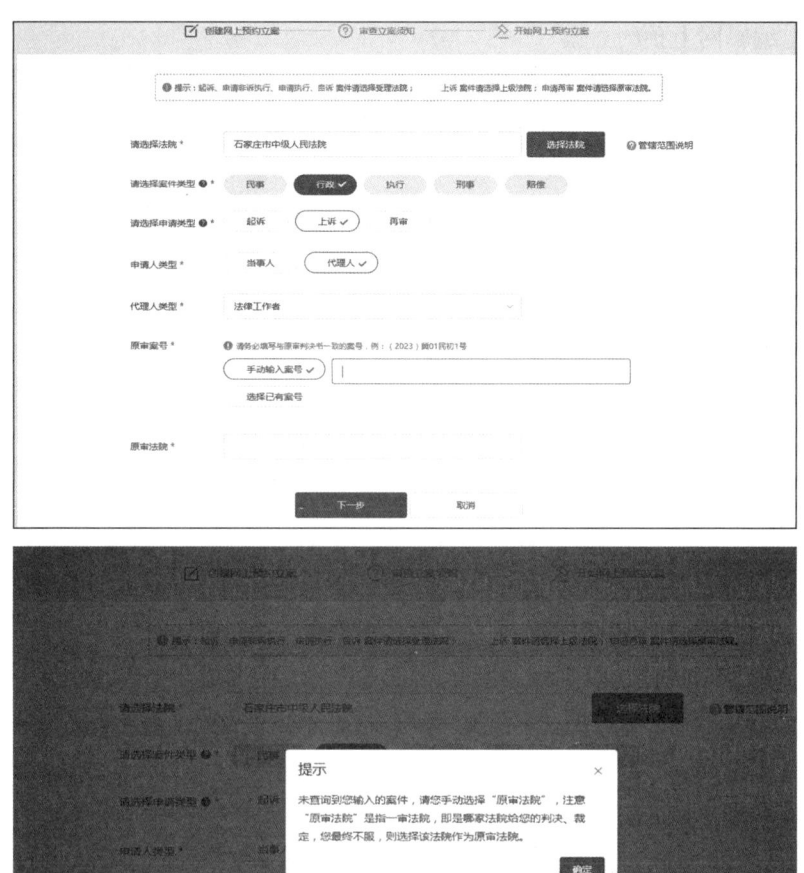

网上立案须知，点击"我已阅读，同意使用该系统网上预约立案，同意使用电子送达方式送达案件文书"前的方框，出现对勾后，点击"进入网上预约立案"进入下一环节。

项目五 上诉与申诉

第二步：编辑网上预约立案

在本板块，基本信息不用录入，会自动直接显示：原审信息、当事人信息、诉讼代理人等，一一核对即可。证人信息需要点击"+添加证人"按钮，手动录入信息。操作完毕后点击"确认并下一步"，进入下一步。

上诉人信息显示栏如下：

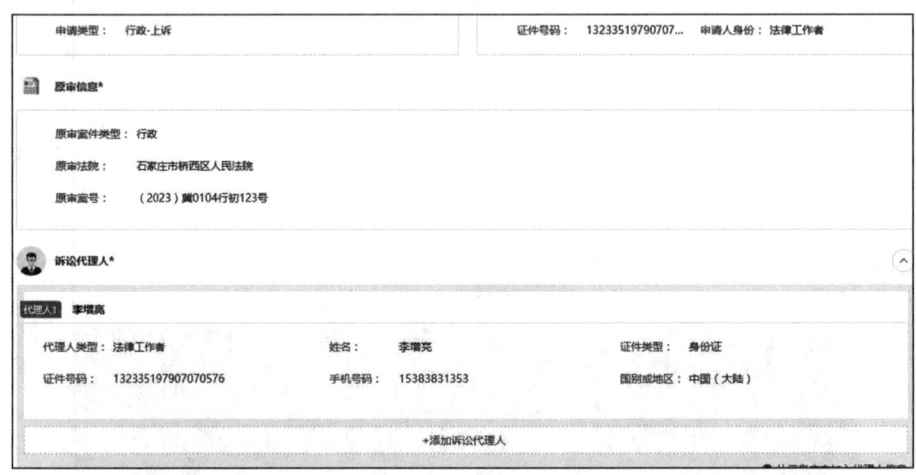

被上诉人显示栏如下：

证人信息

第三步：上传诉讼材料

添加上诉状。点击"+上诉状"会进入上传材料页面，点击"选择文件"按钮，在电脑内找到提前制作好的上诉状电子版点击选定上传。文件显示在材料项下，证明上诉状上传成功。

项目五　上诉与申诉

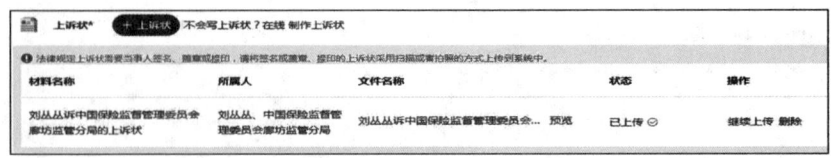

添加证件材料。如前所述，在电脑中找到"当事人身份证明""代理人或辩护人身份证明""授权委托书"依次上传到对应项目下。

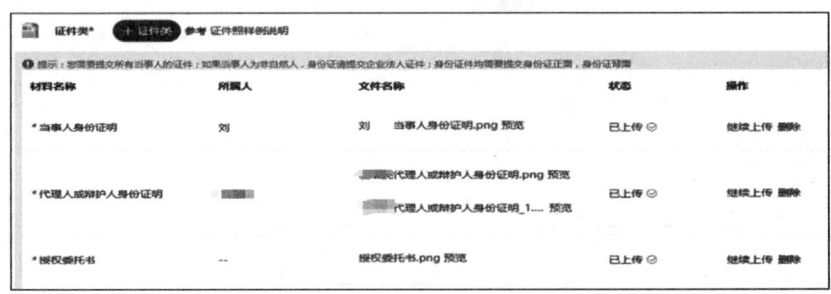

制作送达地址确认书。阅读完毕"填写须知"点击"确认并下一步"，*项为必填项目，依次填写完毕，点击"我已阅读并理解"前的方框出现打勾，方为选定，否则无法完成本项目。

制作退费账户确认书。＊项为必填项目，依次填写完毕，点击"我已阅读并理解"前的方框出现打勾，完成退费账户确认。

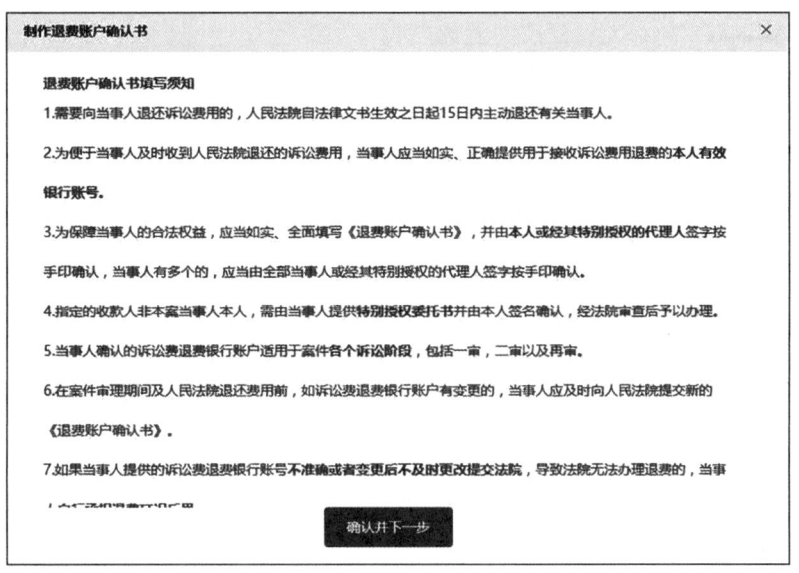

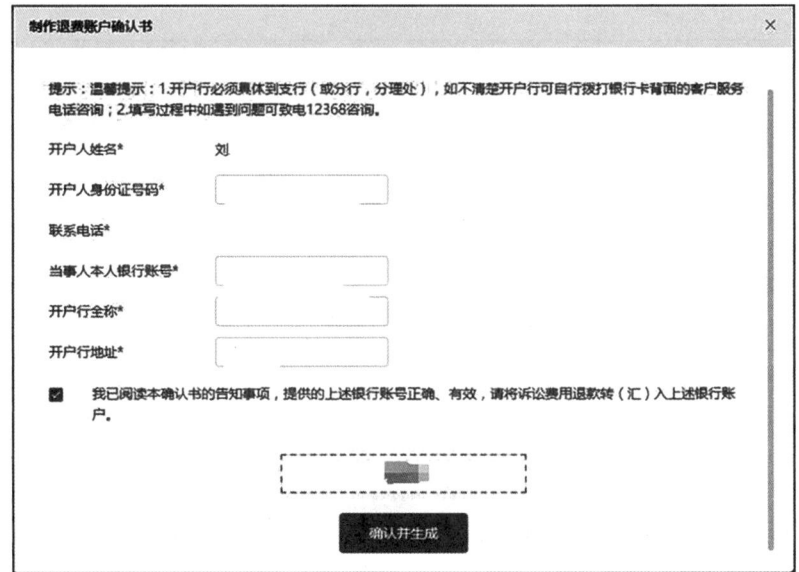

第四步：预览和提交

本环节主要是预览回看之前输入信息和上传资料是否正确，如发现错误点击"返回上一步"进行修改，修改后再次进入本环节，在核对全部正确后，点击"提交"进入下一环节。

项目五 上诉与申诉

第五步：提交成功

进入本环节，表明网上立案工作完毕，所有信息无法再修改，接下来就是等待法院审查通过。

(2) 邮寄提交上诉材料的要求

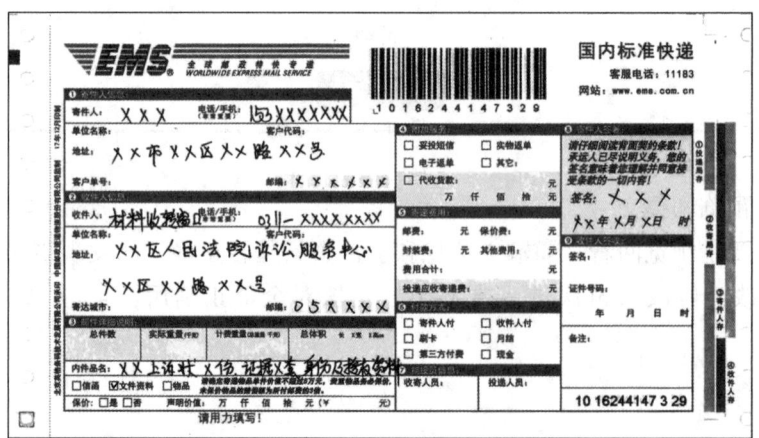

(3)到法院当面提交

到法院直接递交上诉状的,应按照对方当事人的人数提供副本。法院诉讼服务中心材料收转窗口递交。

(4)诉讼费用的缴纳

一般的行政上诉案件需缴纳上诉费,上诉案件的案件受理费由上诉人向人民法院提交上诉状时预交。上诉受理费,按照一审案件受理费用标准收取。如果缴纳上诉费有困难的,可以申请缓、减、免交。上诉人在上诉期内未预交诉讼费用的,人民法院应当通知其在7日内预交。逾期未缴纳上诉费的,又未申请缓、减、免交纳诉讼费用的,或虽申请但未获批准,仍不缴纳的按撤回上诉处理。

特别注意的是,有的案件上诉是不用缴纳上诉费的,不用缴纳上诉费的案件具体为:①裁定不予受理、驳回起诉、驳回上诉的案件;②对不予受理、驳回起诉和管辖权异议裁定不服,提起上诉的案件。

(四)二审程序中的应对

人民法院对上诉案件,应当组成合议庭,开庭审理。二审开庭审理是原则,不开庭是例外,但在实际操作中,二审案件书面审理的不在少数。作为行政案件的上诉人或是代理人要特别注意,更要区别对待。

1. 开庭审理的重点事务处理

行政案件二审审理属于全面审理,审查的范围不受上诉人上诉请求范围的限制。二审上诉代理人着重论述一审裁判认定事实是否清楚,证据是否确实充分,适用法律是否正确,审判程序是否合法等事宜。

二审开庭进行法庭调查时,一般由合议庭成员宣读一审裁判文书,然后由当事人进行陈述。当事人陈述按照上诉人、被上诉人、其他当事人的顺序进行。陈述的内容包括宣读上诉状、答辩状,并可陈述补充意见。法庭会根据当事人陈述并结合一审案卷材料,对案件的基本事实进行概括,归纳二审争议的焦点,提出庭审调查的重点。当事人对一审裁判确认的证据和认定的事实无异议的,法庭可以直接予以确认和认定;当事人对一审裁判确认的证据和认定的事实有争议的,或当事人虽未提出异议,但法庭认为有必要进行法庭调查,应当进行法庭调查。对在二审中提供的证据材料,应当进行当庭举证、质证和认证。当事人对一审裁判确认的全部证据均无异议,又无新的证据提供的,经法庭确认后,法庭调查即可结束。

鉴于审理第二审案件应参照第一审审判规程的规定进行,关于参加审理案件的部分不再做赘述。

2. 不开庭审理的情形与应对

人民法院在审理二审行政诉讼案件时,经过阅卷、调查和询问当事人,对没有提出新的事实、证据或者理由,合议庭认为不需要开庭审理的,也可以不开庭审理。

司法实践中,对于如何理解"阅卷、调查和询问当事人"程序存在争议,有观点认为,应当将此理解为采取阅卷、调查、询问当事人中的一种方式即可不开庭审理;也有观点认为,采取阅卷或者调查询问中的一种方式即可。实际上这两种观点均未精准理解该法条的规定,"阅卷、调查和询问当事人"是一种递进关系,而非并列关系或者选择关系,必须要在阅卷的基础上,充分尊重当事人权利,调查核实相关情况,方能精准把握案件事实,维护当事人合法权益。

由于人民法院审理二审行政诉讼案件,可能采取开庭审理的方式,也可能采取书面审理的方式,因此律师代理行政上诉案件时,应十分注意案件是否会书面审理。对此,建议二审案件的代理人要加强跟二审法官的沟通,一旦发现二审法官有不开庭审理的想法,一定要尽力与法官沟通,争取开庭审理案件。二审法院坚持对行政案件不开庭审理的,律师应当及时提交书面代理意见,根据上诉请求的有关事实和适用法律进行详细阐释。

(五)撤回上诉

在二审法院作出裁判之前,上诉人可以自愿向二审法院申请撤回上诉。撤回上诉是否准许,应由二审法院裁定。撤回上诉应当递交撤诉申请书。

撤回行政案件上诉申请书的基本结构共分为四个部分,具体为:首部、请求事项、事实和理由、尾部。

撤回行政案件上诉申请书的首部应写明申请人的基本情况。申请人是自然人的,应写明姓名、性别、年龄、民族、职业、工作单位和职务、住址、联系方式等。申请人如果是法人或其他组织的,应当写明组织的名称、所在地址、法定代表人和职务、联系方式等情况。

撤回行政案件上诉申请书的请求事项,应写明撤回案件的案号、争议主体和类型。

撤回行政案件上诉申请书的事实和理由应实事求是,切莫胡编乱造,欺瞒法院。

撤回行政案件上诉申请书的尾部应写明法院的名称,由上诉人签名盖章,并签署出具日期。撤回行政案件上诉申请书仅向法院提供一份即可。

☞ **文书样例**

撤回行政案件上诉申请书

申请人:×××,男/女,××××年××月××日出生,×族……(写明工作单位和职务或者职业),住址:……联系方式:……

法定代理人/指定代理人:×××……

委托诉讼代理人:×××……

(以上写明申请人和其他诉讼参加人的姓名或者名称等基本信息)

请求事项

撤回你院(××××)……号……(写明当事人和案由)一案的上诉。

事实和理由

……(写明申请撤回上诉的理由)。

此致

××××人民法院

申请人(签名或者盖章)
××××年××月××日

☞ **案例文书**

撤回行政案件上诉申请书

申请人：A 市人力资源和社会保障局，住所地：A 市 B 区华南路 36 号。

法定代表人：张 ∗∗，该局局长。

委托代理人：刘某某，××律师事务所律师。

申请请求

撤回你院在审的(2021)×行终字 148 号一案的上诉。

事实和理由

牛某元诉 A 市人力资源和社会保障局工伤认定纠纷一案，A 市 B 区人民法院于 2021 年 1 月 10 日作出(2020)×行初字第 100 号行政判决书。申请人对该判决书不服，2021 年 1 月 20 日向你院提起上诉，你院已经受理(案号为(2021)×行终字 148 号)正在审理中。现我单位已经对申请人改变被诉行政行为，故依据《行政诉讼法》《最高人民法院关于行政诉讼撤诉若干问题的规定》有关规定向你院申请撤回上诉，请法院准许。

此致

A 市中级人民法院

申请人：A 市人力资源和社会保障局
2021 年 3 月 22 日

3. 撤回行政上诉的后果

行政案件的上诉人一旦撤回上诉，将产生法律上的后果，将由上诉人自行承担，具体体现在，一是上诉人丧失对本案的上诉权，不得再行上诉；二是第一审裁判立即发生法律效力；三是上诉费用由上诉人负担。

4. 不同意撤回上诉的处理

虽然法律赋予了上诉人撤回上诉的权利，但是是否准许由法院决定。以下情形不得撤回上诉，一是当法院认为上诉人撤回上诉系行政机关对上诉人有胁迫的情况或者行政机关为了息事宁人对上诉人作了违法让步的；二是在第二审程序中，行政机关不得改变原具体行政行为，而上诉人因行政机关改变原具体行政行为而申请撤回上诉的；三是双方当事人都提出上诉，而只有一方当事人提出撤回上诉的；四是原审人民法院的裁判确有错误，应予纠正或者发回重审的，这几类情形的，法院都会不准许撤回上诉。针对不准予撤回上诉的裁定，申请人无上诉权，不得针对该裁定提起上诉。

(六)判决的催办、领取、转达

1. 判决的催办

人民法院审理上诉案件，应当在收到上诉状之日起三个月内作出终审判决。有特殊情况需要延长的,由高级人民法院批准,高级人民法院审理上诉案件需要延长的,由最高人民法院批准。有的时候,上诉人在开庭后,迟迟收不到法院的判决,可以向主办法官催办结果,直至法院作出判决。

2. 判决书的领取

具有收取法律文书权限的代理人,可以接收法院送达的裁判文书,文书的领取按照送达的方式不同可以分为:现场领取、网络领取、邮件收取。

(1)现场领取判决书

现场领取裁判文书一般是指按照法院给定的时间,到法院指定的场所领取裁判文书。文书送达场所一般是人民法院或者是法院的审判庭。当场领取文书时,除了要看文书是否加盖法院公章外,还要看文书是否完整、字迹是否清楚、是否存在缺页等,如果文书完整清晰,可以接收,并在法院的送达回证上签署姓名和时间,以示签收。特别值得注意的是,如果判决结果不满意,拟计划申请再审的,可以要求法院提供送达回证的复制件,如果法院不予提供,可以对送达回证拍照留存,以备后续使用。

(2)网络送达判决书

网络送达也是法院经常采用的一种方式。法院一般会发送一条手机短信息,该信息显示有链接,点击链接,按照操作步骤下载裁判文书即可。

(3)邮寄送达判决书

邮寄送达也是法院经常采用的一种方式。法院会通过EMS邮政快递向诉讼当事人送达裁判文书,邮政快递签收后,邮政公司自动回传送达信息。

3. 判决书的释明和转达

判决书的释明,分为律师向当事人释明和当事人要求法院释明。二审法院的裁判文书根据具体情况会出现以下几种情况:

(1)原判决、裁定认定事实清楚,适用法律、法规正确的,判决或者裁定驳回上诉,维持原判决、裁定;

(2)原判决、裁定认定事实错误或者适用法律、法规错误的,依法改判、撤销或者变更;

(3)原判决认定基本事实不清、证据不足的,发回原审人民法院重审,或者查清事实后改判。

(4)原判决遗漏当事人或者违法缺席判决等严重违反法定程序的,裁定撤销原判决,发回原审人民法院重审。

具有代收法律文书权限的代理人律师收到二审案件宣判结果后,应当立即将二审的判决或裁定结果告知当事人,并将该法律文书转交给当事人。

(七)上诉的另一面之二审应诉

上诉与被上诉是对合存在的,提起上诉的一方称作上诉人,被提起上诉的一方称作被上诉人。被上诉人处于被动应诉的地位。被上诉人的主要工作包括:撰写答辩状、应诉出庭等。

1. 行政诉讼二审答辩状

行政诉讼二审答辩状是行政诉讼中的被上诉人针对上诉人在行政上诉状中提出的诉讼请求、事实与理由,向人民法院作出的书面答复的法律文书。

人民法院受理行政诉讼案件后，会在立案之日起 5 日内，将上诉状副本发送给被上诉人。由于被上诉人可能是行政机关，也可能是不服行政机关行政行为的行政管理相对人，我们要区分情况区别对待，如果被上诉人是行政机关的，其应在收到上诉状副本之日起 10 日内向人民法院提出答辩状；如果被上诉人是行政管理相对人的，其可以提出答辩，也可以不提出答辩。由于提出答辩状是诉讼当事人的一项诉讼权利，而不是诉讼义务，故而在答辩期限内不提出答辩状的，不影响人民法院审理。

(1) 制作要点

行政案件二审答辩状的基本结构共分为四个部分，具体为：首部、答辩请求、事实和理由、尾部。

行政案件二审答辩状的首部应写明答辩人的基本情况。答辩人是自然人的，应写明姓名、性别、年龄、民族、职业、工作单位和职务、住址、联系方式等。答辩人如果是法人或其他组织的，应当写明组织的名称、所在地址、法定代表人和职务、联系方式等情况。

行政上诉状的答辩请求，一般是驳回上诉人的诉讼请求。

行政案件二审答辩状的事实和理由应结合上诉状情况和一审裁判在认定事实、审判程序、适用法律方面进行详细的阐述和论证，以达到驳回上诉人的上诉请求的目的。

行政案件二审答辩状的尾部应写明完整的法院名称，由上诉人签名或加盖章，并签署出具日期。

☞ **文书样例**

行政案件二审答辩状

答辩人×××……（写明名称、地址、法定代表人等基本信息）。
法定代表人×××……（写明姓名、职务等基本信息）。
委托代理人×××……（写明姓名、工作单位等基本信息）。
因×××诉我单位……（写明案由或起因）一案，现答辩如下：

答辩请求

……

事实和理由

……（写明答辩的观点、事实与理由）。
此致
××××人民法院

              答辩人：×××（盖章）
              ××××年××月××日
              （写明递交答辩状之日）

附：
1. 答辩状副本×份
2. 其他文件×份

☞ 案例链接

A 市 B 区人民法院经依法审理作出(2020)×行初字第 100 号行政判决书，判令 A 市人力资源和社会保障局受理牛××的工伤认定申请。A 市人力资源和社会保障局不服(2020)×行初字第 100 号行政判决书，依法向 A 市中级人民法院提起上诉。A 市中级人民法院受理该案，作为被上诉人的牛××为了让法院驳回上诉人 A 市人力资源和社会保障局的上诉，特撰写《行政案件二审答辩状》一份，并提交法院。

☞ 案例文书

行政案件二审答辩状

答辩人牛××，男，汉族，1975 年 6 月 12 日出生，住 A 市 B 区华西路 256 号某小区 8 号楼三单元 202 室，公民身份号码：65025819750612××××。

委托代理人张某某，C 律师事务所律师。

因 A 市人事劳动和社会保障局上诉我工伤认定纠纷一案，现答辩如下：

答辩请求

维持原一审人民法院作出的(2020)×行初字第 100 号行政判决书，驳回上诉人的上诉。

事实和理由

一、原一审法院行政判决书认定事实清楚。

1. A 市人力资源和社会保障局具有处理工伤的法定职责

《工伤保险条例》第十七条第二款明确规定，用人单位未按前款规定提出工伤认定申请的，工伤职工或者其近亲属、工会组织在事故伤害发生之日或者被诊断、鉴定为职业病之日起 1 年内，可以直接向用人单位所在地统筹地区社会保险行政部门提出工伤认定申请。本案中，由于用人单位某建筑工程有限公司未按规定向上诉人提出工伤认定申请，被上诉人依法向上诉人提出工伤认定申请，符合法律的规定。用人单位某建筑工程有限公司所在地统筹地区社会保险行政部门即上诉人，被上诉人按照法律规定向其提出工伤认定申请，且在法律规定的期限内，上诉人依法具有受理处理工伤的法定职责。

2. 被上诉人所受伤害依法属于工伤

某建筑工程有限公司承包了某家园(3 号地块)天然气建设施工项目，并将项目违法分包给自然人张某华，张某华招聘原告入职从事天然气安装工程施工。2020 年 4 月 3 日下午 3 点左右，被上诉人在项目上安装天然气管线时，出现梯子意外侧倒，致使被上诉人摔伤。被上诉人在工作时间和工作场所，因工作原因意外受伤，属于《工伤保险条例》第十四条规定的应当认定工伤的情形。为了证明该事实，被上诉人向原一审法院提交了摔伤视频材料、医疗诊断证明、天然气建设施工分包协议书、用工协议、工资支付单据等证足以证明被上诉人属于工伤。

3. 被上诉人提出工伤认定申请未超出法定期限，上诉人应依法受理。

2020年4月3日下午3点左右，被上诉人在项目上安装天然气管线时，出现梯子意外侧倒摔伤，随后进行住院治疗。由于用人单位某建筑工程有限公司未按规定向上诉人提出工伤认定申请，被上诉人无奈于2020年8月20日向上诉人提出工伤认定申请。依据《工伤保险条例》第十七条第二款规定的自事故伤害发生之日起1年内申请工伤的规定，被上诉人提出的工伤认定申请处于法律规定的申请期限内，被上诉人的申请完全符合法律的规定。

二、原一审法院行政判决适用法律正确

《人力资源社会保障部关于执行〈工伤保险条例〉若干问题的意见》第七条规定，具备用工主体资格的承包单位违反法律、法规规定，将承包业务转包、分包给不具备用工主体资格的组织或者自然人，该组织或者自然人招用的劳动者从事承包业务时因工伤亡的，由该具备用工主体资格的承包单位承担用人单位依法应承担的工伤保险责任。同时，《最高人民法院关于审理工伤保险行政案件若干问题的规定》第三条明确规定："社会保险行政部门认定下列单位为承担工伤保险责任单位的，人民法院应予支持：（四）用工单位违反法律、法规规定将承包业务转包给不具备用工主体资格的组织或者自然人，该组织或者自然人聘用的职工从事承包业务时因工伤亡的，用工单位为承担工伤保险责任的单位"。本案中，某建筑工程有限公司将某某社区居民委员会某家园（3号地块）天然气建设施工项目业务非法转包给不具备用工主体的自然人张某华，张某华又招用被上诉人从事承包业务时因工受伤，理应由具备用工主体资格的承包单位某建筑工程有限公司承担工伤保险责任。鉴于某建筑工程有限公司未依法承担工伤保险责任，被上诉人向上诉人提出工伤认定申请完全符合法律的规定。

综上，原一审法院认定事实清楚，适用法律正确，应依法驳回上诉人的上诉请求，维持一审判决。

此致

A市中级人民法院

答辩人：牛×× （盖章）

2022年1月8日

附：

1. 答辩状副本一份

(2) 特别注意事项

行政机关或者法律法规授权的组织作为答辩人的应当实事求是地围绕自己所作的行政

行为是否合法的问题,针对上诉人在诉状中陈述的争议焦点详细论述,对上诉人提出的事实和理由进行辩驳,最终证明自己作出的行政行为的合法性,以期望达到让人民法院驳回上诉人上诉请求的意愿。

2. 行政诉讼应诉与出庭

在其他工作上,被上诉人与上诉人的基本相同,其与原一审基本雷同,不再进行赘述。

四、知识技能检测

1. 关于行政案件上诉期限描述正确的是(　　)

  A. 当事人不服人民法院第一审行政判决的上诉期限是自判决书送达之日起十五日内。

  B. 当事人不服人民法院第一审行政判决的上诉期限是自判决书送达之日起十日内。

  C. 当事人不服人民法院第一审行政裁定的上诉期限是自裁定书送达之日起十日内。

  D. 当事人不服人民法院第一审行政裁定的上诉期限是自裁定书送达之日起十五日内。

2. 不得提起上诉的行政裁定有哪些(　　)

  A. 移送或者指定管辖

  B. 终结诉讼

  C. 驳回起诉

  D. 不予立案

3. 下列哪些案件不用缴纳上诉费(　　)

  A. 裁定不予受理的案件

  B. 裁定驳回起诉的案件

  C. 裁定驳回起诉的案件

  D. 国家赔偿案件的案件

参考答案：1. AC　2. AB　3. ABCD

任务二　申　诉

一、任务清单

序号	任务内容	组织形式	工作成果	评价方式
1	研判申诉案件	以小组为单位	识别申诉案件	指导教师+小组互评
2	按照再审申请书的体例和格式等要求,结合相关案情,撰写再审申请书。	以小组为单位	行政再审申请书	指导教师+小组互评
3	提交申诉材料	以小组为单位	完成申诉材料提交	指导教师+小组互评

二、评价标准

序号	考核项目	分值
1	申请再审的主体考量	10
2	申请再审案件考量	20
3	再审申请书格式规范、结构清晰完整	20
4	再审申请材料准备及提交	20
5	申请检察院法律监督	10
6	申请法院院长和法院发现	10
7	申诉中事务处理	10
总计		100

三、知识技能链接

我们国家施行的是两审终审制，但是为了判决的公平正义，为了预防错误和纠正错误的裁判，国家又设立了审判监督机制，又称为申诉机制。申诉，是指公民、法人或其他组织，认为对某一问题的处理结果不正确，而向国家的有关机关申述理由，请求重新处理的行为。申诉大致分为两类，一类为非诉讼申诉，另一类为诉讼申诉。诉讼申诉又分为广义和狭义两种。广义的诉讼申诉，是指诉讼当事人或其他有关公民对已发生法律效力的判决、裁定、调解不服时，依法向法院或者检察机关提出重新处理要求的诉讼行为。狭义的诉讼申诉，仅指当事人及其法定代理人对已经发生法律效力的判决、裁定、调解，认为确有错误，向原审人民法院和上级人民法院提出的重新处理的一种诉讼请求。在行政诉讼中，1989年4月4日第七届全国人民代表大会第二次会议通过的《行政诉讼法》第六十二条首次明确提出了"申诉"的说法。2014年11月1日，在对《行政诉讼法》修订的时候，在第七章审理和判决中增设"第五节审判监督程序"部分，同时也将"申诉"改成"申请再审"。目前审判监督程序启动的方式有：当事人申请再审、院长和法院发现（最高院发现、上级法院发现）、检察院法律监督（提出检察建议和提请抗诉）。为了连通上下文，便于了解案件的整个流程，我们采用诉讼申诉的广义概念，将检察院的法律监督、法院院长和法院发现列进一个专章进行介绍。

（一）当事人申请再审

当事人申请再审，是我国再审制度的组成部分，是社会主义民主和法制进一步健全和完善的体现。当事人通过提交再审申请书，引起再审程序，有利于纠正生效裁判的错误，保证案件的审判质量，维护人民法院生效判决、裁定和调解书的合法性、严肃性；有利于纠正错案，保护当事人合法权益，制裁行政违法行为；有利于提高人民法院的权威，维护法律的严肃性和社会主义法制的尊严。当事人对已经发生法律效力的判决、裁定，认为确有错误的，可以向上一级人民法院申请再审，律师可以接受当事人的委托，代理其向人民法院申请再审，但判决、裁定不停止执行。

1. 能否启动再审的判别

（1）申请再审的期限判别

当事人向人民法院申请再审，应当在判决、裁定或者调解书发生法律效力后六个月内提出。申请再审期间为人民法院向当事人送达裁判文书之日起六个月内，当事人可以向上一级人民法院申请再审。

如果存在以下四种情形，则不受裁判法律文书生效6个月时间的限制，时间给予适当放宽，再审申请人自知道或者应当知道之日起六个月内提出，法院亦应受理。①有新的证据，足以推翻原判决、裁定的；②原判决、裁定认定事实的主要证据是伪造的；③据以作出原判决、裁定的法律文书被撤销或者变更的；④审判人员审理该案件时有贪污受贿、徇私舞弊、枉法裁判行为的。

申请再审期间为不变期间，不适用时效中止、中断、延长的规定。

（2）再审法院的判别

当事人对已经发生法律效力的判决、裁定，认为确有错误的，可以向上一级人民法院申请再审。这里也要特别注意，是上一级，而不是上级，假如生效法院是中级人民法院，其申请再审如果向上一级法院申请，只能是中级人民法院的上一级法院省高级人民法院，不能是外省的高级人民法院，或是最高人民法院。不能越级或是冲破地域管辖的限制。再审申请人向原审人民法院申请再审或者越级申请再审的，原审人民法院或者有关上级人民法院应当告知其向作出生效裁判的人民法院的上一级法院提出。

（3）再审申请人的判别

提起再审的必须具有再审利害关系的人。再审申请人是生效裁判文书列明的当事人，或者其他因不能归责于本人的事由未被裁判文书列为当事人，但与行政行为有利害关系的公民、法人或者其他组织；一审法院判决即生效的，未经过二审程序的原告、被告、共同诉讼人、第三人、诉讼代表人依法享有再审权；历经二审法院裁判生效的上诉人、被上诉人、共同诉讼人、第三人、诉讼代表人均依法享有再审权。

特别注意的是，一审法院判决即生效的案件，如果案件系缺席判决，普遍通说认为由于被告缺席判决生效，且未经上诉程序，直接再审涉嫌浪费司法资源，不符合再审条件，会被驳回再审，这种情况再审的风险建议提示当事人。如果被告缺席，确事出有因应排除在外。

如果再审申请人是单位的，要审查再审申请人单位法定代表人是否发生变更、名称是否变化等问题，如果存在该情况，要听取变更后法定代表人的意见，并在处理上诉事务中加以重视和更新。

（4）再审新证据的判别

再审新证据是针对原有证据而言的，新证据一般包含这三类证据：在原一、二审程序中应当准予延期提供而未获准许的证据；当事人在原一、二审程序中依法申请调取而未获准许或者未取得的证据；当事人提供的在一、二审判决生效后发现的证据。

当事人有新的证据需向申请再审人民法院提供的，结合证据的类型做好复制、复印工作，进行审查、整理后，以供撰写再审申请书使用和向再审法院提交。

(5) 再审事实的判别

申请再审和申诉的范围包括已经生效的判决书、行政赔偿调解书、不予受理和驳回起诉的裁定书。再审的对象和事实必须是已发生法律效力的判决、裁定或者调解书，没有发生法律效力或不属于再审范围的法律文书不得申请再审。以下情形申请再审，人民法院不予立案：

①再审申请被驳回后再次提出申请的；

②对再审判决、裁定提出申请的；

③在人民检察院对当事人的申请作出不予提出检察建议或者抗诉决定后又提出申请的；

2. 申请再审的材料准备

(1) 撰写行政再审申请书

行政再审申请书，是指当事人及其法定代理人认为已经发生法律效力的行政判决书、裁定书、调解书有错误，向人民法院提交的，请求变更或者撤销原裁判、调解书，对案件进行重新审理的法律文书。

只要当事人依法提交再审申请书，符合法定条件的，人民法院便启动再审程序，对案件进行重新审理。

①制作要点

首部：注明文书名称。再审申请人、被申请人及原审其他当事人的基本情况。当事人是自然人的，应列明姓名、性别、出生日期、民族、住址及有效联系电话、通信地址；当事人是法人或者其他组织的，应列明名称、住所地和法定代表人或者主要负责人的姓名、职务及有效联系电话、通信地址；申请人是无诉讼行为能力的公民，应写明其法定代理人的身份基本情况及其与申请人的关系。委托律师代理申请再审的，应写明其姓名及所在律师事务所名称。案由：写明申请再审案件的案由、该案原审人民法院名称、案件编号、生效裁判或调解书制作日期，并表明对该裁判不服，或原调解书有违法之处。

正文：主要阐明申请再审的请求事项、事实与理由。

请求事项：简要明确地提出请求人民法院对本案进行再审，变更或撤销原裁判。

事实和理由：申请再审的具体法定事由及事实、理由。首先明确而具体地写明原裁判的错误。具体围绕：A. 不予立案或者驳回起诉确有错误的；B. 有新的证据，足以推翻原判决、裁定的；C. 原判决、裁定认定事实的主要证据不足、未经质证或者系伪造的；D. 原判决、裁定适用法律、法规确有错误的；E. 违反法律规定的诉讼程序，可能影响公正审判的；F. 原判决、裁定遗漏诉讼请求的；G. 据以作出原判决、裁定的法律文书被撤销或者变更的；H. 审判人员在审理该案件时有贪污受贿、徇私舞弊、枉法裁判行为的。这八个方面进行阐述。如有人证、物证、书证及其他证据材料的，应着重列出具体有关人证、物证、书证及其他证据材料，说明原裁判或调解书存在的错误。

尾部：致送人民法院名称。再审申请人的签名、捺印或者盖章。申请人有法定代理人的，应有法定代理人的签名。申请日期。

附项：如有证据证明原裁判有错误，应列明证据名称、数量，证人姓名、住址。

文书样例

行政再审申请书

再审申请人×××……(写明姓名或名称等基本情况)。

再审被申请人×××……(写明姓名或名称等基本情况)。

再审申请人×××因……(写明案由)一案,不服××××人民法院××××年××月××日(××××)×行×字第××号(判决、裁定或调解),根据……的规定(写明申请再审的法律依据),现提出再审申请。

申请请求

……(写明具体的申请请求)。

申请理由

……(写明具体的申请事实、理由以及具体的法律依据)。

此致
××××人民法院

再审申请人:×××(签名)
××××年××月××日

附:
1. 再审申请书副本××份
2. 原审裁判文书副本××份

案例链接

二审判决上诉人败诉后,上诉人不服二审判决,拟申请再审。

案例文书

行政再审申请书

再审申请人(一审被告、二审上诉人):A市人力资源和社会保障局,住所地A市B区华南路36号。

法定代表人:张**,该局局长。被申请人

被申请人(一审原告、二审被上诉人):牛某元,男,汉族,1975年6月12日出生,住A市B区华西路256号某小区8号楼三单元202室,公民身份号码:65025819750612****,联系方式151****3458。

再审请求

一、请求撤销 A 市中级人民法院(2021)×行终 148 号行政判决书；

二、请求撤销 A 市 B 区人民法院(2020)×行初字第 100 号行政判决书；

三、请求依法判准再审申请人原审诉讼请求或指令再审；

事实和理由

被申请人因对再审申请人作出《工伤认定申请不予受理决定书》不服，向原一审法院 A 市 B 区人民法院提起诉讼。2021 年 1 月 10 日，A 市 B 区人民法院(2020)×行初字第 100 号行政判决书，判令再审申请人受理被申请人的工伤认定申请。再审申请人不服，随后上诉至 A 市中级人民法院，该院经审理亦认为再审申请人应受理被申请人的工伤认定申请，作出(2021)×行终 148 号行政判决书驳回了再审申请人的上诉，维持了原审判决。2021 年 4 月 1 日，再审申请人收到该行政判决书。再审申请人认为，原一、二审法院作出的行政判决错误，应当再审，具体理由如下：

一、原判决认定事实的主要证据不足

1. 认定被申请人系在工作时间、工作场所内因工作原因受到事故伤害证据不足

被申请人称，其于 2020 年 4 月 3 日下午 3 点左右在某家园(3 号地块)天然气建设施工项目上安装天然气管线时，出现梯子意外侧倒，致使被上诉人摔伤，并在一审中提交了摔伤视频材料、医疗诊断证明。可事实上，被申请人提交的视频只是拍摄到了牛某元坐在地上，以及张某华跟其的一段对话，且该对话中显示牛某元声情自若并无异样。尤为值得注意的，视频显示当时现场为：梯子是竖直倚靠在墙上的，没有现场摔倒的任何痕迹。医疗诊断证明亦显示，牛某元入院就医的时间为 2020 年 4 月 4 日上午 9 时许，与其述称的 2020 年 4 月 3 日下午 3 点左右有明显的时间差异。无法证明牛某元所受伤的时间、地点和原因。《工伤保险条例》第十四条规定："职工有下列情形之一的，应当认定为工伤：(一)在工作时间和工作场所内，因工作原因受到事故伤害的；(二)工作时间前后在工作场所内，从事与工作有关的预备性或者收尾性工作受到事故伤害的；……"，只有在工作时间、工作场所内，因工作原因受到事故伤害方可认定为工伤，因此没有直接证据证明牛某元所受伤系工伤。

2. 认定某建设工程有限公司系非法转包证据不足

被申请人虽然向法庭提供了某建筑工程有限公司与张某华签订的《天然气建设施工分包协议书》，但该协议书只是一份复印件。《最高人民法院关于行政诉讼证据若干问题的规定》第十条第一款(一)项明确规定，提供书证的原件，原本、正本和副本均属于书证的原件。提供原件确有困难的，可以提供与原件核对无误的复印件、照片、节录本。被申请人自始至终无法提供该协议的原件，无法确认该协议的真实性。根据《建筑工程施工发包与承包违法行为认定查处管理办法》第三条第二款"县级以上地方人民政府住房和城乡建设主管部门在其职责范围内具体负责本行政区域内建筑工

程施工发包与承包违法行为的认定查处工作"的规定。被申请人也没有提交相关行业主管部门出具的关于某建设工程有限公司存在承包违法行为认定性的结论文书,被申请人主张某建设工程有限公司系非法转包、分包关系,缺乏证据支撑,其说法不能成立。

3. 被申请人没有证据证明其劳动关系

被申请人在提交工伤认定申请前,就其与某建设工程有限公司于×年×月×日至×年×月×日是否存在劳动关系提起劳动仲裁申请,B区劳动争议仲裁委员会裁决驳回了被上诉人的仲裁请求。后被上诉人就该劳动争议诉讼至B区人民法院,一审法院判决驳回被上诉人的诉讼请求,被上诉人提起上诉,二审法院判决驳回上诉,维持原判,也即一审、二审法院均未判决确认被上诉人与某建设工程有限公司双方存在劳动关系。被申请人无法提供其与单位存在劳动关系的证明。

二、据以作出原判决的法律文书被撤销

在行政诉讼过程中,再审申请人主动撤销了此前作出的《工伤认定申请不予受理决定书》,并于2021年3月22日向A市中级人民法院提交了《撤回行政案件上诉申请书》,请求撤回(2021)×行终字148号一案的上诉。A市中级人民法院不知何故未予准许。在《工伤认定申请不予受理决定书》已被撤销的情况下,A市中级人民法院仍作出行政判决,明显与事实不符,也缺乏法律依据。

三、原判决适用法律、法规确有错误

如前所述,原一、二审法院基于错误的事实判定,进而适用《行政诉讼法》第八十九条第一款第(一)项之规定驳回再审申请人的上诉适用法律错误。本案中,被申请人无法证实其与某建筑工程有限公司存在劳动关系,且其在申请认定工伤程序中也没有提交其与某建筑工程有限公司存在劳动关系的证明材料,再审申请人依据《工伤保险条例》第十八条第二款的规定作出《工伤认定申请不予受理决定书》完全符合法律的规定。原一、二审法院应在查明事实的基础上,驳回被申请人的诉讼请求。

综上,原一、二审法院作出的行政判决认定事实错误、证据不足、适用法律错误,应予以纠正。为了维护再审申请人的合法权益,特依据《中华人民共和国行政诉讼法》第九十条、第九十一条(三)、(四)、(七)及有关法律的规定向贵院申请再审,望贵院依法裁判。

此致
H省高级人民法院

再审申请人:A市人力资源和社会保障局(盖章)
2021年6月5日

附:
1. 再审申请书副本一份
2. 原审裁判文书副本一份

②特别注意事项

原裁判的编号、案由等情况要写得清楚、准确，以便于人民法院查找原案卷并核查案情；

申请再审的事实和证据要真实可靠，不能歪曲事实和伪造证据；

有新证据的，应附上新的证据。

3. 再审申请的提交

（1）提交什么

①再审申请书，并按照被申请人及原审其他当事人的人数提交副本；

②再审申请人是自然人的，应当提交身份证明复印件；再审申请人是法人或者其他组织的，应当提交营业执照复印件、组织机构代码证书复印件、法定代表人或者主要负责人身份证明；法人或者其他组织不能提供组织机构代码证书复印件的，应当提交情况说明；

③委托他人代为申请再审的，应当提交授权委托书和代理人身份证明；

④原审判决书、裁定书、调解书，或者与原件核对无异的复印件；

⑤一审起诉状复印件、二审上诉状复印件；

⑥在原审诉讼过程中提交的主要证据材料；

⑦支持再审申请事由和再审请求的证据材料；

⑧行政机关作出相关行政行为的证据材料；

⑨其向行政机关提出申请，但行政机关不作为的相关证据材料；

⑩认为需要提交的其他材料。

（2）如何提交

①到法院现场提交

除个别法院要求再审申请材料向原二审法院或是一审法院（一审即生效，未上诉的案件）提交并由其向生效法院的上一级法院转交外，一般向作出终审法院的上一级法院提交。

②邮寄提交

一般法院是接收邮寄提交的再审申请资料的，但有的法院要求必须当事人到现场亲办，因此在决定邮寄前，首先向法院询问清楚，方可提交，否则有可能贻误再审事宜。

4. 再审申请的受理

再审申请人提交的再审申请书等材料符合上述要求的，人民法院应当出具《诉讼材料收取清单》，注明收到材料日期，并加盖专用收件章。《诉讼材料收取清单》一式两份，一份由人民法院入卷，一份由再审申请人留存。人民法院应当及时立案，并应自收到符合条件的再审申请书等材料之日起五日内向再审申请人发送受理通知书，同时向被申请人及原审其他当事人发送应诉通知书、再审申请书副本及送达地址确认书。因通信地址不详等原因，受理通知书、应诉通知书、再审申请书副本等材料未送达当事人的，不影响案件的审查。

被申请人可以在收到再审申请书副本之日起十五日内向人民法院提出书面答辩意见，当被申请人未提出书面答辩意见的，不影响人民法院审查。由于其提出书面答辩意见并非义务，故而被申请人有可能提出书面答辩意见，也可能不提出书面答辩意见，作为再审申请人的代理人一定要注意在十五日的时间内,及时向法院了解被申请人答辩意见对于案件的进展至关重要。

人民法院应当自再审申请案件立案之日起六个月内审查,有特殊情况需要延长的,由本院院长批准。代理人在立案之日起六个月内要及时沟通,加强追踪。

5. 再审申请的撤回

再审申请人申请撤回再审申请,尚未立案的,人民法院退回已提交材料并记录在册;已经立案的,人民法院裁定是否准许撤回再审申请。人民法院准许撤回再审申请或者按撤回再审申请处理后,再审申请人再次申请再审的,人民法院不予立案,但有《行政诉讼法》第九十一条第二项、第三项、第七项、第八项规定等情形,自知道或者应当知道之日起六个月内提出的除外。

6. 再审申请的驳回

再审申请人提交的再审申请书等材料不符合要求的,人民法院应当将材料退回再审申请人,并一次性全面告知其在指定的合理期限内予以补正。再审申请人无正当理由逾期不予补正且仍坚持申请再审的,人民法院应当裁定驳回其再审申请。

再审申请人认为未超过法定期间的,人民法院可以要求其在十日内提交生效裁判文书的送达回证复印件或其他能够证明裁判文书实际生效日期的相应证据材料。再审申请人拒不提交上述证明材料或逾期未提交,或者提交的证据材料不足以证明申请再审未超过法定期间的,人民法院裁定驳回再审申请。

经对再审申请审查,法院认为再审事由不成立、超出法定再审事由范围等不符合再审条件的,人民法院应当裁定驳回再审申请,不予再审。

(二)申请检察院法律监督

1. 可以申请检察院法律监督的范围。当事人不服已经发生法律效力的判决、裁定,并且符合下列情形之一的,律师可以接受当事人的委托,代理其向有管辖权的人民检察院申请抗诉或者检察建议:(1)人民法院驳回再审申请或者逾期未对再审申请作出裁定,当事人对已经发生法律效力的行政判决、裁定、调解书,认为确有错误的;(2)认为再审行政判决、裁定确有错误的;(3)认为行政审判程序中审判人员存在违法行为的;(4)认为人民法院行政案件执行活动存在违法情形的。

2. 不可以申请检察院法律监督的范围。人民法院基于抗诉或者检察建议作出再审判决、裁定后,当事人申请再审的,人民法院不予立案。

☞ **文书样例**

行政抗诉申请书

(适用向检察院申请抗诉)

申请人×××……(写明姓名或名称等基本情况)。

被申请人×××……(写明姓名或名称等基本情况)。

申请人×××因……(写明案由)一案,不服××××人民法院××××年××月××日(××××)×行×字第××号(判决、裁定或调解),根据……的规定(写明申请的法律依据),现提出申请。

申请请求

……(写明具体的申请请求,例如请求贵院依法对××××人民法院(××××)×行××号行政判决书提出抗诉)。

申请理由

……(写明具体的申请事实、理由以及具体的法律依据)。
此致
××××人民检察院

申请人:×××(签名)
××××年××月××日

☞ **文书样例**

行政提请抗诉申请书

(适用向检察院提请抗诉)

申请人×××……(写明姓名或名称等基本情况)。
被申请人×××……(写明姓名或名称等基本情况)。
申请人×××因……(写明案由)一案,不服××××人民法院××××年××月××日(××××)×行×字第××号(判决、裁定或调解),根据……的规定(写明申请的法律依据),现提出申请。

申请请求

……(写明具体的申请请求,例如请求贵院提请××××人民检察依法对××××人民法院(××××)×行××号行政判决书提出抗诉)。

申请理由

……(写明具体的申请事实、理由以及具体的法律依据)。
此致
××××人民检察院

申请人:×××(签名)
××××年××月××日

☞ 文书样例

行政案件提出检察建议申请书

（适用向检察院请求提出检察建议）

申请人×××……（写明姓名或名称等基本情况）。

被申请人×××……（写明姓名或名称等基本情况）。

申请人×××因……（写明案由）一案，不服××××人民法院××××年××月××日（××××）×行×字第××号（判决、裁定或调解），根据……的规定（写明申请的法律依据），现提出申请。

申请请求

……（写明具体的申请请求，例如请求贵院向××××人民法院提出检察建议，要求其依法对××××人民法院（××××）×行××号行政判决书提出抗诉）。

申请理由

……（写明具体的申请事实、理由以及具体的法律依据）。

此致

××××人民检察院

申请人：×××（签名）
××××年××月××日

文书书写注意事项与再审申请书类似，不做赘述。

提请抗诉的申请书系向最高人民检察院和已经发生法律效力的判决、裁定的上级人民检察院申请时使用；提请提出检察建议和提请上级检察院抗诉的申请书向发生法律效力的判决、裁定的法院的同级人民检察院申请时使用。

3. 申诉理由成立的后果。人民检察院认为申诉理由成立，向人民法院提出抗诉的，在人民检察院派员出席法庭审理的情况下，律师仍可担任再审案件当事人的诉讼代理人出庭代理。

(三) 提请法院院长或法院发现再审

各级人民法院院长对本院已经发生法律效力的判决、裁定，发现有《行政诉讼法》第九十一条规定情形之一，或者发现调解违反自愿原则或者调解书内容违法，认为需要再审的，应当提交审判委员会讨论决定。最高人民法院对地方各级人民法院已经发生法律效力的判决、裁定，上级人民法院对下级人民法院已经发生法律效力的判决、裁定，发现有《行政诉讼法》第九十一条规定情形之一，或者发现调解违反自愿原则或者调解书内容违法，有权提审或者指令下级人民法院再审。

针对以上规定，当事人认为发生法律效力的判决、裁定确有错误的，可以提请生效法律文书的院长发现,也可向最高人民法院提出发现申请。

☞ **文书样例**

行政案件提请院长发现纠错申请书
(适用提请院长发现)

申请人×××……(写明姓名或名称等基本情况)。

被申请人×××……(写明姓名或名称等基本情况)。

申请人×××因……(写明案由)一案,不服××××人民法院××××年××月××日(××××)×行×字第××号(判决、裁定或调解),根据……的规定(写明申请的法律依据),现提出申请。

申请请求

……(写明具体的申请请求,例如请求×××院长依法对××××人民法院(×××)×行××号行政判决书提交审判委员会讨论决定,并予以再审)。

申请理由

……(写明具体的申请事实、理由以及具体的法律依据)。

此致
××××人民法院

申请人:×××(签名)
××××年××月××日

☞ **文书样例二(提请最高人民法院发现)**

申 请 书

申请人×××……(写明姓名或名称等基本情况)。

被申请人×××……(写明姓名或名称等基本情况)。

申请人×××因……(写明案由)一案,不服××××人民法院××××年××月××日(××××)×行×字第××号(判决、裁定或调解),根据……的规定(写明申请的法律依据),现提出申请。

申请请求

……(写明具体的申请请求)。

申请理由

……（写明具体的申请事实、理由以及具体的法律依据）。
　　此致
最高人民法院

申请人：×××（签名）
××××年××月××日

（四）再审案件的审理

1. 再审案件的审理程序

当事人主张的再审事由成立，且符合行政诉讼法和《适用解释》规定的申请再审条件的，人民法院应当裁定再审。

人民法院按照审判监督程序再审的案件，发生法律效力的判决、裁定是由第一审法院作出的，按照第一审程序审理，所作的判决、裁定，当事人可以上诉；发生法律效力的判决、裁定是由第二审法院作出的，按照第二审程序审理，所作的判决、裁定，是发生法律效力的判决、裁定；上级人民法院按照审判监督程序提审的，按照第二审程序审理，所作的判决、裁定是发生法律效力的判决、裁定。

2. 再审案件的提审

为了健全完善案件提级管辖、再审提审工作机制，2023年7月28日，最高人民法院印发了《关于加强和规范案件提级管辖和再审提审工作的指导意见》（法发〔2023〕13号），其中特别提出了六类案件应当由最高人民法院依法提审，具体为：（1）在全国有重大影响的；（2）具有普遍法律适用指导意义的；（3）所涉法律适用问题在最高人民法院内部存在重大分歧的；（4）所涉法律适用问题在不同高级人民法院之间裁判生效的同类案件存在重大分歧的；（5）由最高人民法院提审更有利于案件公正审理的；（6）最高人民法院认为应当提审的其他情形。

最高人民法院依职权主动发现地方各级人民法院已经发生法律效力的民事、行政判决、裁定确有错误，并且符合前款规定的，应当提审。

鉴于本书之前已就第一审程序和二审程序事务进行了专章介绍，在此不做赘述，按照之前专章规则办理。

（五）再审的程序终结

再审审理期间，有下列情形之一的，裁定终结再审程序：

1. 再审申请人在再审期间撤回再审请求，人民法院准许的；

2. 再审申请人经传票传唤，无正当理由拒不到庭的，或者未经法庭许可中途退庭，按撤回再审请求处理的；

3. 人民检察院撤回抗诉的；

4. 其他应当终结再审程序的情形。

因人民检察院提出抗诉裁定再审的案件，申请抗诉的当事人有前款规定的情形，且不损害国家利益、社会公共利益或者他人合法权益的,人民法院裁定终结再审程序。

再审程序终结后,人民法院裁定中止执行的原生效判决自动恢复执行。

四、知识技能检测

1. 当事人对已经发生法律效力的判决、裁定,认为确有错误的,可以向上一级人民法院申请再审,提出再审的时间具体时间为( )。

　　A. 3个月内　　　　　B. 5个月内
　　C. 6个月内　　　　　D. 2年内

2. 各级人民检察院对审判监督程序以外的其他审判程序中审判人员的违法行为,有权向( )人民法院提出检察建议。

　　A. 上级　　　　　　　B. 同级
　　C. 下级　　　　　　　D. 上一级

3. 当事人向人民法院申请再审期间,已经发生法律效力的判决、裁定( )执行。

　　A. 自动停止　　　　　B. 不停止
　　C. 申请就　　　　　　D. 申请也不

4. 再审审理期间,遇到哪些情形,人民法院会裁定终结再审程序( )。

　　A. 再审申请人在再审期间撤回再审请求,人民法院准许的;

　　B. 再审申请人经传票传唤,无正当理由拒不到庭的,或者未经法庭许可中途退庭,按撤回再审请求处理的;

　　C. 人民检察院撤回抗诉的;

　　D. 其他应当终结再审程序的情形。

参考答案:1. C　2. B　3. B　4. ABCD

项目六　结　案

☞ 项目描述表

项目名称	立卷归档	学时建议	4
项目描述	律师卷宗是律师业务的专门档案，是律师业务活动的真实记录，是律师代理工作的重要依据。对当事人、律师、律所、甚至国家和社会都具有保存价值和历史记载意义。		
课程思政	培养实事求是，尊重客观事实的法治理念。		
任务描述	任务一：立卷归档 任务二：装订卷宗		
学习内容	1. 律师卷宗的文书材料、证据材料； 2. 立卷归档材料的收集、整理； 3. 立卷归档工作要求、方法和技巧； 4. 律师卷宗的使用。		
学习目标	知识目标	1. 立卷归档及卷宗使用知识的初步准备； 2. 立卷归档方案的制订。	
	能力目标	顺畅完成立卷归档，掌握立卷归档的方法和技巧	
	素养目标	1. 培养律师办案全过程留痕的现代职业素养； 2. 树立尊重客观事实的行为准则； 3. 培养依法维权的法治思维。	
资源配备	教学场地	行政诉讼模拟实训室、模拟网络咨询软件。	
	学习资料	《行政诉讼法》等法律规范、任务单、律师业务记录、诉讼文书等模板、专家已办结案件卷宗材料。	
教学组织流程	1. 下发任务单； 2. 明确学习目标和评价标准； 3. 按任务单要求独立或合作完成； 4. 教师、专家提供辅助指导。		
学习评价建议	测评点： 立卷归档是否规范；		

任务一　立卷归档

一、任务清单

序号	任务内容	组织形式	工作成果	评价方式
1	立卷归档的材料识别	以小组为单位	识别相关归档材料	指导教师+小组互评
2	立卷归档材料的收集整理	以小组为单位	收集整理相关归档材料	指导教师+小组互评
3	撰写结案报告	以小组为单位	提交结案报告	指导教师+小组互评

二、评价标准

项目排序	考核项目	分值
1	立卷归档的意义、重要性	20
2	立卷归档材料的收集、整理	20
3	立卷归档的方法和技巧	20
4	立卷归档的要求	20
5	律师卷宗的使用	20
总计		100

三、知识技能链接

1991年9月11日，司法部颁布《律师业务档案立卷归档办法》分为三个部分二十六条：总则、案卷材料的收集整理和排列顺序、立卷编目和装订。但该办法颁布较早，与现今的律师工作有很大出入，需要根据实际情况作出调整。

律师事务所要求律师办理案件一案一档，全部留档以待后面查询使用。律师管理部门追踪律师具体业务的最直接手段就是检查卷宗，律师有义务将过往案件整理成册备查。

律师办结案子以后，需要按照一定的顺序将案件材料整理成册，交给律所档案管理人员存档。行政诉讼案件一般包括委托协议、授权委托书、所函、起诉状、证据材料、传票、庭审笔录、代理意见、判决书、裁定书、结案报告、律师费发票复印件等内容。

(一) 律师卷宗概述

律师卷宗是律师办理案件、律师事务所审批流程、办案手续的文书集合，通过卷宗能够快速、具体认识到行政诉讼中的受案、证据收集、立案、侦查、审查起诉、审判的流程，还能够快速、具体地了解庭审的流程、律师办案思路。形成卷宗的案件，一般都经过了判决、裁定，甚至经过二审、再审、重审等，都是真实案例，我们可以根据案情，并对照判决书、裁定书，学习前辈律师及法院法官的技巧，在自己制作笔录、意见、代理意见、辩护词时改正不足。

(二) 立卷归档的意义

立卷归档的意义不在于卷宗，在于律师业务水平、律所管理水平、律师服务意识、律师风险意识、律师协作程度、律师营销水平、律师责任心的综合评判。

(三) 立卷归档规范

1. 日常归卷

日常归卷就是在日常工作中随时收集、整理、分类存放案件材料，有条理地管理起来，到立卷归档时做必要的调整，就可以成为正式案卷。好处在于：第一，文件完整，不会丢失和遗漏；第二，方便工作查找、利用；第三，保证案卷质量；第四，节省人力和时间。

2. 立卷归档要求

立卷归档是根据律师卷宗归档制度的要求，将一定期限内全部处理完毕的案件材料，系统地加以整理，建立案件卷宗，向档案室移交。立卷归档的要求主要有以下几个方面。

(1) 检查立卷材料是否清楚、完整

立卷的材料必须齐全和完整。律师办案全过程均要有相关的委托书、记录、笔录、裁判文书等材料归卷。立卷归档所有材料均要清晰可辨、首尾完整，无缺张少页或残损不清的现象，卷宗材料的时间节点、签批手续、处理结果等必须连贯完备。

(2) 检查立卷材料是否真实合法

立卷的材料必须真实、合法。正件与附件一致、打印件与底稿一致、副本与原件一致。涉密文件材料要依照相关规定使用留存或销毁。

(3) 检查卷内文件是否符合归档范围

立卷归档的文件材料要符合归档范围的要求。对重复文件要剔除，对其他不符合归档要求的文件也要剔除出来另作处理。

(4) 排列是否科学、合理

保持卷内文件的条理性，不符合排列规律的案卷，就要进行适当的调整，以保证案卷的质量。

3. 立卷归档方法技巧

根据《律师业务档案立卷归档办法》第十二条的规定，律师业务档案应按照案卷封面、卷内目录、案卷材料、备考表、卷底的顺序排列。案卷内档案材料应按照诉讼程序的客观进程或时间顺序排列。

以行政卷为例：(1) 律师事务所(法律顾问处)批办单；(2) 收费凭证；(3) 委托书(委托代理协议、授权委托书)；(4) 起诉书、上诉书或答辩书；(5) 阅卷笔录；(6) 会见当事人谈话笔录；(7) 调查材料(证人证言、书证)；(8) 诉讼保全申请书、证据保全申请书、先行给付申请书和法院裁定书；(9) 承办律师代理意见；(10) 集体讨论记录；(11) 出庭通知书；(12) 审笔录；(13) 代理词；(14) 判决书、裁定书、调解书、上诉书；(15) 办案小结。

立卷归档就是把案件所有资料按顺序整理，把目录与内容建立对照关系。所有案件都有其特殊性，客观上可能不具有上述全部材料，我们需要按照法律服务发生的时间经过原则对案卷进行整理，没有就不需要准备。

实操当中有中途终止委托的情况，需将案件中的资料备齐，还应当在最后附上标明终止委托的协议。

（四）结案报告

结案报告首部应当书写案件性质、代理阶段、委托人。包括案件基本情况、法律分析、代理行为、案件结果和结论五个部分内容，内容应当精简全面。

☞ **文书样例**

结案报告

案件性质：（案件类型、纠纷类型等）
代理阶段：（诉讼、非诉讼条件等）
委托人：（基本信息）
一、案件基本情况

_____

二、法律分析
三、代理行为
四、案件结果
五、结论

☞ **案例文书**

结案报告

案件性质：工伤认定行政纠纷
代理阶段：一审、二审
委托人：牛××，男，汉族，1975年6月12日出生，住A市B区华西路256号某小区8号楼三单元202室，公民身份号码：65025819750612××××。

一、案件基本情况

某建筑工程有限公司（以下简称建筑公司）承包了某某社区居民委员会某家园（3号地块）天然气建设施工项目，并将项目违法分包给自然人张××。2020年3月17日下午，张××招用牛××入职从事天然气安装工程施工。建筑公司及张××均未组织牛××进行安全教育培训，便要求牛××开始工作。

2020年4月3日下午3点左右，牛××在该小区21号楼2层4室安装天然气，当牛××接管过程中，梯子侧倒，导致牛××从梯子上摔下受伤。张××将牛××送至某人民医院住院治疗。之后，牛××向A市人力资源和社会保障局申请认定工伤，A市人力资源和社会保障局以牛××不符合《工伤保险条例》第十八条的规定，无法提供劳动关系证明材料为由，作出《工伤认定申请不予受理决定书》。

二、法律分析

针对该案的法律纠纷，我所认真调查核实了牛××入职、工作、受伤等情况的文件和证据，得出以下法律意见：

1. 牛××在工作时间和工作场所内，因工作原因受伤，属于《工伤保险条例》第14条规定的应认定为工伤的情形。

2. 牛××向A市人力资源和社会保障局申请认定工伤，A市人力资源和社会保障局以牛××不符合《工伤保险条例》第十八条的规定，无法提供劳动关系证明材料为由，作出《工伤认定申请不予受理决定书》，属于适用法律错误。

三、代理行为

我所先后多次与A市人力资源和社会保障局协商沟通，但A市人力资源和社会保障局拒不改正错误的行政行为。鉴于此，我所向法院提起行政诉讼，依据事实和法律为牛××争取合法权益，请求法院撤销A市人力资源和社会保障局的错误行政行为，判令A市人力资源和社会保障局重新作出行政行为。

四、案件结果

A市A区人民法院判决撤销A市人力资源和社会保障局的《工伤认定申请不予受理决定书》，判令A市人力资源和社会保障局重新作出行政行为。A市人力资源和社会保障局不服一审判决提起上诉，A市中级人民法院终审判决驳回上诉，维持原判。

五、结论

通过本案的调查和代理行动，本所成功为客户争取到合法权益，纠正了行政机关的错误行政行为，提高了客户、法院、行政机关对类似案件的法律认识。充分展示了本所法律理论知识、丰富的代理经验和专业的代理技能。

四、知识技能检测

根据所学，请简要说明律师业务立卷归档的要求。

参考答案：

1. 检查立卷材料是否清楚、完整；
2. 检查立卷材料是否真实合法；
3. 检查卷内文件是否符合归档范围；
4. 排列是否科学、合理。

任务二 装订卷宗

一、任务清单

序号	任务内容	组织形式	工作成果	评价方式
1	将归档材料有序排列整理	以小组为单位	对材料进行排序整理	指导教师+小组互评
2	将归档材料装订成册	以小组为单位	将材料装订成册	指导教师+小组互评

二、评价标准

项目排序	考核项目	分值
1	档案材料的整理排序	50
2	档案材料的装订	50
总计		100

三、知识技能链接

律师业务档案材料根据律师业务大体分为诉讼类、非诉类和涉外类三类案卷，律师业务档案按年度和一案一卷、一卷一号原则立卷。两个以上律师共同承办同一案件或同一法律事务一般应合并立卷，但不同律师事务所（法律顾问处）律师合办的法律事务除外。律师承办跨年度的业务，应在办结年立卷。律师担任常年法律顾问，应做到一单位一卷。在律师的具体工作中可结合实际，依据《律师业务档案立卷归档办法》对其进行分类整理装订。

（一）档案材料整理

案卷内档案材料应按照诉讼程序的客观进程或时间顺序排列，不同类别的律师业务档案材料的排序规则也略有不同。

1. 档案材料整理规则

（1）档案材料整理主体

根据《律师业务档案立卷归档办法》，立卷归档工作由承办律师或律师助理负责。

（2）档案材料整理时间

律师应在法律事务办理完毕后，即全面整理、检查办理该项法律事务的全部文书材料，要补齐遗漏的材料，去掉不必立卷归档的材料。

（3）档案材料整理筛选

律师对业务的档案材料装订时并非单纯将所有材料收集装订留存，其需要对材料内容价值进行判断，进而筛选出可以归档的材料进行整理装订留存。

材料留存规则：律师立卷归档过程中，内容相同的文字材料一般只存一份，但有领导同志批示的材料除外。对已提交给人民法院、仲裁机构或有关部门的证据材料，承办律师应将其副本或复印件入卷归档。对不能附卷归档的实物证据，承办律师可将其照片及证物的名称、数量、规格、特征、保管处所、质量检查证明等记载或留存附卷后，分别保管。

不必留存的材料：委托律师办理法律事务前有关询问如何办理委托手续的信件、电文、电话记录、谈话记录以及复函等；没有参考价值的信封；其他律师事务所(法律顾问处)委托代查的有关证明材料的草稿；未经签发的文电草稿，历次修改草稿(定稿除外)。

2. 档案材料排序规则

《律师业务档案立卷归档办法》未对行政诉讼代理卷详细规定，但严明其参照民事代理卷排列，详细排序见本节任务一。除此之外，行政案件非诉业务亦占有较大比重。在律师担任法律顾问的业务中，法律顾问卷的归档顺序一般如下：(1)聘方的申请书、聘书或续聘书；(2)聘请法律顾问协议；(3)聘方基本情况介绍材料；(4)收费凭证；(5)办理各类法律事务(如起草规章、审查合同、参与谈判、代理解决纠纷、提供法律建议或法律意见、咨询或代书等)的记录和有关材料；(6)协议存续、中止、终止的情况；(7)工作小结。

律师业务文书材料装订前要进一步整理。对破损的材料要修补或复制，复制件放在原件后面。对字迹难以辨认的材料应当附上抄件。主要外文材料要翻译成中文附后。卷面为16开，窄于或小于卷面的材料，要用纸张加衬底；大于卷面的材料，要按卷面大小折叠整齐。需附卷的信封要打开平放，邮票不要揭掉。文书材料上的金属物要全部剔除干净。

(二) 档案材料装订

在对档案材料甄别筛选排序后，需要完成材料装订这一任务工作。律师业务档案一律使用阿拉伯数字逐页编号，两面有字的要两面编页号。页号位置正面在右上角，背面在左上角(无字页不编号)。立卷人需认真填写案卷封面和卷内目录，要求内容整齐，字迹工整。有关卷内文书材料的说明材料，应逐渐填写在备考表内。承办案件日期以委托书签订日期或人民法院指定日期为准；结案日期以收到判决书(裁定书、调解书)之日为准；法律顾问业务的收结日期，以聘请法律顾问合同的签订与终止日期为准；其他非诉讼法律事务，以委托事项办结之日为结案日。

1. 装订要求

案卷装订一律使用棉线绳，三孔钉牢。在线绳活结处需贴上律师事务所(法律顾问处)封签，并在骑缝线上加盖立卷人的姓名章。

2. 装订时间

律师业务文书材料应在结案或事务办结后三个月内整理立卷。装订成册后由承办人根据司法部、国家档案局制定的《律师业务档案管理办法》的有关规定提出保管期限，经律师事务所(法律顾问处)主任审阅盖章后，移交档案管理人员，并办理移交手续。如不符合立卷规定要求，将会退回立卷人重新整理立卷。

3. 其他规定

涉外国家机密和个人隐私的律师业务案卷均应列为密卷，确定密级，在归档时应地档案封面右上角加盖密卷章。随卷归档的录音带、录像带等声像档案，应在每盘磁带上注明当事人的姓名、内容、档案编号、录制人、录制时间等,逐盘登记造册归档。

☞ **文书样例**

律师业务档案卷宗
(诉讼类)

类别		案号	
承办律师		委托人	
案由			
收案日期		结案日期	
审理法院		审级	
法院收案号			
审理结果			
归档日期		立卷人	
保存年限		卷内页数	
档案号数		备注	

卷 宗 目 录

序号	文 件 名 称	页次
1	立案审批表	
2	收费凭证	
3	委托书(委托代理协议、授权委托书)	
4	起诉状(答辩状、上诉状)	
5	阅卷笔录	
6	会见当事人谈话笔录	

续表

序号	文件名称	页次
7	调查材料（证人证言、书证）	
8	诉讼保全申请书、证据保全申请书、先行给付申请书和法院裁定书	
9	承办律师代理意见	
10	集体讨论记录	
11	出庭通知书	
12	庭审笔录	
13	代理词	
14	判决书、裁定书、调解书、裁定书	
15	办案小结	

四、知识技能检测

根据所学内容，简述装订案卷的注意事项。

参考答案：

1. 装订卷宗要规范，符合要求；
2. 装订卷宗要及时；
3. 律师卷宗的保存期限；
4. 涉密卷宗的特殊处理。

附录一

中华人民共和国行政诉讼法

(1989年4月4日第七届全国人民代表大会第二次会议通过 根据2014年11月1日第十二届全国人民代表大会常务委员会第十一次会议《关于修改〈中华人民共和国行政诉讼法〉的决定》第一次修正 根据2017年6月27日第十二届全国人民代表大会常务委员会第二十八次会议《关于修改〈中华人民共和国民事诉讼法〉和〈中华人民共和国行政诉讼法〉的决定》第二次修正)

第一章 总 则

第一条 为保证人民法院公正、及时审理行政案件,解决行政争议,保护公民、法人和其他组织的合法权益,监督行政机关依法行使行政职权,根据宪法,制定本法。

第二条 公民、法人或者其他组织认为行政机关和行政机关工作人员的行政行为侵犯其合法权益,有权依照本法向人民法院提起诉讼。

前款所称行政行为,包括法律、法规、规章授权的组织作出的行政行为。

第三条 人民法院应当保障公民、法人和其他组织的起诉权利,对应当受理的行政案件依法受理。

行政机关及其工作人员不得干预、阻碍人民法院受理行政案件。

被诉行政机关负责人应当出庭应诉。不能出庭的,应当委托行政机关相应的工作人员出庭。

第四条 人民法院依法对行政案件独立行使审判权,不受行政机关、社会团体和个人的干涉。

人民法院设行政审判庭,审理行政案件。

第五条 人民法院审理行政案件,以事实为根据,以法律为准绳。

第六条 人民法院审理行政案件,对行政行为是否合法进行审查。

第七条 人民法院审理行政案件,依法实行合议、回避、公开审判和两审终审制度。

第八条 当事人在行政诉讼中的法律地位平等。

第九条 各民族公民都有用本民族语言、文字进行行政诉讼的权利。

在少数民族聚居或者多民族共同居住的地区,人民法院应当用当地民族通用的语言、文字进行审理和发布法律文书。

人民法院应当对不通晓当地民族通用的语言、文字的诉讼参与人提供翻译。

第十条 当事人在行政诉讼中有权进行辩论。

第十一条 人民检察院有权对行政诉讼实行法律监督。

第二章 受案范围

第十二条 人民法院受理公民、法人或者其他组织提起的下列诉讼:

(一)对行政拘留、暂扣或者吊销许可证和执照、责令停产停业、没收违法所得、没收非法财物、罚款、警告等行政处罚不服的；

(二)对限制人身自由或者对财产的查封、扣押、冻结等行政强制措施和行政强制执行不服的；

(三)属于人民法院行政诉讼的受案范围；

(四)对行政机关作出的关于确认土地、矿藏、水流、森林、山岭、草原、荒地、滩涂、海域等自然资源的所有权或者使用权的决定不服的；

(五)对征收、征用决定及其补偿决定不服的；

(六)申请行政机关履行保护人身权、财产权等合法权益的法定职责，行政机关拒绝履行或者不予答复的；

(七)认为行政机关侵犯其经营自主权或者农村土地承包经营权、农村土地经营权的；

(八)认为行政机关滥用行政权力排除或者限制竞争的；

(九)认为行政机关违法集资、摊派费用或者违法要求履行其他义务的；

(十)认为行政机关没有依法支付抚恤金、最低生活保障待遇或者社会保险待遇的；

(十一)认为行政机关不依法履行、未按照约定履行或者违法变更、解除政府特许经营协议、土地房屋征收补偿协议等协议的；

(十二)认为行政机关侵犯其他人身权、财产权等合法权益的。

除前款规定外，人民法院受理法律、法规规定可以提起诉讼的其他行政案件。

第十三条 人民法院不受理公民、法人或者其他组织对下列事项提起的诉讼：

(一)国防、外交等国家行为；

(二)行政法规、规章或者行政机关制定、发布的具有普遍约束力的决定、命令；

(三)行政机关对行政机关工作人员的奖惩、任免等决定；

(四)法律规定由行政机关最终裁决的行政行为。

第三章 管 辖

第十四条 基层人民法院管辖第一审行政案件。

第十五条 中级人民法院管辖下列第一审行政案件：

(一)对国务院部门或者县级以上地方人民政府所作的行政行为提起诉讼的案件；

(二)海关处理的案件；

(三)本辖区内重大、复杂的案件；

(四)其他法律规定由中级人民法院管辖的案件。

第十六条 高级人民法院管辖本辖区内重大、复杂的第一审行政案件。

第十七条 最高人民法院管辖全国范围内重大、复杂的第一审行政案件。

第十八条 行政案件由最初作出行政行为的行政机关所在地人民法院管辖。经复议的案件，也可以由复议机关所在地人民法院管辖。

经最高人民法院批准，高级人民法院可以根据审判工作的实际情况，确定若干人民法院跨行政区域管辖行政案件。

第十九条 对限制人身自由的行政强制措施不服提起的诉讼，由被告所在地或者原告所在地人民法院管辖。

第二十条 因不动产提起的行政诉讼，由不动产所在地人民法院管辖。

第二十一条 两个以上人民法院都有管辖权的案件，原告可以选择其中一个人民法院提起诉讼。原告向两个以上有管辖权的人民法院提起诉讼的，由最先立案的人民法院管辖。

第二十二条 人民法院发现受理的案件不属于本院管辖的，应当移送有管辖权的人民法院，受移送的人民法院应当受理。受移送的人民法院认为受移送的案件按照规定不属于本院管辖的，应当报请上级人民法院指定管辖，不得再自行移送。

第二十三条 有管辖权的人民法院由于特殊原因不能行使管辖权的，由上级人民法院指定管辖。

人民法院对管辖权发生争议，由争议双方协商解决。协商不成的，报它们的共同上级人民法院指定管辖。

第二十四条 上级人民法院有权审理下级人民法院管辖的第一审行政案件。

下级人民法院对其管辖的第一审行政案件，认为需要由上级人民法院审理或者指定管辖的，可以报请上级人民法院决定。

第四章 诉讼参加人

第二十五条 行政行为的相对人以及其他与行政行为有利害关系的公民、法人或者其他组织，有权提起诉讼。

有权提起诉讼的公民死亡，其近亲属可以提起诉讼。

有权提起诉讼的法人或者其他组织终止，承受其权利的法人或者其他组织可以提起诉讼。

人民检察院在履行职责中发现生态环境和资源保护、食品药品安全、国有财产保护、国有土地使用权出让等领域负有监督管理职责的行政机关违法行使职权或者不作为，致使国家利益或者社会公共利益受到侵害的，应当向行政机关提出检察建议，督促其依法履行职责。行政机关不依法履行职责的，人民检察院依法向人民法院提起诉讼。

第二十六条 公民、法人或者其他组织直接向人民法院提起诉讼的，作出行政行为的行政机关是被告。

经复议的案件，复议机关决定维持原行政行为的，作出原行政行为的行政机关和复议机关是共同被告；复议机关改变原行政行为的，复议机关是被告。

复议机关在法定期限内未作出复议决定，公民、法人或者其他组织起诉原行政行为的，作出原行政行为的行政机关是被告；起诉复议机关不作为的，复议机关是被告。

两个以上行政机关作出同一行政行为的，共同作出行政行为的行政机关是共同被告。

行政机关委托的组织所作的行政行为，委托的行政机关是被告。

行政机关被撤销或者职权变更的，继续行使其职权的行政机关是被告。

第二十七条 当事人一方或者双方为二人以上，因同一行政行为发生的行政案件，或者因同类行政行为发生的行政案件、人民法院认为可以合并审理并经当事人同意的，为共同诉讼。

第二十八条 当事人一方人数众多的共同诉讼,可以由当事人推选代表人进行诉讼。代表人的诉讼行为对其所代表的当事人发生效力,但代表人变更、放弃诉讼请求或者承认对方当事人的诉讼请求,应当经被代表的当事人同意。

第二十九条 公民、法人或者其他组织同被诉行政行为有利害关系但没有提起诉讼,或者同案件处理结果有利害关系的,可以作为第三人申请参加诉讼,或者由人民法院通知参加诉讼。

人民法院判决第三人承担义务或者减损第三人权益的,第三人有权依法提起上诉。

第三十条 没有诉讼行为能力的公民,由其法定代理人代为诉讼。法定代理人互相推诿代理责任的,由人民法院指定其中一人代为诉讼。

第三十一条 当事人、法定代理人,可以委托一至二人作为诉讼代理人。

下列人员可以被委托为诉讼代理人:

(一)律师、基层法律服务工作者;

(二)当事人的近亲属或者工作人员;

(三)当事人所在社区、单位以及有关社会团体推荐的公民。

第三十二条 代理诉讼的律师,有权按照规定查阅、复制本案有关材料,有权向有关组织和公民调查,收集与本案有关的证据。对涉及国家秘密、商业秘密和个人隐私的材料,应当依照法律规定保密。

当事人和其他诉讼代理人有权按照规定查阅、复制本案庭审材料,但涉及国家秘密、商业秘密和个人隐私的内容除外。

第五章 证 据

第三十三条 证据包括:

(一)书证;

(二)物证;

(三)视听资料;

(四)电子数据;

(五)证人证言;

(六)当事人的陈述;

(七)鉴定意见;

(八)勘验笔录、现场笔录。

以上证据经法庭审查属实,才能作为认定案件事实的根据。

第三十四条 被告对作出的行政行为负有举证责任,应当提供作出该行政行为的证据和所依据的规范性文件。

被告不提供或者无正当理由逾期提供证据,视为没有相应证据。但是,被诉行政行为涉及第三人合法权益,第三人提供证据的除外。

第三十五条 在诉讼过程中,被告及其诉讼代理人不得自行向原告、第三人和证人收集证据。

第三十六条 被告在作出行政行为时已经收集了证据,但因不可抗力等正当事由不能提供的,经人民法院准许,可以延期提供。

原告或者第三人提出了其在行政处理程序中没有提出的理由或者证据的,经人民法院准许,被告可以补充证据。

第三十七条 原告可以提供证明行政行为违法的证据。原告提供的证据不成立的,不免除被告的举证责任。

第三十八条 在起诉被告不履行法定职责的案件中,原告应当提供其向被告提出申请的证据。但有下列情形之一的除外:

(一)被告应当依职权主动履行法定职责的;

(二)原告因正当理由不能提供证据的。

在行政赔偿、补偿的案件中,原告应当对行政行为造成的损害提供证据。因被告的原因导致原告无法举证的,由被告承担举证责任。

第三十九条 人民法院有权要求当事人提供或者补充证据。

第四十条 人民法院有权向有关行政机关以及其他组织、公民调取证据。但是,不得为证明行政行为的合法性调取被告作出行政行为时未收集的证据。

第四十一条 与本案有关的下列证据,原告或者第三人不能自行收集的,可以申请人民法院调取:

(一)由国家机关保存而须由人民法院调取的证据;

(二)涉及国家秘密、商业秘密和个人隐私的证据;

(三)确因客观原因不能自行收集的其他证据。

第四十二条 在证据可能灭失或者以后难以取得的情况下,诉讼参加人可以向人民法院申请保全证据,人民法院也可以主动采取保全措施。

第四十三条 证据应当在法庭上出示,并由当事人互相质证。对涉及国家秘密、商业秘密和个人隐私的证据,不得在公开开庭时出示。

人民法院应当按照法定程序,全面、客观地审查核实证据。对未采纳的证据应当在裁判文书中说明理由。

以非法手段取得的证据,不得作为认定案件事实的根据。

第六章 起诉和受理

第四十四条 对属于人民法院受案范围的行政案件,公民、法人或者其他组织可以先向行政机关申请复议,对复议决定不服的,再向人民法院提起诉讼;也可以直接向人民法院提起诉讼。

法律、法规规定应当先向行政机关申请复议,对复议决定不服再向人民法院提起诉讼的,依照法律、法规的规定。

第四十五条 公民、法人或者其他组织不服复议决定的,可以在收到复议决定书之日起十五日内向人民法院提起诉讼。复议机关逾期不作决定的,申请人可以在复议期满之日起十五日内向人民法院提起诉讼。法律另有规定的除外。

第四十六条 公民、法人或者其他组织直接向人民法院提起诉讼的,应当自知道或者应当知道作出行政行为之日起六个月内提出。法律另有规定的除外。

因不动产提起诉讼的案件自行政行为作出之日起超过二十年，其他案件自行政行为作出之日起超过五年提起诉讼的，人民法院不予受理。

第四十七条 公民、法人或者其他组织申请行政机关履行保护其人身权、财产权等合法权益的法定职责，行政机关在接到申请之日起两个月内不履行的，公民、法人或者其他组织可以向人民法院提起诉讼。法律、法规对行政机关履行职责的期限另有规定的，从其规定。

公民、法人或者其他组织在紧急情况下请求行政机关履行保护其人身权、财产权等合法权益的法定职责，行政机关不履行的，提起诉讼不受前款规定期限的限制。

第四十八条 公民、法人或者其他组织因不可抗力或者其他不属于自身的原因耽误起诉期限的，被耽误的时间不计算在起诉期限内。

公民、法人或者其他组织因前款规定以外的其他特殊情况耽误起诉期限的，在障碍消除后十日内，可以申请延长期限，是否准许由人民法院决定。

第四十九条 提起诉讼应当符合下列条件：

（一）原告是符合本法第二十五条规定的公民、法人或者其他组织；

（二）有明确的被告；

（三）有具体的诉讼请求和事实根据；

（四）属于人民法院受案范围和受诉人民法院管辖。

第五十条 起诉应当向人民法院递交起诉状，并按照被告人数提出副本。

书写起诉状确有困难的，可以口头起诉，由人民法院记入笔录，出具注明日期的书面凭证，并告知对方当事人。

第五十一条 人民法院在接到起诉状时对符合本法规定的起诉条件的，应当登记立案。

对当场不能判定是否符合本法规定的起诉条件的，应当接收起诉状，出具注明收到日期的书面凭证，并在七日内决定是否立案。不符合起诉条件的，作出不予立案的裁定。裁定书应当载明不予立案的理由。原告对裁定不服的，可以提起上诉。

起诉状内容欠缺或者有其他错误的，应当给予指导和释明，并一次性告知当事人需要补正的内容。不得未经指导和释明即以起诉不符合条件为由不接收起诉状。

对于不接收起诉状、接收起诉状后不出具书面凭证，以及不一次性告知当事人需要补正的起诉状内容的，当事人可以向上级人民法院投诉，上级人民法院应当责令改正，并对直接负责的主管人员和其他直接责任人员依法给予处分。

第五十二条 人民法院既不立案，又不作出不予立案裁定的，当事人可以向上一级人民法院起诉。上一级人民法院认为符合起诉条件的，应当立案、审理，也可以指定其他下级人民法院立案、审理。

第五十三条 公民、法人或者其他组织认为行政行为所依据的国务院部门和地方人民政府及其部门制定的规范性文件不合法，在对行政行为提起诉讼时，可以一并请求对该规范性文件进行审查。

前款规定的规范性文件不含规章。

第七章　审理和判决

第一节　一般规定

第五十四条　人民法院公开审理行政案件，但涉及国家秘密、个人隐私和法律另有规定的除外。

涉及商业秘密的案件，当事人申请不公开审理的，可以不公开审理。

第五十五条　当事人认为审判人员与本案有利害关系或者有其他关系可能影响公正审判，有权申请审判人员回避。

审判人员认为自己与本案有利害关系或者有其他关系，应当申请回避。

前两款规定，适用于书记员、翻译人员、鉴定人、勘验人。

院长担任审判长时的回避，由审判委员会决定；审判人员的回避，由院长决定；其他人员的回避，由审判长决定。当事人对决定不服的，可以申请复议一次。

第五十六条　诉讼期间，不停止行政行为的执行。但有下列情形之一的，裁定停止执行：

（一）被告认为需要停止执行的；

（二）原告或者利害关系人申请停止执行，人民法院认为该行政行为的执行会造成难以弥补的损失，并且停止执行不损害国家利益、社会公共利益的；

（三）人民法院认为该行政行为的执行会给国家利益、社会公共利益造成重大损害的；

（四）法律、法规规定停止执行的。

当事人对停止执行或者不停止执行的裁定不服的，可以申请复议一次。

第五十七条　人民法院对起诉行政机关没有依法支付抚恤金、最低生活保障金和工伤、医疗社会保险金的案件，权利义务关系明确、不先予执行将严重影响原告生活的，可以根据原告的申请，裁定先予执行。

当事人对先予执行裁定不服的，可以申请复议一次。复议期间不停止裁定的执行。

第五十八条　经人民法院传票传唤，原告无正当理由拒不到庭，或者未经法庭许可中途退庭的，可以按照撤诉处理；被告无正当理由拒不到庭，或者未经法庭许可中途退庭的，可以缺席判决。

第五十九条　诉讼参与人或者其他人有下列行为之一的，人民法院可以根据情节轻重，予以训诫、责令具结悔过或者处一万元以下的罚款、十五日以下的拘留；构成犯罪的，依法追究刑事责任：

（一）有义务协助调查、执行的人，对人民法院的协助调查决定、协助执行通知书，无故推拖、拒绝或者妨碍调查、执行的；

（二）伪造、隐藏、毁灭证据或者提供虚假证明材料，妨碍人民法院审理案件的；

（三）指使、贿买、胁迫他人作伪证或者威胁、阻止证人作证的；

（四）隐藏、转移、变卖、毁损已被查封、扣押、冻结的财产的；

（五）以欺骗、胁迫等非法手段使原告撤诉的；

（六）以暴力、威胁或者其他方法阻碍人民法院工作人员执行职务，或者以哄闹、冲击法庭等方法扰乱人民法院工作秩序的；

（七）对人民法院审判人员或者其他工作人员、诉讼参与人、协助调查和执行的人员恐吓、侮辱、诽谤、诬陷、殴打、围攻或者打击报复的。

人民法院对有前款规定的行为之一的单位，可以对其主要负责人或者直接责任人员依照前款规定予以罚款、拘留；构成犯罪的，依法追究刑事责任。

罚款、拘留须经人民法院院长批准。当事人不服的，可以向上一级人民法院申请复议一次。复议期间不停止执行。

第六十条 人民法院审理行政案件，不适用调解。但是，行政赔偿、补偿以及行政机关行使法律、法规规定的自由裁量权的案件可以调解。

调解应当遵循自愿、合法原则，不得损害国家利益、社会公共利益和他人合法权益。

第六十一条 在涉及行政许可、登记、征收、征用和行政机关对民事争议所作的裁决的行政诉讼中，当事人申请一并解决相关民事争议的，人民法院可以一并审理。

在行政诉讼中，人民法院认为行政案件的审理需以民事诉讼的裁判为依据的，可以裁定中止行政诉讼。

第六十二条 人民法院对行政案件宣告判决或者裁定前，原告申请撤诉的，或者被告改变其所作的行政行为，原告同意并申请撤诉的，是否准许，由人民法院裁定。

第六十三条 人民法院审理行政案件，以法律和行政法规、地方性法规为依据。地方性法规适用于本行政区域内发生的行政案件。

人民法院审理民族自治地方的行政案件，并以该民族自治地方的自治条例和单行条例为依据。

人民法院审理行政案件，参照规章。

第六十四条 人民法院在审理行政案件中，经审查认为本法第五十三条规定的规范性文件不合法的，不作为认定行政行为合法的依据，并向制定机关提出处理建议。

第六十五条 人民法院应当公开发生法律效力的判决书、裁定书，供公众查阅，但涉及国家秘密、商业秘密和个人隐私的内容除外。

第六十六条 人民法院在审理行政案件中，认为行政机关的主管人员、直接责任人员违法违纪的，应当将有关材料移送监察机关、该行政机关或者其上一级行政机关；认为有犯罪行为的，应当将有关材料移送公安、检察机关。

人民法院对被告经传票传唤无正当理由拒不到庭，或者未经法庭许可中途退庭的，可以将被告拒不到庭或者中途退庭的情况予以公告，并可以向监察机关或者被告的上一级行政机关提出依法给予其主要负责人或者直接责任人员处分的司法建议。

第二节 第一审普通程序

第六十七条 人民法院应当在立案之日起五日内，将起诉状副本发送被告。被告应当在收到起诉状副本之日起十五日内向人民法院提交作出行政行为的证据和所依据的规范性文件，并提出答辩状。人民法院应当在收到答辩状之日起五日内，将答辩状副本发送原告。

被告不提出答辩状的，不影响人民法院审理。

第六十八条 人民法院审理行政案件，由审判员组成合议庭，或者由审判员、陪审员组成合议庭。合议庭的成员，应当是三人以上的单数。

第六十九条 行政行为证据确凿,适用法律、法规正确,符合法定程序的,或者原告申请被告履行法定职责或者给付义务理由不成立的,人民法院判决驳回原告的诉讼请求。

第七十条 行政行为有下列情形之一的,人民法院判决撤销或者部分撤销,并可以判决被告重新作出行政行为:

(一)主要证据不足的;

(二)适用法律、法规错误的;

(三)违反法定程序的;

(四)超越职权的;

(五)滥用职权的;

(六)明显不当的。

第七十一条 人民法院判决被告重新作出行政行为的,被告不得以同一的事实和理由作出与原行政行为基本相同的行政行为。

第七十二条 人民法院经过审理,查明被告不履行法定职责的,判决被告在一定期限内履行。

第七十三条 人民法院经过审理,查明被告依法负有给付义务的,判决被告履行给付义务。

第七十四条 行政行为有下列情形之一的,人民法院判决确认违法,但不撤销行政行为:

(一)行政行为依法应当撤销,但撤销会给国家利益、社会公共利益造成重大损害的;

(二)行政行为程序轻微违法,但对原告权利不产生实际影响的。

行政行为有下列情形之一,不需要撤销或者判决履行的,人民法院判决确认违法:

(一)行政行为违法,但不具有可撤销内容的;

(二)被告改变原违法行政行为,原告仍要求确认原行政行为违法的;

(三)被告不履行或者拖延履行法定职责,判决履行没有意义的。

第七十五条 行政行为有实施主体不具有行政主体资格或者没有依据等重大且明显违法情形,原告申请确认行政行为无效的,人民法院判决确认无效。

第七十六条 人民法院判决确认违法或者无效的,可以同时判决责令被告采取补救措施;给原告造成损失的,依法判决被告承担赔偿责任。

第七十七条 行政处罚明显不当,或者其他行政行为涉及对款额的确定、认定确有错误的,人民法院可以判决变更。

人民法院判决变更,不得加重原告的义务或者减损原告的权益。但利害关系人同为原告,且诉讼请求相反的除外。

第七十八条 被告不依法履行、未按照约定履行或者违法变更、解除本法第十二条第一款第十一项规定的协议的,人民法院判决被告承担继续履行、采取补救措施或者赔偿损失等责任。

被告变更、解除本法第十二条第一款第十一项规定的协议合法,但未依法给予补偿的,人民法院判决给予补偿。

第七十九条 复议机关与作出原行政行为的行政机关为共同被告的案件,人民法院应当对复议决定和原行政行为一并作出裁判。

第八十条 人民法院对公开审理和不公开审理的案件,一律公开宣告判决。

当庭宣判的,应当在十日内发送判决书;定期宣判的,宣判后立即发给判决书。

宣告判决时,必须告知当事人上诉权利、上诉期限和上诉的人民法院。

第八十一条 人民法院应当在立案之日起六个月内作出第一审判决。有特殊情况需要延长的,由高级人民法院批准,高级人民法院审理第一审案件需要延长的,由最高人民法院批准。

第三节 简易程序

第八十二条 人民法院审理下列第一审行政案件,认为事实清楚、权利义务关系明确、争议不大的,可以适用简易程序:

(一)被诉行政行为是依法当场作出的;

(二)案件涉及款额二千元以下的;

(三)属于政府信息公开案件的。

除前款规定以外的第一审行政案件,当事人各方同意适用简易程序的,可以适用简易程序。

发回重审、按照审判监督程序再审的案件不适用简易程序。

第八十三条 适用简易程序审理的行政案件,由审判员一人独任审理,并应当在立案之日起四十五日内审结。

第八十四条 人民法院在审理过程中,发现案件不宜适用简易程序的,裁定转为普通程序。

第四节 第二审程序

第八十五条 当事人不服人民法院第一审判决的,有权在判决书送达之日起十五日内向上一级人民法院提起上诉。当事人不服人民法院第一审裁定的,有权在裁定书送达之日起十日内向上一级人民法院提起上诉。逾期不提起上诉的,人民法院的第一审判决或者裁定发生法律效力。

第八十六条 人民法院对上诉案件,应当组成合议庭,开庭审理。经过阅卷、调查和询问当事人,对没有提出新的事实、证据或者理由,合议庭认为不需要开庭审理的,也可以不开庭审理。

第八十七条 人民法院审理上诉案件,应当对原审人民法院的判决、裁定和被诉行政行为进行全面审查。

第八十八条 人民法院审理上诉案件,应当在收到上诉状之日起三个月内作出终审判决。有特殊情况需要延长的,由高级人民法院批准,高级人民法院审理上诉案件需要延长的,由最高人民法院批准。

第八十九条 人民法院审上诉案件,按照下列情形,分别处理:

(一)原判决、裁定认定事实清楚,适用法律、法规正确的,判决或者裁定驳回上诉,维持原判决、裁定;

(二)原判决、裁定认定事实错误或者适用法律、法规错误的,依法改判、撤销或者变更;

（三）原判决认定基本事实不清、证据不足的，发回原审人民法院重审，或者查清事实后改判。

（四）原判决遗漏当事人或者违法缺席判决等严重违反法定程序的，裁定撤销原判决，发回原审人民法院重审。

原审人民法院对发回重审的案件作出判决后，当事人提起上诉的，第二审人民法院不得再次发回重审。

人民法院审理上诉案件，需要改变原审判决的，应当同时对被诉行政行为作出判决。

第五节　审判监督程序

第九十条　当事人对已经发生法律效力的判决、裁定，认为确有错误的，可以向上一级人民法院申请再审，但判决、裁定不停止执行。

第九十一条　当事人的申请符合下列情形之一的，人民法院应当再审：

（一）不予立案或者驳回起诉确有错误的；

（二）有新的证据，足以推翻原判决、裁定的；

（三）原判决、裁定认定事实的主要证据不足、未经质证或者系伪造的；

（四）原判决、裁定适用法律、法规确有错误的；

（五）违反法律规定的诉讼程序，可能影响公正审判的；

（六）原判决、裁定遗漏诉讼请求的；

（七）据以作出原判决、裁定的法律文书被撤销或者变更的；

（八）审判人员在审理该案件时有贪污受贿、徇私舞弊、枉法裁判行为的。

第九十二条　各级人民法院院长对本院已经发生法律效力的判决、裁定，发现有本法第九十一条规定情形之一，或者发现调解违反自愿原则或者调解书内容违法，认为需要再审的，应当提交审判委员会讨论决定。

最高人民法院对地方各级人民法院已经发生法律效力的判决、裁定，上级人民法院对下级人民法院已经发生法律效力的判决、裁定，发现有本法第九十一条规定情形之一，或者发现调解违反自愿原则或者调解书内容违法的，有权提审或者指令下级人民法院再审。

第九十三条　最高人民检察院对各级人民法院已经发生法律效力的判决、裁定，上级人民检察院对人民法院已经发生法律效力的判决、裁定，发现有本法第九十一条规定情形之一，或者发现调解书损害国家利益、社会公共利益的，应当提出抗诉。

地方各级人民检察院对同级人民法院已经发生法律效力的判决、裁定，发现有本法第九十一条规定情形之一，或者发现调解书损害国家利益、社会公共利益的，可以向同级人民法院提出检察建议，并报上级人民检察院备案；也可以提请上级人民检察院向同级人民法院提出抗诉。

各级人民检察院对审判监督程序以外的其他审判程序中审判人员的违法行为，有权向同级人民法院提出检察建议。

第八章　执　行

第九十四条　当事人必须履行人民法院发生法律效力的判决、裁定、调解书。

第九十五条　公民、法人或者其他组织拒绝履行判决、裁定、调解书的，行政机关或者第三人可以向第一审人民法院申请强制执行,或者由行政机关依法强制执行。

第九十六条 行政机关拒绝履行判决、裁定、调解书的,第一审人民法院可以采取下列措施:

(一)对应当归还的罚款或者应当给付的款额,通知银行从该行政机关的账户内划拨;

(二)在规定期限内不履行的,从期满之日起,对该行政机关负责人按日处五十元至一百元的罚款;

(三)将行政机关拒绝履行的情况予以公告;

(四)向监察机关或者该行政机关的上一级行政机关提出司法建议。接受司法建议的机关,根据有关规定进行处理,并将处理情况告知人民法院;

(五)拒不履行判决、裁定、调解书,社会影响恶劣的,可以对该行政机关直接负责的主管人员和其他直接责任人员予以拘留;情节严重,构成犯罪的,依法追究刑事责任。

第九十七条 公民、法人或者其他组织对行政行为在法定期间不提起诉讼又不履行的,行政机关可以申请人民法院强制执行,或者依法强制执行。

第九十八条 行政机关或者行政机关工作人员作出的行政行为侵犯公民、法人或者其他组织的合法权益造成损害的,由该行政机关或者该行政机关工作人员所在的行政机关负责赔偿。

行政机关赔偿损失后,应当责令有故意或者重大过失的行政机关工作人员承担部分或者全部赔偿费用。

第九章 涉外行政诉讼

第九十九条 外国人、无国籍人、外国组织在中华人民共和国进行行政诉讼,适用本法。法律另有规定的除外。

第一百条 外国人、无国籍人、外国组织在中华人民共和国进行行政诉讼,同中华人民共和国公民、组织有同等的诉讼权利和义务。

外国法院对中华人民共和国公民、组织的行政诉讼权利加以限制的,人民法院对该国公民、组织的行政诉讼权利,实行对等原则。

第一百零一条 人民法院审理行政案件,关于期间、送达、财产保全、开庭审理、调解、中止诉讼、终结诉讼、简易程序、执行等,以及人民检察院对行政案件受理、审理、裁判、执行的监督,本法没有规定的,适用《中华人民共和国民事诉讼法》的相关规定。

第一百零二条 外国人、无国籍人、外国组织在中华人民共和国进行行政诉讼,委托律师代理诉讼的,应当委托中华人民共和国律师机构的律师。

第十章 附 则

第一百零三条 人民法院审理行政案件,应当收取诉讼费用。诉讼费用由败诉方承担,双方都有责任的由双方分担。收取诉讼费用的具体办法另行规定。

第一百零四条 本法自1990年10月1日起施行。

附录二

最高人民法院关于适用
《中华人民共和国行政诉讼法》的解释

(2017年11月13日最高人民法院审判委员会第1726次会议通过,自2018年2月8日起施行)法释〔2018〕1号

为正确适用《中华人民共和国行政诉讼法》(以下简称行政诉讼法),结合人民法院行政审判工作实际,制定本解释。

一、受案范围

第一条 公民、法人或者其他组织对行政机关及其工作人员的行政行为不服,依法提起诉讼的,属于人民法院行政诉讼的受案范围。

下列行为不属于人民法院行政诉讼的受案范围:

(一)公安、国家安全等机关依照刑事诉讼法的明确授权实施的行为;

(二)调解行为以及法律规定的仲裁行为;

(三)行政指导行为;

(四)驳回当事人对行政行为提起申诉的重复处理行为;

(五)行政机关作出的不产生外部法律效力的行为;

(六)行政机关为作出行政行为而实施的准备、论证、研究、层报、咨询等过程性行为;

(七)行政机关根据人民法院的生效裁判、协助执行通知书作出的执行行为,但行政机关扩大执行范围或者采取违法方式实施的除外;

(八)上级行政机关基于内部层级监督关系对下级行政机关作出的听取报告、执法检查、督促履责等行为;

(九)行政机关针对信访事项作出的登记、受理、交办、转送、复查、复核意见等行为;

(十)对公民、法人或者其他组织权利义务不产生实际影响的行为。

第二条 行政诉讼法第十三条第一项规定的"国家行为",是指国务院、中央军事委员会、国防部、外交部等根据宪法和法律的授权,以国家的名义实施的有关国防和外交事务的行为,以及经宪法和法律授权的国家机关宣布紧急状态等行为。

行政诉讼法第十三条第二项规定的"具有普遍约束力的决定、命令",是指行政机关针对不特定对象发布的能反复适用的规范性文件。

行政诉讼法第十三条第三项规定的"对行政机关工作人员的奖惩、任免等决定",是指行政机关作出的涉及行政机关工作人员公务员权利义务的决定。

行政诉讼法第十三条第四项规定的"法律规定由行政机关最终裁决的行政行为"中的"法律"，是指全国人民代表大会及其常务委员会制定、通过的规范性文件。

二、管辖

第三条 各级人民法院行政审判庭审理行政案件和审查行政机关申请执行其行政行为的案件。

专门人民法院、人民法庭不审理行政案件，也不审查和执行行政机关申请执行其行政行为的案件。铁路运输法院等专门人民法院审理行政案件，应当执行行政诉讼法第十八条第二款的规定。

第四条 立案后，受诉人民法院的管辖权不受当事人住所地改变、追加被告等事实和法律状态变更的影响。

第五条 有下列情形之一的，属于行政诉讼法第十五条第三项规定的"本辖区内重大、复杂的案件"：

（一）社会影响重大的共同诉讼案件；

（二）涉外或者涉及香港特别行政区、澳门特别行政区、台湾地区的案件；

（三）其他重大、复杂案件。

第六条 当事人以案件重大复杂为由，认为有管辖权的基层人民法院不宜行使管辖权或者根据行政诉讼法第五十二条的规定，向中级人民法院起诉，中级人民法院应当根据不同情况在七日内分别作出以下处理：

（一）决定自行审理；

（二）指定本辖区其他基层人民法院管辖；

（三）书面告知当事人向有管辖权的基层人民法院起诉。

第七条 基层人民法院对其管辖的第一审行政案件，认为需要由中级人民法院审理或者指定管辖的，可以报请中级人民法院决定。中级人民法院应当根据不同情况在七日内分别作出以下处理：

（一）决定自行审理；

（二）指定本辖区其他基层人民法院管辖；

（三）决定由报请的人民法院审理。

第八条 行政诉讼法第十九条规定的"原告所在地"，包括原告的户籍所在地、经常居住地和被限制人身自由地。

对行政机关基于同一事实，既采取限制公民人身自由的行政强制措施，又采取其他行政强制措施或者行政处罚不服的，由被告所在地或者原告所在地的人民法院管辖。

第九条 行政诉讼法第二十条规定的"因不动产提起的行政诉讼"是指因行政行为导致不动产物权变动而提起的诉讼。

不动产已登记的，以不动产登记簿记载的所在地为不动产所在地；不动产未登记的，以不动产实际所在地为不动产所在地。

第十条 人民法院受理案件后，被告提出管辖异议的，应当在收到起诉状副本之日起十五日内提出。

对当事人提出的管辖异议,人民法院应当进行审查。异议成立的,裁定将案件移送有管辖权的人民法院;异议不成立的,裁定驳回。

人民法院对管辖异议审查后确定有管辖权的,不因当事人增加或者变更诉讼请求等改变管辖,但违反级别管辖、专属管辖规定的除外。

第十一条 有下列情形之一的,人民法院不予审查:

(一)人民法院发回重审或者按第一审程序再审的案件,当事人提出管辖异议的;

(二)当事人在第一审程序中未按照法律规定的期限和形式提出管辖异议,在第二审程序中提出的。

三、诉讼参加人

第十二条 有下列情形之一的,属于行政诉讼法第二十五条第一款规定的"与行政行为有利害关系":

(一)被诉的行政行为涉及其相邻权或者公平竞争权的;

(二)在行政复议等行政程序中被追加为第三人的;

(三)要求行政机关依法追究加害人法律责任的;

(四)撤销或者变更行政行为涉及其合法权益的;

(五)为维护自身合法权益向行政机关投诉,具有处理投诉职责的行政机关作出或者未作出处理的;

(六)其他与行政行为有利害关系的情形。

第十三条 债权人以行政机关对债务人所作的行政行为损害债权实现为由提起行政诉讼的,人民法院应当告知其就民事争议提起民事诉讼,但行政机关作出行政行为时依法应予保护或者应予考虑的除外。

第十四条 行政诉讼法第二十五条第二款规定的"近亲属",包括配偶、父母、子女、兄弟姐妹、祖父母、外祖父母、孙子女、外孙子女和其他具有扶养、赡养关系的亲属。

公民因被限制人身自由而不能提起诉讼的,其近亲属可以依其口头或者书面委托以该公民的名义提起诉讼。近亲属起诉时无法与被限制人身自由的公民取得联系,近亲属可以先行起诉,并在诉讼中补充提交委托证明。

第十五条 合伙企业向人民法院提起诉讼的,应当以核准登记的字号为原告。未依法登记领取营业执照的个人合伙的全体合伙人为共同原告;全体合伙人可以推选代表人,被推选的代表人,应当由全体合伙人出具推选书。

个体工商户向人民法院提起诉讼的,以营业执照上登记的经营者为原告。有字号的,以营业执照上登记的字号为原告,并应当注明该字号经营者的基本信息。

第十六条 股份制企业的股东大会、股东会、董事会等认为行政机关作出的行政行为侵犯企业经营自主权的,可以企业名义提起诉讼。

联营企业、中外合资或者合作企业的联营、合资、合作各方,认为联营、合资、合作企业权益或者自己一方合法权益受行政行为侵害的,可以自己的名义提起诉讼。

非国有企业被行政机关注销、撤销、合并、强令兼并、出售、分立或者改变企业隶属关系的,该企业或者其法定代表人可以提起诉讼。

第十七条 事业单位、社会团体、基金会、社会服务机构等非营利法人的出资人、设立人认为行政行为损害法人合法权益的,可以自己的名义提起诉讼。

第十八条 业主委员会对于行政机关作出的涉及业主共有利益的行政行为,可以自己的名义提起诉讼。

业主委员会不起诉的,专有部分占建筑物总面积过半数或者占总户数过半数的业主可以提起诉讼。

第十九条 当事人不服经上级行政机关批准的行政行为,向人民法院提起诉讼的,以在对外发生法律效力的文书上署名的机关为被告。

第二十条 行政机关组建并赋予行政管理职能但不具有独立承担法律责任能力的机构,以自己的名义作出行政行为,当事人不服提起诉讼的,应当以组建该机构的行政机关为被告。

法律、法规或者规章授权行使行政职权的行政机关内设机构、派出机构或者其他组织,超出法定授权范围实施行政行为,当事人不服提起诉讼的,应当以实施该行为的机构或者组织为被告。

没有法律、法规或者规章规定,行政机关授权其内设机构、派出机构或者其他组织行使行政职权的,属于行政诉讼法第二十六条规定的委托。当事人不服提起诉讼的,应当以该行政机关为被告。

第二十一条 当事人对由国务院、省级人民政府批准设立的开发区管理机构作出的行政行为不服提起诉讼的,以该开发区管理机构为被告;对由国务院、省级人民政府批准设立的开发区管理机构所属职能部门作出的行政行为不服提起诉讼的,以其职能部门为被告;对其他开发区管理机构所属职能部门作出的行政行为不服提起诉讼的,以开发区管理机构为被告;开发区管理机构没有行政主体资格的,以设立该机构的地方人民政府为被告。

第二十二条 行政诉讼法第二十六条第二款规定的"复议机关改变原行政行为",是指复议机关改变原行政行为的处理结果。复议机关改变原行政行为所认定的主要事实和证据、改变原行政行为所适用的规范依据,但未改变原行政行为处理结果的,视为复议机关维持原行政行为。

复议机关确认原行政行为无效,属于改变原行政行为。

复议机关确认原行政行为违法,属于改变原行政行为,但复议机关以违反法定程序为由确认原行政行为违法的除外。

第二十三条 行政机关被撤销或者职权变更,没有继续行使其职权的行政机关的,以其所属的人民政府为被告;实行垂直领导的,以垂直领导的上一级行政机关为被告。

第二十四条 当事人对村民委员会或者居民委员会依据法律、法规、规章的授权履行行政管理职责的行为不服提起诉讼的,以村民委员会或者居民委员会为被告。

当事人对村民委员会、居民委员会受行政机关委托作出的行为不服提起诉讼的,以委托的行政机关为被告。

当事人对高等学校等事业单位以及律师协会、注册会计师协会等行业协会依据法律、法规、规章的授权实施的行政行为不服提起诉讼的,以该事业单位、行业协会为被告。

当事人对高等学校等事业单位以及律师协会、注册会计师协会等行业协会受行政机关委托作出的行为不服提起诉讼的，以委托的行政机关为被告。

第二十五条 市、县级人民政府确定的房屋征收部门组织实施房屋征收与补偿工作过程中作出行政行为，被征收人不服提起诉讼的，以房屋征收部门为被告。

征收实施单位受房屋征收部门委托，在委托范围内从事的行为，被征收人不服提起诉讼的，应当以房屋征收部门为被告。

第二十六条 原告所起诉的被告不适格，人民法院应当告知原告变更被告；原告不同意变更的，裁定驳回起诉。

应当追加被告而原告不同意追加的，人民法院应当通知其以第三人的身份参加诉讼，但行政复议机关作共同被告的除外。

第二十七条 必须共同进行诉讼的当事人没有参加诉讼的，人民法院应当依法通知其参加；当事人也可以向人民法院申请参加。

人民法院应当对当事人提出的申请进行审查，申请理由不成立的，裁定驳回；申请理由成立的，书面通知其参加诉讼。

前款所称的必须共同进行诉讼，是指按照行政诉讼法第二十七条的规定，当事人一方或者双方为两人以上，因同一行政行为发生行政争议，人民法院必须合并审理的诉讼。

第二十八条 人民法院追加共同诉讼的当事人时，应当通知其他当事人。应当追加的原告，已明确表示放弃实体权利的，可不予追加；既不愿意参加诉讼，又不放弃实体权利的，应追加为第三人，其不参加诉讼，不能阻碍人民法院对案件的审理和裁判。

第二十九条 行政诉讼法第二十八条规定的"人数众多"，一般指十人以上。

根据行政诉讼法第二十八条的规定，当事人一方人数众多的，由当事人推选代表人。当事人推选不出的，可以由人民法院在起诉的当事人中指定代表人。

行政诉讼法第二十八条规定的代表人为二至五人。代表人可以委托一至二人作为诉讼代理人。

第三十条 行政机关的同一行政行为涉及两个以上利害关系人，其中一部分利害关系人对行政行为不服提起诉讼，人民法院应当通知没有起诉的其他利害关系人作为第三人参加诉讼。

与行政案件处理结果有利害关系的第三人，可以申请参加诉讼，或者由人民法院通知其参加诉讼。人民法院判决其承担义务或者减损其权益的第三人，有权提出上诉或者申请再审。

行政诉讼法第二十九条规定的第三人，因不能归责于本人的事由未参加诉讼，但有证据证明发生法律效力的判决、裁定、调解书损害其合法权益的，可以依照行政诉讼法第九十条的规定，自知道或者应当知道其合法权益受到损害之日起六个月内，向上一级人民法院申请再审。

第三十一条 当事人委托诉讼代理人，应当向人民法院提交由委托人签名或者盖章的授权委托书。委托书应当载明委托事项和具体权限。公民在特殊情况下无法书面委托的，也可以由他人代书，并由自己捺印等方式确认，人民法院应当核实并记录在卷；被诉行政机关或者其他有义务协助的机关拒绝人民法院向被限制人身自由的公民核实的，视为委托成立。当事人解除或者变更委托的，应当书面报告人民法院。

第三十二条 依照行政诉讼法第三十一条第二款第二项规定，与当事人有合法劳动人事关系的职工，可以当事人工作人员的名义作为诉讼代理人。以当事人的工作人员身份参加诉讼活动，应当提交以下证据之一加以证明：

（一）缴纳社会保险记录凭证；

（二）领取工资凭证；

（三）其他能够证明其为当事人工作人员身份的证据。

第三十三条 根据行政诉讼法第三十一条第二款第三项规定，有关社会团体推荐公民担任诉讼代理人的，应当符合下列条件：

（一）社会团体属于依法登记设立或者依法免予登记设立的非营利性法人组织；

（二）被代理人属于该社会团体的成员，或者当事人一方住所地位于该社会团体的活动地域；

（三）代理事务属于该社会团体章程载明的业务范围；

（四）被推荐的公民是该社会团体的负责人或者与该社会团体有合法劳动人事关系的工作人员。

专利代理人经中华全国专利代理人协会推荐，可以在专利行政案件中担任诉讼代理人。

四、证据

第三十四条 根据行政诉讼法第三十六条第一款的规定，被告申请延期提供证据的，应当在收到起诉状副本之日起十五日内以书面方式向人民法院提出。人民法院准许延期提供的，被告应当在正当事由消除后十五日内提供证据。逾期提供的，视为被诉行政行为没有相应的证据。

第三十五条 原告或者第三人应当在开庭审理前或者人民法院指定的交换证据清单之日提供证据。因正当事由申请延期提供证据的，经人民法院准许，可以在法庭调查中提供。逾期提供证据的，人民法院应当责令其说明理由；拒不说明理由或者理由不成立的，视为放弃举证权利。

原告或者第三人在第一审程序中无正当事由未提供而在第二审程序中提供的证据，人民法院不予接纳。

第三十六条 当事人申请延长举证期限，应当在举证期限届满前向人民法院提出书面申请。

申请理由成立的，人民法院应当准许，适当延长举证期限，并通知其他当事人。申请理由不成立的，人民法院不予准许，并通知申请人。

第三十七条 根据行政诉讼法第三十九条的规定，对当事人无争议，但涉及国家利益、公共利益或者他人合法权益的事实，人民法院可以责令当事人提供或者补充有关证据。

第三十八条 对于案情比较复杂或者证据数量较多的案件，人民法院可以组织当事人在开庭前向对方出示或者交换证据，并将交换证据清单的情况记录在卷。

当事人在庭前证据交换过程中没有争议并记录在卷的证据，经审判人员在庭审中说明后，可以作为认定案件事实的依据。

第三十九条 当事人申请调查收集证据，但该证据与待证事实无关联、对证明待证事实无意义或者其他无调查收集必要的，人民法院不予准许。

第四十条 人民法院在证人出庭作证前应当告知其如实作证的义务以及作伪证的法律后果。

证人因履行出庭作证义务而支出的交通、住宿、就餐等必要费用以及误工损失，由败诉一方当事人承担。

第四十一条 有下列情形之一，原告或者第三人要求相关行政执法人员出庭说明的，人民法院可以准许：

（一）对现场笔录的合法性或者真实性有异议的；

（二）对扣押财产的品种或者数量有异议的；

（三）对检验的物品取样或者保管有异议的；

（四）对行政执法人员身份的合法性有异议的；

（五）需要出庭说明的其他情形。

第四十二条 能够反映案件真实情况、与待证事实相关联、来源和形式符合法律规定的证据，应当作为认定案件事实的根据。

第四十三条 有下列情形之一的，属于行政诉讼法第四十三条第三款规定的"以非法手段取得的证据"：

（一）严重违反法定程序收集的证据材料；

（二）以违反法律强制性规定的手段获取且侵害他人合法权益的证据材料；

（三）以利诱、欺诈、胁迫、暴力等手段获取的证据材料。

第四十四条 人民法院认为有必要的，可以要求当事人本人或者行政机关执法人员到庭，就案件有关事实接受询问。在询问之前，可以要求其签署保证书。

保证书应当载明据实陈述、如有虚假陈述愿意接受处罚等内容。当事人或者行政机关执法人员应当在保证书上签名或者捺印。

负有举证责任的当事人拒绝到庭、拒绝接受询问或者拒绝签署保证书，待证事实又欠缺其他证据加以佐证的，人民法院对其主张的事实不予认定。

第四十五条 被告有证据证明其在行政程序中依照法定程序要求原告或者第三人提供证据，原告或者第三人依法应当提供而没有提供，在诉讼程序中提供的证据，人民法院一般不予采纳。

第四十六条 原告或者第三人确有证据证明被告持有的证据对原告或者第三人有利的，可以在开庭审理前书面申请人民法院责令行政机关提交。

申请理由成立的，人民法院应当责令行政机关提交，因提交证据所产生的费用，由申请人预付。行政机关无正当理由拒不提交的，人民法院可以推定原告或者第三人基于该证据主张的事实成立。

持有证据的当事人以妨碍对方当事人使用为目的，毁灭有关证据或者实施其他致使证据不能使用行为的，人民法院可以推定对方当事人基于该证据主张的事实成立，并可依照行政诉讼法第五十九条规定处理。

第四十七条 根据行政诉讼法第三十八条第二款的规定,在行政赔偿、补偿案件中,因被告的原因导致原告无法就损害情况举证的,应当由被告就该损害情况承担举证责任。

对于各方主张损失的价值无法认定的,应当由负有举证责任的一方当事人申请鉴定,但法律、法规、规章规定行政机关在作出行政行为时依法应当评估或者鉴定的除外;负有举证责任的当事人拒绝申请鉴定的,由其承担不利的法律后果。

当事人的损失因客观原因无法鉴定的,人民法院应当结合当事人的主张和在案证据,遵循法官职业道德,运用逻辑推理和生活经验、生活常识等,酌情确定赔偿数额。

五、期间、送达

第四十八条 期间包括法定期间和人民法院指定的期间。

期间以时、日、月、年计算。期间开始的时和日,不计算在期间内。

期间届满的最后一日是节假日的,以节假日后的第一日为期间届满的日期。

期间不包括在途时间,诉讼文书在期满前交邮的,视为在期限内发送。

第四十九条 行政诉讼法第五十一条第二款规定的立案期限,因起诉状内容欠缺或者有其他错误通知原告限期补正的,从补正后递交人民法院的次日起算。由上级人民法院转交下级人民法院立案的案件,从受诉人民法院收到起诉状的次日起算。

第五十条 行政诉讼法第八十一条、第八十三条、第八十八条规定的审理期限,是指从立案之日起至裁判宣告、调解书送达之日止的期间,但公告期间、鉴定期间、调解期间、中止诉讼期间、审理当事人提出的管辖异议以及处理人民法院之间的管辖争议期间不应计算在内。

再审案件按照第一审程序或者第二审程序审理的,适用行政诉讼法第八十一条、第八十八条规定的审理期限。审理期限自再审立案的次日起算。

基层人民法院申请延长审理期限,应当直接报请高级人民法院批准,同时报中级人民法院备案。

第五十一条 人民法院可以要求当事人签署送达地址确认书,当事人确认的送达地址为人民法院法律文书的送达地址。

当事人同意电子送达的,应当提供并确认传真号、电子信箱等电子送达地址。

当事人送达地址发生变更的,应当及时书面告知受理案件的人民法院;未及时告知的,人民法院按原地址送达,视为依法送达。

人民法院可以通过国家邮政机构以法院专递方式进行送达。

第五十二条 人民法院可以在当事人住所地以外向当事人直接送达诉讼文书。当事人拒绝签署送达回证的,采用拍照、录像等方式记录送达过程即视为送达。审判人员、书记员应当在送达回证上注明送达情况并签名。

六、起诉与受理

第五十三条 人民法院对符合起诉条件的案件应当立案,依法保障当事人行使诉讼权利。

对当事人依法提起的诉讼，人民法院应当根据行政诉讼法第五十一条的规定接收起诉状。能够判断符合起诉条件的，应当当场登记立案；当场不能判断是否符合起诉条件的，应当在接收起诉状后七日内决定是否立案；七日内仍不能作出判断的，应当先予立案。

第五十四条 依照行政诉讼法第四十九条的规定，公民、法人或者其他组织提起诉讼时应当提交以下起诉材料：

（一）原告的身份证明材料以及有效联系方式；

（二）被诉行政行为或者不作为存在的材料；

（三）原告与被诉行政行为具有利害关系的材料；

（四）人民法院认为需要提交的其他材料。

由法定代理人或者委托代理人代为起诉的，还应当在起诉状中写明或者在口头起诉时向人民法院说明法定代理人或者委托代理人的基本情况，并提交法定代理人或者委托代理人的身份证明和代理权限证明等材料。

第五十五条 依照行政诉讼法第五十一条的规定，人民法院应当就起诉状内容和材料是否完备以及是否符合行政诉讼法规定的起诉条件进行审查。

起诉状内容或者材料欠缺的，人民法院应当给予指导和释明，并一次性全面告知当事人需要补正的内容、补充的材料及期限。在指定期限内补正并符合起诉条件的，应当登记立案。当事人拒绝补正或者经补正仍不符合起诉条件的，退回诉状并记录在册；坚持起诉的，裁定不予立案，并载明不予立案的理由。

第五十六条 法律、法规规定应当先申请复议，公民、法人或者其他组织未申请复议直接提起诉讼的，人民法院裁定不予立案。

依照行政诉讼法第四十五条的规定，复议机关不受理复议申请或者在法定期限内不作出复议决定，公民、法人或者其他组织不服，依法向人民法院提起诉讼的，人民法院应当依法立案。

第五十七条 法律、法规未规定行政复议为提起行政诉讼必经程序，公民、法人或者其他组织既提起诉讼又申请行政复议的，由先立案的机关管辖；同时立案的，由公民、法人或者其他组织选择。公民、法人或者其他组织已经申请行政复议，在法定复议期间内又向人民法院提起诉讼的，人民法院裁定不予立案。

第五十八条 法律、法规未规定行政复议为提起行政诉讼必经程序，公民、法人或者其他组织向复议机关申请行政复议后，又经复议机关同意撤回复议申请，在法定起诉期限内对原行政行为提起诉讼的，人民法院应当依法立案。

第五十九条 公民、法人或者其他组织向复议机关申请行政复议后，复议机关作出维持决定的，应当以复议机关和原行为机关为共同被告，并以复议决定送达时间确定起诉期限。

第六十条 人民法院裁定准许原告撤诉后，原告以同一事实和理由重新起诉的，人民法院不予立案。

准予撤诉的裁定确有错误，原告申请再审的，人民法院应当通过审判监督程序撤销原准予撤诉的裁定，重新对案件进行审理。

第六十一条 原告或者上诉人未按规定的期限预交案件受理费，又不提出缓交、减交、免交申请，或者提出申请未获批准的，按自动撤诉处理。在按撤诉处理后，原告或者上诉人在法定期限内再次起诉或者上诉，并依法解决诉讼费预交问题的，人民法院应予立案。

第六十二条 人民法院判决撤销行政机关的行政行为后，公民、法人或者其他组织对行政机关重新作出的行政行为不服向人民法院起诉的，人民法院应当依法立案。

第六十三条 行政机关作出行政行为时，没有制作或者没有送达法律文书，公民、法人或者其他组织只要能证明行政行为存在，并在法定期限内起诉的，人民法院应当依法立案。

第六十四条 行政机关作出行政行为时，未告知公民、法人或者其他组织起诉期限的，起诉期限从公民、法人或者其他组织知道或者应当知道起诉期限之日起计算，但从知道或者应当知道行政行为内容之日起最长不得超过一年。

复议决定未告知公民、法人或者其他组织起诉期限的，适用前款规定。

第六十五条 公民、法人或者其他组织不知道行政机关作出的行政行为内容的，其起诉期限从知道或者应当知道该行政行为内容之日起计算，但最长不得超过行政诉讼法第四十六条第二款规定的起诉期限。

第六十六条 公民、法人或者其他组织依照行政诉讼法第四十七条第一款的规定，对行政机关不履行法定职责提起诉讼的，应当在行政机关履行法定职责期限届满之日起六个月内提出。

第六十七条 原告提供被告的名称等信息足以使被告与其他行政机关相区别的，可以认定为行政诉讼法第四十九条第二项规定的"有明确的被告"。

起诉状列写被告信息不足以认定明确的被告的，人民法院可以告知原告补正；原告补正后仍不能确定明确的被告的，人民法院裁定不予立案。

第六十八条 行政诉讼法第四十九条第三项规定的"有具体的诉讼请求"是指：

（一）请求判决撤销或者变更行政行为；
（二）请求判决行政机关履行特定法定职责或者给付义务；
（三）请求判决确认行政行为违法；
（四）请求判决确认行政行为无效；
（五）请求判决行政机关予以赔偿或者补偿；
（六）请求解决行政协议争议；
（七）请求一并审查规章以下规范性文件；
（八）请求一并解决相关民事争议；
（九）其他诉讼请求。

当事人单独或者一并提起行政赔偿、补偿诉讼的，应当有具体的赔偿、补偿事项以及数额；请求一并审查规章以下规范性文件的，应当提供明确的文件名称或者审查对象；请求一并解决相关民事争议的，应当有具体的民事诉讼请求。

当事人未能正确表达诉讼请求的，人民法院应当要求其明确诉讼请求。

第六十九条 有下列情形之一，已经立案的，应当裁定驳回起诉：

（一）不符合行政诉讼法第四十九条规定的；

(二)超过法定起诉期限且无行政诉讼法第四十八条规定情形的;

(三)错列被告且拒绝变更的;

(四)未按照法律规定由法定代理人、指定代理人、代表人为诉讼行为的;

(五)未按照法律、法规规定先向行政机关申请复议的;

(六)重复起诉的;

(七)撤回起诉后无正当理由再行起诉的;

(八)行政行为对其合法权益明显不产生实际影响的;

(九)诉讼标的已为生效裁判或者调解书所羁束的;

(十)其他不符合法定起诉条件的情形。

前款所列情形可以补正或者更正的,人民法院应当指定期间责令补正或者更正;在指定期间已经补正或者更正的,应当依法审理。

人民法院经过阅卷、调查或者询问当事人,认为不需要开庭审理的,可以迳行裁定驳回起诉。

第七十条 起诉状副本送达被告后,原告提出新的诉讼请求的,人民法院不予准许,但有正当理由的除外。

七、审理与判决

第七十一条 人民法院适用普通程序审理案件,应当在开庭三日前用传票传唤当事人。对证人、鉴定人、勘验人、翻译人员,应当用通知书通知其到庭。当事人或者其他诉讼参与人在外地的,应当留有必要的在途时间。

第七十二条 有下列情形之一的,可以延期开庭审理:

(一)应当到庭的当事人和其他诉讼参与人有正当理由没有到庭的;

(二)当事人临时提出回避申请且无法及时作出决定的;

(三)需要通知新的证人到庭,调取新的证据,重新鉴定、勘验,或者需要补充调查的;

(四)其他应当延期的情形。

第七十三条 根据行政诉讼法第二十七条的规定,有下列情形之一的,人民法院可以决定合并审理:

(一)两个以上行政机关分别对同一事实作出行政行为,公民、法人或者其他组织不服向同一人民法院起诉的;

(二)行政机关就同一事实对若干公民、法人或者其他组织分别作出行政行为,公民、法人或者其他组织不服分别向同一人民法院起诉的;

(三)在诉讼过程中,被告对原告作出新的行政行为,原告不服向同一人民法院起诉的;

(四)人民法院认为可以合并审理的其他情形。

第七十四条 当事人申请回避,应当说明理由,在案件开始审理时提出;回避事由在案件开始审理后知道的,应当在法庭辩论终结前提出。

被申请回避的人员,在人民法院作出是否回避的决定前,应当暂停参与本案的工作,但案件需要采取紧急措施的除外。

对当事人提出的回避申请，人民法院应当在三日内以口头或者书面形式作出决定。对当事人提出的明显不属于法定回避事由的申请，法庭可以依法当庭驳回。

申请人对驳回回避申请决定不服的，可以向作出决定的人民法院申请复议一次。复议期间，被申请回避的人员不停止参与本案的工作。对申请人的复议申请，人民法院应当在三日内作出复议决定，并通知复议申请人。

第七十五条 在一个审判程序中参与过本案审判工作的审判人员，不得再参与该案其他程序的审判。

发回重审的案件，在一审法院作出裁判后又进入第二审程序的，原第二审程序中合议庭组成人员不受前款规定的限制。

第七十六条 人民法院对于因一方当事人的行为或者其他原因，可能使行政行为或者人民法院生效裁判不能或者难以执行的案件，根据对方当事人的申请，可以裁定对其财产进行保全、责令其作出一定行为或者禁止其作出一定行为；当事人没有提出申请的，人民法院在必要时也可以裁定采取上述保全措施。

人民法院采取保全措施，可以责令申请人提供担保；申请人不提供担保的，裁定驳回申请。

人民法院接受申请后，对情况紧急的，必须在四十八小时内作出裁定；裁定采取保全措施的，应当立即开始执行。

当事人对保全的裁定不服的，可以申请复议；复议期间不停止裁定的执行。

第七十七条 利害关系人因情况紧急，不立即申请保全将会使其合法权益受到难以弥补的损害的，可以在提起诉讼前向被保全财产所在地、被申请人住所地或者对案件有管辖权的人民法院申请采取保全措施。申请人应当提供担保，不提供担保的，裁定驳回申请。

人民法院接受申请后，必须在四十八小时内作出裁定；裁定采取保全措施的，应当立即开始执行。

申请人在人民法院采取保全措施后三十日内不依法提起诉讼的，人民法院应当解除保全。

当事人对保全的裁定不服的，可以申请复议；复议期间不停止裁定的执行。

第七十八条 保全限于请求的范围，或者与本案有关的财物。

财产保全采取查封、扣押、冻结或者法律规定的其他方法。人民法院保全财产后，应当立即通知被保全人。

财产已被查封、冻结的，不得重复查封、冻结。

涉及财产的案件，被申请人提供担保的，人民法院应当裁定解除保全。

申请有错误的，申请人应当赔偿被申请人因保全所遭受的损失。

第七十九条 原告或者上诉人申请撤诉，人民法院裁定不予准许的，原告或者上诉人经传票传唤无正当理由拒不到庭，或者未经法庭许可中途退庭的，人民法院可以缺席判决。

第三人经传票传唤无正当理由拒不到庭，或者未经法庭许可中途退庭的，不发生阻止案件审理的效果。

根据行政诉讼法第五十八条的规定，被告经传票传唤无正当理由拒不到庭，或者未经法庭许可中途退庭的，人民法院可以按期开庭或者继续开庭审理，对到庭的当事人诉讼请求、双方的诉辩理由以及已经提交的证据及其他诉讼材料进行审理后，依法缺席判决。

第八十条 原告或者上诉人在庭审中明确拒绝陈述或者以其他方式拒绝陈述，导致庭审无法进行，经法庭释明法律后果后仍不陈述意见的，视为放弃陈述权利，由其承担不利的法律后果。

当事人申请撤诉或者依法可以按撤诉处理的案件，当事人有违反法律的行为需要依法处理的，人民法院可以不准许撤诉或者不按撤诉处理。

法庭辩论终结后原告申请撤诉，人民法院可以准许，但涉及国家利益和社会公共利益的除外。

第八十一条 被告在一审期间改变被诉行政行为的，应当书面告知人民法院。

原告或者第三人对改变后的行政行为不服提起诉讼的，人民法院应当就改变后的行政行为进行审理。

被告改变原违法行政行为，原告仍要求确认原行政行为违法的，人民法院应当依法作出确认判决。

原告起诉被告不作为，在诉讼中被告作出行政行为，原告不撤诉的，人民法院应当就不作为依法作出确认判决。

第八十二条 当事人之间恶意串通，企图通过诉讼等方式侵害国家利益、社会公共利益或者他人合法权益的，人民法院应当裁定驳回起诉或者判决驳回其请求，并根据情节轻重予以罚款、拘留；构成犯罪的，依法追究刑事责任。

第八十三条 行政诉讼法第五十九条规定的罚款、拘留可以单独适用，也可以合并适用。

对同一妨害行政诉讼行为的罚款、拘留不得连续适用。发生新的妨害行政诉讼行为的，人民法院可以重新予以罚款、拘留。

第八十四条 人民法院审理行政诉讼法第六十条第一款规定的行政案件，认为法律关系明确、事实清楚，在征得当事人双方同意后，可以进行调解。

第八十五条 调解达成协议，人民法院应当制作调解书。调解书应当写明诉讼请求、案件的事实和调解结果。

调解书由审判人员、书记员署名，加盖人民法院印章，送达双方当事人。

调解书经双方当事人签收后，即具有法律效力。调解书生效日期根据最后收到调解书的当事人签收的日期确定。

第八十六条 人民法院审理行政案件，调解过程不公开，但当事人同意公开的除外。

经人民法院准许，第三人可以参加调解。人民法院认为有必要的，可以通知第三人参加调解。

调解协议内容不公开，但为保护国家利益、社会公共利益、他人合法权益，人民法院认为确有必要公开的除外。

当事人一方或者双方不愿调解、调解未达成协议的，人民法院应当及时判决。

当事人自行和解或者调解达成协议后，请求人民法院按照和解协议或者调解协议的内容制作判决书的,人民法院不予准许。

第八十七条 在诉讼过程中,有下列情形之一的,中止诉讼:

(一)原告死亡,须等待其近亲属表明是否参加诉讼的;

(二)原告丧失诉讼行为能力,尚未确定法定代理人的;

(三)作为一方当事人的行政机关、法人或者其他组织终止,尚未确定权利义务承受人的;

(四)一方当事人因不可抗力的事由不能参加诉讼的;

(五)案件涉及法律适用问题,需要送请有权机关作出解释或者确认的;

(六)案件的审判须以相关民事、刑事或者其他行政案件的审理结果为依据,而相关案件尚未审结的;

(七)其他应当中止诉讼的情形。

中止诉讼的原因消除后,恢复诉讼。

第八十八条 在诉讼过程中,有下列情形之一的,终结诉讼:

(一)原告死亡,没有近亲属或者近亲属放弃诉讼权利的;

(二)作为原告的法人或者其他组织终止后,其权利义务的承受人放弃诉讼权利的。

因本解释第八十七条第一款第一、二、三项原因中止诉讼满九十日仍无人继续诉讼的,裁定终结诉讼,但有特殊情况的除外。

第八十九条 复议决定改变原行政行为错误,人民法院判决撤销复议决定时,可以一并责令复议机关重新作出复议决定或者判决恢复原行政行为的法律效力。

第九十条 人民法院判决被告重新作出行政行为,被告重新作出的行政行为与原行政行为的结果相同,但主要事实或者主要理由有改变的,不属于行政诉讼法第七十一条规定的情形。

人民法院以违反法定程序为由,判决撤销被诉行政行为的,行政机关重新作出行政行为不受行政诉讼法第七十一条规定的限制。

行政机关以同一事实和理由重新作出与原行政行为基本相同的行政行为,人民法院应当根据行政诉讼法第七十条、第七十一条的规定判决撤销或者部分撤销,并根据行政诉讼法第九十六条的规定处理。

第九十一条 原告请求被告履行法定职责的理由成立,被告违法拒绝履行或者无正当理由逾期不予答复的,人民法院可以根据行政诉讼法第七十二条的规定,判决被告在一定期限内依法履行原告请求的法定职责;尚需被告调查或者裁量的,应当判决被告针对原告的请求重新作出处理。

第九十二条 原告申请被告依法履行支付抚恤金、最低生活保障待遇或者社会保险待遇等给付义务的理由成立,被告依法负有给付义务而拒绝或者拖延履行义务的,人民法院可以根据行政诉讼法第七十三条的规定,判决被告在一定期限内履行相应的给付义务。

第九十三条 原告请求被告履行法定职责或者依法履行支付抚恤金、最低生活保障待遇或者社会保险待遇等给付义务,原告未先向行政机关提出申请的,人民法院裁定驳回起诉。

人民法院经审理认为原告所请求履行的法定职责或者给付义务明显不属于行政机关权

限范围的,可以裁定驳回起诉。

第九十四条 公民、法人或者其他组织起诉请求撤销行政行为,人民法院经审查认为行政行为无效的,应当作出确认无效的判决。

公民、法人或者其他组织起诉请求确认行政行为无效,人民法院审查认为行政行为不属于无效情形,经释明,原告请求撤销行政行为的,应当继续审理并依法作出相应判决;原告请求撤销行政行为但超过法定起诉期限的,裁定驳回起诉;原告拒绝变更诉讼请求的,判决驳回其诉讼请求。

第九十五条 人民法院经审理认为被诉行政行为违法或者无效,可能给原告造成损失,经释明,原告请求一并解决行政赔偿争议的,人民法院可以就赔偿事项进行调解;调解不成的,应当一并判决。人民法院也可以告知其就赔偿事项另行提起诉讼。

第九十六条 有下列情形之一,且对原告依法享有的听证、陈述、申辩等重要程序性权利不产生实质损害的,属于行政诉讼法第七十四条第一款第二项规定的"程序轻微违法":

(一)处理期限轻微违法;

(二)通知、送达等程序轻微违法;

(三)其他程序轻微违法的情形。

第九十七条 原告或者第三人的损失系由其自身过错和行政机关的违法行政行为共同造成的,人民法院应当依据各方行为与损害结果之间有无因果关系以及在损害发生和结果中作用力的大小,确定行政机关相应的赔偿责任。

第九十八条 因行政机关不履行、拖延履行法定职责,致使公民、法人或者其他组织的合法权益遭受损害的,人民法院应当判决行政机关承担行政赔偿责任。在确定赔偿数额时,应当考虑该不履行、拖延履行法定职责的行为在损害发生过程和结果中所起的作用等因素。

第九十九条 有下列情形之一的,属于行政诉讼法第七十五条规定的"重大且明显违法":

(一)行政行为实施主体不具有行政主体资格;

(二)减损权利或者增加义务的行政行为没有法律规范依据;

(三)行政行为的内容客观上不可能实施;

(四)其他重大且明显违法的情形。

第一百条 人民法院审理行政案件,适用最高人民法院司法解释的,应当在裁判文书中援引。

人民法院审理行政案件,可以在裁判文书中引用合法有效的规章及其他规范性文件。

第一百零一条 裁定适用于下列范围:

(一)不予立案;

(二)驳回起诉;

(三)管辖异议;

(四)终结诉讼;

(五)中止诉讼;

(六)移送或者指定管辖;
(七)诉讼期间停止行政行为的执行或者驳回停止执行的申请;
(八)财产保全;
(九)先予执行;
(十)准许或者不准许撤诉;
(十一)补正裁判文书中的笔误;
(十二)中止或者终结执行;
(十三)提审、指令再审或者发回重审;
(十四)准许或者不准许执行行政机关的行政行为;
(十五)其他需要裁定的事项。
对第一、二、三项裁定,当事人可以上诉。
裁定书应当写明裁定结果和作出该裁定的理由。裁定书由审判人员、书记员署名,加盖人民法院印章。口头裁定的,记入笔录。

第一百零二条 行政诉讼法第八十二条规定的行政案件中的"事实清楚",是指当事人对争议的事实陈述基本一致,并能提供相应的证据,无须人民法院调查收集证据即可查明事实;"权利义务关系明确",是指行政法律关系中权利和义务能够明确区分;"争议不大",是指当事人对行政行为的合法性、责任承担等没有实质分歧。

第一百零三条 适用简易程序审理的行政案件,人民法院可以用口头通知、电话、短信、传真、电子邮件等简便方式传唤当事人、通知证人、送达裁判文书以外的诉讼文书。

以简便方式送达的开庭通知,未经当事人确认或者没有其他证据证明当事人已经收到的,人民法院不得缺席判决。

第一百零四条 适用简易程序案件的举证期限由人民法院确定,也可以由当事人协商一致并经人民法院准许,但不得超过十五日。被告要求书面答辩的,人民法院可以确定合理的答辩期间。

人民法院应当将举证期限和开庭日期告知双方当事人,并向当事人说明逾期举证以及拒不到庭的法律后果,由双方当事人在笔录和开庭传票的送达回证上签名或者捺印。

当事人双方均表示同意立即开庭或者缩短举证期限、答辩期间的,人民法院可以立即开庭审理或者确定近期开庭。

第一百零五条 人民法院发现案情复杂,需要转为普通程序审理的,应当在审理期限届满前作出裁定并将合议庭组成人员及相关事项书面通知双方当事人。

案件转为普通程序审理的,审理期限自人民法院立案之日起计算。

第一百零六条 当事人就已经提起诉讼的事项在诉讼过程中或者裁判生效后再次起诉,同时具有下列情形的,构成重复起诉:
(一)后诉与前诉的当事人相同;
(二)后诉与前诉的诉讼标的相同;
(三)后诉与前诉的诉讼请求相同,或者后诉的诉讼请求被前诉裁判所包含。

第一百零七条 第一审人民法院作出判决和裁定后,当事人均提起上诉的,上诉各方均为上诉人。

诉讼当事人中的一部分人提出上诉，没有提出上诉的对方当事人为被上诉人，其他当事人依原审诉讼地位列明。

第一百零八条 当事人提出上诉，应当按照其他当事人或者诉讼代表人的人数提出上诉状副本。

原审人民法院收到上诉状，应当在五日内将上诉状副本发送其他当事人，对方当事人应当在收到上诉状副本之日起十五日内提出答辩状。

原审人民法院应当在收到答辩状之日起五日内将副本发送上诉人。对方当事人不提出答辩状的，不影响人民法院审理。

原审人民法院收到上诉状、答辩状，应当在五日内连同全部案卷和证据，报送第二审人民法院；已经预收的诉讼费用，一并报送。

第一百零九条 第二审人民法院经审理认为原审人民法院不予立案或者驳回起诉的裁定确有错误且当事人的起诉符合起诉条件的，应当裁定撤销原审人民法院的裁定，指令原审人民法院依法立案或者继续审理。

第二审人民法院裁定发回原审人民法院重新审理的行政案件，原审人民法院应当另行组成合议庭进行审理。

原审判决遗漏了必须参加诉讼的当事人或者诉讼请求的，第二审人民法院应当裁定撤销原审判决，发回重审。

原审判决遗漏行政赔偿请求，第二审人民法院经审查认为依法不应当予以赔偿的，应当判决驳回行政赔偿请求。

原审判决遗漏行政赔偿请求，第二审人民法院经审理认为依法应当予以赔偿的，在确认被诉行政行为违法的同时，可以就行政赔偿问题进行调解；调解不成的，应当就行政赔偿部分发回重审。

当事人在第二审期间提出行政赔偿请求的，第二审人民法院可以进行调解；调解不成的，应当告知当事人另行起诉。

第一百一十条 当事人向上一级人民法院申请再审，应当在判决、裁定或者调解书发生法律效力后六个月内提出。有下列情形之一的，自知道或者应当知道之日起六个月内提出：

(一)有新的证据，足以推翻原判决、裁定的；
(二)原判决、裁定认定事实的主要证据是伪造的；
(三)据以作出原判决、裁定的法律文书被撤销或者变更的；
(四)审判人员审理该案件时有贪污受贿、徇私舞弊、枉法裁判行为的。

第一百一十一条 当事人申请再审的，应当提交再审申请书等材料。人民法院认为有必要的，可以自收到再审申请书之日起五日内将再审申请书副本发送对方当事人。对方当事人应当自收到再审申请书副本之日起十五日内提交书面意见。人民法院可以要求申请人和对方当事人补充有关材料，询问有关事项。

第一百一十二条 人民法院应当自再审申请案件立案之日起六个月内审查，有特殊情况需要延长的，由本院院长批准。

第一百一十三条 人民法院根据审查再审申请案件的需要决定是否询问当事人；新的

证据可能推翻原判决、裁定的，人民法院应当询问当事人。

第一百一十四条 审查再审申请期间，被申请人及原审其他当事人依法提出再审申请的，人民法院应当将其列为再审申请人，对其再审事由一并审查，审查期限重新计算。经审查，其中一方再审申请人主张的再审事由成立的，应当裁定再审。各方再审申请人主张的再审事由均不成立的，一并裁定驳回再审申请。

第一百一十五条 审查再审申请期间，再审申请人申请人民法院委托鉴定、勘验的，人民法院不予准许。

审查再审申请期间，再审申请人撤回再审申请的，是否准许，由人民法院裁定。

再审申请人经传票传唤，无正当理由拒不接受询问的，按撤回再审申请处理。

人民法院准许撤回再审申请或者按撤回再审申请处理后，再审申请人再次申请再审的，不予立案，但有行政诉讼法第九十一条第二项、第三项、第七项、第八项规定情形，自知道或者应当知道之日起六个月内提出的除外。

第一百一十六条 当事人主张的再审事由成立，且符合行政诉讼法和本解释规定的申请再审条件的，人民法院应当裁定再审。

当事人主张的再审事由不成立，或者当事人申请再审超过法定申请再审期限、超出法定再审事由范围等不符合行政诉讼法和本解释规定的申请再审条件的，人民法院应当裁定驳回再审申请。

第一百一十七条 有下列情形之一的，当事人可以向人民检察院申请抗诉或者检察建议：

（一）人民法院驳回再审申请的；

（二）人民法院逾期未对再审申请作出裁定的；

（三）再审判决、裁定有明显错误的。

人民法院基于抗诉或者检察建议作出再审判决、裁定后，当事人申请再审的，人民法院不予立案。

第一百一十八条 按照审判监督程序决定再审的案件，裁定中止原判决、裁定、调解书的执行，但支付抚恤金、最低生活保障费或者社会保险待遇的案件，可以不中止执行。

上级人民法院决定提审或者指令下级人民法院再审的，应当作出裁定，裁定应当写明中止原判决的执行；情况紧急的，可以将中止执行的裁定口头通知负责执行的人民法院或者作出生效判决、裁定的人民法院，但应当在口头通知后十日内发出裁定书。

第一百一十九条 人民法院按照审判监督程序再审的案件，发生法律效力的判决、裁定是由第一审法院作出的，按照第一审程序审理，所作的判决、裁定，当事人可以上诉；发生法律效力的判决、裁定是由第二审法院作出的，按照第二审程序审理，所作的判决、裁定，是发生法律效力的判决、裁定；上级人民法院按照审判监督程序提审的，按照第二审程序审理，所作的判决、裁定是发生法律效力的判决、裁定。

人民法院审理再审案件，应当另行组成合议庭。

第一百二十条 人民法院审理再审案件应当围绕再审请求和被诉行政行为合法性进行。当事人的再审请求超出原审诉讼请求，符合另案诉讼条件的，告知当事人可以另行起诉。

被申请人及原审其他当事人在庭审辩论结束前提出的再审请求，符合本解释规定的申请期限的，人民法院应当一并审理。

人民法院经再审，发现已经发生法律效力的判决、裁定损害国家利益、社会公共利益、他人合法权益的，应当一并审理。

第一百二十一条 再审审理期间，有下列情形之一的，裁定终结再审程序：

（一）再审申请人在再审期间撤回再审请求，人民法院准许的；

（二）再审申请人经传票传唤，无正当理由拒不到庭的，或者未经法庭许可中途退庭，按撤回再审请求处理的；

（三）人民检察院撤回抗诉的；

（四）其他应当终结再审程序的情形。

因人民检察院提出抗诉裁定再审的案件，申请抗诉的当事人有前款规定的情形，且不损害国家利益、社会公共利益或者他人合法权益的，人民法院裁定终结再审程序。

再审程序终结后，人民法院裁定中止执行的原生效判决自动恢复执行。

第一百二十二条 人民法院审理再审案件，认为原生效判决、裁定确有错误，在撤销原生效判决或者裁定的同时，可以对生效判决、裁定的内容作出相应裁判，也可以裁定撤销生效判决或者裁定，发回作出生效判决、裁定的人民法院重新审理。

第一百二十三条 人民法院审理二审案件和再审案件，对原审法院立案、不予立案或者驳回起诉错误的，应当分别情况作如下处理：

（一）第一审人民法院作出实体判决后，第二审人民法院认为不应当立案的，在撤销第一审人民法院判决的同时，可以径行驳回起诉；

（二）第二审人民法院维持第一审人民法院不予立案裁定错误的，再审法院应当撤销第一审、第二审人民法院裁定，指令第一审人民法院受理；

（三）第二审人民法院维持第一审人民法院驳回起诉裁定错误的，再审法院应当撤销第一审、第二审人民法院裁定，指令第一审人民法院审理。

第一百二十四条 人民检察院提出抗诉的案件，接受抗诉的人民法院应当自收到抗诉书之日起三十日内作出再审的裁定；有行政诉讼法第九十一条第二、三项规定情形之一的，可以指令下一级人民法院再审，但经该下一级人民法院再审过的除外。

人民法院在审查抗诉材料期间，当事人之间已经达成和解协议的，人民法院可以建议人民检察院撤回抗诉。

第一百二十五条 人民检察院提出抗诉的案件，人民法院再审开庭时，应当在开庭三日前通知人民检察院派员出庭。

第一百二十六条 人民法院收到再审检察建议后，应当组成合议庭，在三个月内进行审查，发现原判决、裁定、调解书确有错误，需要再审的，依照行政诉讼法第九十二条规定裁定再审，并通知当事人；经审查，决定不予再审的，应当书面回复人民检察院。

第一百二十七条 人民法院审理因人民检察院抗诉或者检察建议裁定再审的案件，不受此前已经作出的驳回当事人再审申请裁定的限制。

八、行政机关负责人出庭应诉

第一百二十八条 行政诉讼法第三条第三款规定的行政机关负责人，包括行政机关的正职、副职负责人以及其他参与分管的负责人。

行政机关负责人出庭应诉的，可以另行委托一至二名诉讼代理人。行政机关负责人不能出庭的，应当委托行政机关相应的工作人员出庭，不得仅委托律师出庭。

第一百二十九条 涉及重大公共利益、社会高度关注或者可能引发群体性事件等案件以及人民法院书面建议行政机关负责人出庭的案件，被诉行政机关负责人应当出庭。

被诉行政机关负责人出庭应诉的，应当在当事人及其诉讼代理人基本情况、案件由来部分予以列明。

行政机关负责人有正当理由不能出庭应诉的，应当向人民法院提交情况说明，并加盖行政机关印章或者由该机关主要负责人签字认可。

行政机关拒绝说明理由的，不发生阻止案件审理的效果，人民法院可以向监察机关、上一级行政机关提出司法建议。

第一百三十条 行政诉讼法第三条第三款规定的"行政机关相应的工作人员"，包括该行政机关具有国家行政编制身份的工作人员以及其他依法履行公职的人员。

被诉行政行为是地方人民政府作出的，地方人民政府法制工作机构的工作人员，以及被诉行政行为具体承办机关工作人员，可以视为被诉人民政府相应的工作人员。

第一百三十一条 行政机关负责人出庭应诉的，应当向人民法院提交能够证明该行政机关负责人职务的材料。

行政机关委托相应的工作人员出庭应诉的，应当向人民法院提交加盖行政机关印章的授权委托书，并载明工作人员的姓名、职务和代理权限。

第一百三十二条 行政机关负责人和行政机关相应的工作人员均不出庭，仅委托律师出庭的或者人民法院书面建议行政机关负责人出庭应诉，行政机关负责人不出庭应诉的，人民法院应当记录在案和在裁判文书中载明，并可以建议有关机关依法作出处理。

九、复议机关作共同被告

第一百三十三条 行政诉讼法第二十六条第二款规定的"复议机关决定维持原行政行为"，包括复议机关驳回复议申请或者复议请求的情形，但以复议申请不符合受理条件为由驳回的除外。

第一百三十四条 复议机关决定维持原行政行为的，作出原行政行为的行政机关和复议机关是共同被告。原告只起诉作出原行政行为的行政机关或者复议机关的，人民法院应当告知原告追加被告。原告不同意追加的，人民法院应当将另一机关列为共同被告。

行政复议决定既有维持原行政行为内容，又有改变原行政行为内容或者不予受理申请内容的，作出原行政行为的行政机关和复议机关为共同被告。

复议机关作共同被告的案件，以作出原行政行为的行政机关确定案件的级别管辖。

第一百三十五条 复议机关决定维持原行政行为的，人民法院应当在审查原行政行为合法性的同时，一并审查复议决定的合法性。

作出原行政行为的行政机关和复议机关对原行政行为合法性共同承担举证责任，可以由其中一个机关实施举证行为。复议机关对复议决定的合法性承担举证责任。

复议机关作共同被告的案件，复议机关在复议程序中依法收集和补充的证据，可以作为人民法院认定复议决定和原行政行为合法的依据。

第一百三十六条 人民法院对原行政行为作出判决的同时，应当对复议决定一并作出相应判决。

人民法院依职权追加作出原行政行为的行政机关或者复议机关为共同被告的，对原行政行为或者复议决定可以作出相应判决。

人民法院判决撤销原行政行为和复议决定的，可以判决作出原行政行为的行政机关重新作出行政行为。

人民法院判决作出原行政行为的行政机关履行法定职责或者给付义务的，应当同时判决撤销复议决定。

原行政行为合法、复议决定违法的，人民法院可以判决撤销复议决定或者确认复议决定违法，同时判决驳回原告针对原行政行为的诉讼请求。

原行政行为被撤销、确认违法或者无效，给原告造成损失的，应当由作出原行政行为的行政机关承担赔偿责任；因复议决定加重损害的，由复议机关对加重部分承担赔偿责任。

原行政行为不符合复议或者诉讼受案范围等受理条件，复议机关作出维持决定的，人民法院应当裁定一并驳回对原行政行为和复议决定的起诉。

十、相关民事争议的一并审理

第一百三十七条 公民、法人或者其他组织请求一并审理行政诉讼法第六十一条规定的相关民事争议，应当在第一审开庭审理前提出；有正当理由的，也可以在法庭调查中提出。

第一百三十八条 人民法院决定在行政诉讼中一并审理相关民事争议，或者案件当事人一致同意相关民事争议在行政诉讼中一并解决，人民法院准许的，由受理行政案件的人民法院管辖。

公民、法人或者其他组织请求一并审理相关民事争议，人民法院经审查发现行政案件已经超过起诉期限，民事案件尚未立案的，告知当事人另行提起民事诉讼；民事案件已经立案的，由原审判组织继续审理。

人民法院在审理行政案件中发现民事争议为解决行政争议的基础，当事人没有请求人民法院一并审理相关民事争议的，人民法院应当告知当事人依法申请一并解决民事争议。当事人就民事争议另行提起民事诉讼并已立案的，人民法院应当中止行政诉讼的审理。民事争议处理期间不计算在行政诉讼审理期限内。

第一百三十九条 有下列情形之一的，人民法院应当作出不予准许一并审理民事争议的决定，并告知当事人可以依法通过其他渠道主张权利：

(一)法律规定应当由行政机关先行处理的；

(二)违反民事诉讼法专属管辖规定或者协议管辖约定的；

(三)约定仲裁或者已经提起民事诉讼的;
(四)其他不宜一并审理民事争议的情形。
对不予准许的决定可以申请复议一次。

第一百四十条 人民法院在行政诉讼中一并审理相关民事争议的,民事争议应当单独立案,由同一审判组织审理。

人民法院审理行政机关对民事争议所作裁决的案件,一并审理民事争议的,不另行立案。

第一百四十一条 人民法院一并审理相关民事争议,适用民事法律规范的相关规定,法律另有规定的除外。

当事人在调解中对民事权益的处分,不能作为审查被诉行政行为合法性的根据。

第一百四十二条 对行政争议和民事争议应当分别裁判。

当事人仅对行政裁判或者民事裁判提出上诉的,未上诉的裁判在上诉期满后即发生法律效力。第一审人民法院应当将全部案卷一并移送第二审人民法院,由行政审判庭审理。第二审人民法院发现未上诉的生效裁判确有错误的,应当按照审判监督程序再审。

第一百四十三条 行政诉讼原告在宣判前申请撤诉的,是否准许由人民法院裁定。人民法院裁定准许行政诉讼原告撤诉,但其对已经提起的一并审理相关民事争议不撤诉的,人民法院应当继续审理。

第一百四十四条 人民法院一并审理相关民事争议,应当按行政案件、民事案件的标准分别收取诉讼费用。

十一、规范性文件的一并审查

第一百四十五条 公民、法人或者其他组织在对行政行为提起诉讼时一并请求对所依据的规范性文件审查的,由行政行为案件管辖法院一并审查。

第一百四十六条 公民、法人或者其他组织请求人民法院一并审查行政诉讼法第五十三条规定的规范性文件,应当在第一审开庭审理前提出;有正当理由的,也可以在法庭调查中提出。

第一百四十七条 人民法院在对规范性文件审查过程中,发现规范性文件可能不合法的,应当听取规范性文件制定机关的意见。

制定机关申请出庭陈述意见的,人民法院应当准许。

行政机关未陈述意见或者未提供相关证明材料的,不能阻止人民法院对规范性文件进行审查。

第一百四十八条 人民法院对规范性文件进行一并审查时,可以从规范性文件制定机关是否超越权限或者违反法定程序、作出行政行为所依据的条款以及相关条款等方面进行。

有下列情形之一的,属于行政诉讼法第六十四条规定的"规范性文件不合法":
(一)超越制定机关的法定职权或者超越法律、法规、规章的授权范围的;
(二)与法律、法规、规章等上位法的规定相抵触的;
(三)没有法律、法规、规章依据,违法增加公民、法人和其他组织义务或者减损公民、法人和其他组织合法权益的；

(四)未履行法定批准程序、公开发布程序，严重违反制定程序的；

(五)其他违反法律、法规以及规章规定的情形。

第一百四十九条 人民法院经审查认为行政行为所依据的规范性文件合法的，应当作为认定行政行为合法的依据；经审查认为规范性文件不合法的，不作为人民法院认定行政行为合法的依据，并在裁判理由中予以阐明。作出生效裁判的人民法院应当向规范性文件的制定机关提出处理建议，并可以抄送制定机关的同级人民政府、上一级行政机关、监察机关以及规范性文件的备案机关。

规范性文件不合法的，人民法院可以在裁判生效之日起三个月内，向规范性文件制定机关提出修改或者废止该规范性文件的司法建议。

规范性文件由多个部门联合制定的，人民法院可以向该规范性文件的主办机关或者共同上一级行政机关发送司法建议。

接收司法建议的行政机关应当在收到司法建议之日起六十日内予以书面答复。情况紧急的，人民法院可以建议制定机关或者其上一级行政机关立即停止执行该规范性文件。

第一百五十条 人民法院认为规范性文件不合法的，应当在裁判生效后报送上一级人民法院进行备案。涉及国务院部门、省级行政机关制定的规范性文件，司法建议还应当分别层报最高人民法院、高级人民法院备案。

第一百五十一条 各级人民法院院长对本院已经发生法律效力的判决、裁定，发现规范性文件合法性认定错误，认为需要再审的，应当提交审判委员会讨论。

最高人民法院对地方各级人民法院已经发生法律效力的判决、裁定，上级人民法院对下级人民法院已经发生法律效力的判决、裁定，发现规范性文件合法性认定错误的，有权提审或者指令下级人民法院再审。

十二、执行

第一百五十二条 对发生法律效力的行政判决书、行政裁定书、行政赔偿判决书和行政调解书，负有义务的一方当事人拒绝履行的，对方当事人可以依法申请人民法院强制执行。

人民法院判决行政机关履行行政赔偿、行政补偿或者其他行政给付义务，行政机关拒不履行的，对方当事人可以依法向法院申请强制执行。

第一百五十三条 申请执行的期限为二年。申请执行时效的中止、中断，适用法律有关规定。

申请执行的期限从法律文书规定的履行期间最后一日起计算；法律文书规定分期履行的，从规定的每次履行期间的最后一日起计算；法律文书中没有规定履行期限的，从该法律文书送达当事人之日起计算。

逾期申请的，除有正当理由外，人民法院不予受理。

第一百五十四条 发生法律效力的行政判决书、行政裁定书、行政赔偿判决书和行政调解书，由第一审人民法院执行。

第一审人民法院认为情况特殊，需要由第二审人民法院执行的，可以报请第二审人民法院执行；第二审人民法院可以决定由其执行，也可以决定由第一审人民法院执行。

第一百五十五条 行政机关根据行政诉讼法第九十七条的规定申请执行其行政行为，应当具备以下条件：

（一）行政行为依法可以由人民法院执行；
（二）行政行为已经生效并具有可执行内容；
（三）申请人是作出该行政行为的行政机关或者法律、法规、规章授权的组织；
（四）被申请人是该行政行为所确定的义务人；
（五）被申请人在行政行为确定的期限内或者行政机关催告期限内未履行义务；
（六）申请人在法定期限内提出申请；
（七）被申请执行的行政案件属于受理执行申请的人民法院管辖。

行政机关申请人民法院执行，应当提交行政强制法第五十五条规定的相关材料。

人民法院对符合条件的申请，应当在五日内立案受理，并通知申请人；对不符合条件的申请，应当裁定不予受理。行政机关对不予受理裁定有异议，在十五日内向上一级人民法院申请复议的，上一级人民法院应当在收到复议申请之日起十五日内作出裁定。

第一百五十六条 没有强制执行权的行政机关申请人民法院强制执行其行政行为，应当自被执行人的法定起诉期限届满之日起三个月内提出。逾期申请的，除有正当理由外，人民法院不予受理。

第一百五十七条 行政机关申请人民法院强制执行其行政行为的，由申请人所在地的基层人民法院受理；执行对象为不动产的，由不动产所在地的基层人民法院受理。

基层人民法院认为执行确有困难的，可以报请上级人民法院执行；上级人民法院可以决定由其执行，也可以决定由下级人民法院执行。

第一百五十八条 行政机关根据法律的授权对平等主体之间民事争议作出裁决后，当事人在法定期限内不起诉又不履行，作出裁决的行政机关在申请执行的期限内未申请人民法院强制执行的，生效行政裁决确定的权利人或者其继承人、权利承受人在六个月内可以申请人民法院强制执行。

享有权利的公民、法人或者其他组织申请人民法院强制执行生效行政裁决，参照行政机关申请人民法院强制执行行政行为的规定。

第一百五十九条 行政机关或者行政行为确定的权利人申请人民法院强制执行前，有充分理由认为被执行人可能逃避执行的，可以申请人民法院采取财产保全措施。后者申请强制执行的，应当提供相应的财产担保。

第一百六十条 人民法院受理行政机关申请执行其行政行为的案件后，应当在七日内由行政审判庭对行政行为的合法性进行审查，并作出是否准予执行的裁定。

人民法院在作出裁定前发现行政行为明显违法并损害被执行人合法权益的，应当听取被执行人和行政机关的意见，并自受理之日起三十日内作出是否准予执行的裁定。

需要采取强制执行措施的，由本院负责强制执行非诉行政行为的机构执行。

第一百六十一条 被申请执行的行政行为有下列情形之一的，人民法院应当裁定不准予执行：

（一）实施主体不具有行政主体资格的；

(二)明显缺乏事实根据的;
(三)明显缺乏法律、法规依据的;
(四)其他明显违法并损害被执行人合法权益的情形。

行政机关对不准予执行的裁定有异议,在十五日内向上一级人民法院申请复议的,上一级人民法院应当在收到复议申请之日起三十日内作出裁定。

十三、附则

第一百六十二条 公民、法人或者其他组织对2015年5月1日之前作出的行政行为提起诉讼,请求确认行政行为无效的,人民法院不予立案。

第一百六十三条 本解释自2018年2月8日起施行。

本解释施行后,《最高人民法院关于执行〈中华人民共和国行政诉讼法〉若干问题的解释》(法释〔2000〕8号)、《最高人民法院关于适用〈中华人民共和国行政诉讼法〉若干问题的解释》(法释〔2015〕9号)同时废止。最高人民法院以前发布的司法解释与本解释不一致的,不再适用。